Zuo Youqu Laoshi， Jiao Youqu Huaxue

# 做有趣老师，教有趣化学

◎陈 闽 著

中国海洋大学出版社
·青岛·

**图书在版编目(CIP)数据**

做有趣老师,教有趣化学/陈闽著. —青岛:中国海洋大学出版社,2020.12

ISBN 978-7-5670-2702-2

Ⅰ.①做… Ⅱ.①陈… Ⅲ.①中学化学课－高中－教学参考资料 Ⅳ.①G634.83

中国版本图书馆 CIP 数据核字(2020)第 257811 号

| | | | | |
|---|---|---|---|---|
| 出版发行 | 中国海洋大学出版社 | | | |
| 社　　址 | 青岛市香港东路 23 号 | | 邮政编码 | 266071 |
| 出 版 人 | 杨立敏 | | | |
| 网　　址 | http://pub.ouc.edu.cn | | | |
| 电子信箱 | 1547081919@qq.com | | | |
| 订购电话 | 0532-82032573(传真) | | | |
| 责任编辑 | 史　凡 | | 电　　话 | 0532-85901984 |
| 装帧设计 | 青岛汇英栋梁文化传媒有限公司 | | | |
| 印　　制 | 青岛中苑金融安全印刷有限公司 | | | |
| 版　　次 | 2020 年 12 月第 1 版 | | | |
| 印　　次 | 2020 年 12 月第 1 次印刷 | | | |
| 成品尺寸 | 170 mm×240 mm | | | |
| 印　　张 | 11 | | | |
| 字　　数 | 210 千 | | | |
| 印　　数 | 1~1000 | | | |
| 定　　价 | 49.00 元 | | | |

发现印装质量问题,请致电 0532-85662115,由印刷厂负责调换。

# 前　言

2020 年 1 月 13 日,《教育部关于在部分高校开展基础学科招生改革试点工作的意见》印发,教育部决定自 2020 年起,在部分高校开展基础学科招生改革试点(又称"强基计划")。"强基计划"致力于选拔培养有志于服务国家重大战略需求且综合素质优秀或基础学科拔尖的学生,强调在有关高校中要突出数学、物理、化学、生物等基础学科的支撑引领作用,为国家培养更多的拔尖创新人才,特别是在智能科技、新材料、先进制造和国家安全等关键领域的科研人才。由此可见,化学等基础学科的学习对于相关高新技术领域的创新及发展的重要作用。

学生的化学学习始于中学阶段,因此在中学阶段培养起学生的化学学习兴趣,发展其化学学科核心素养,对于学生今后大学阶段乃至整个学习及工作阶段的发展都具有重要的意义。为了激发学生对化学的学习兴趣,发展学生的化学学科核心素养,本书通过讲故事、访谈、小剧场等形式,将高中化学主要知识点按课本顺序一一呈现出来,希望能够寓教于乐,寓学于乐,让学生能够爱上化学,学好化学。

本书主要包括"Q 言 Q 语""本期说法""畅聊吧""跟踪追击""探究之旅""学以致用""诊疗室"等七个栏目。其中,"Q 言 Q 语"栏目,作者在畅聊吧里设置了一个勤学好问的"快乐猫",通过与"快乐猫"的畅聊来分析各知识点;"本期说法"栏目,模仿的是中央电视台的《今日说法》栏目,但说的不是法律,而是解题方法,侧重于对学习方法的分析;"畅聊吧"栏目,主要是作者与多位"学生"畅聊,这些"学生"有的来自武侠小说,如"令狐冲"、"弼马温"与"四大护法",有的则是来自学生比较喜欢的卡通人物,如"库米扎""维利"等,这样可以与时俱进,吸引学生的兴趣;"跟踪追击"栏目,是以课后习题为母题进行跟踪追击,从母题进行衍生,溯源高考题,让学生充分体会到课本的重要性,不要忽视课本的学习;"探究之旅"栏目,侧重实验设计,引导学生对实验进行思维发散;"学以致用"栏目,主要是利用化学知识解释和解决生产、生活中常见的化学问题;"诊疗室"栏目,则侧重错题的诊断,对症下药。

本书的阅读对象主要是高中阶段选修化学的学生,建议大家在学完新课后进行阅读,这样更能有的放矢,找到问题症结,从而加深对课堂知识的巩固和理解。

陈　闽

2020 年 9 月

# 目 录

# 第一部分　Q言Q语

# 氯水成分有几许？

刚开学我的事情比较多，好几天没有上网了，今天打开 QQ，突然发现刘宇[①]的 QQ 签名由"快乐猫"变成了"刨根问底"，看来这小家伙又遇到问题了。果然，他发过来一个疑问的表情。

快乐猫：老师，今天我们学习了氯气的性质，有几个问题我不明白，向您请教一下。氯水与液氯是一种物质吗？

陈老师：哦，我们从它们的名称上就应该发现二者不应该是一种物质，氯水是氯气的水溶液，而液氯是液态的氯气，前者是混合物，后者是纯净物。你知道氯水中有哪些物质吗？

快乐猫：哪些物质？氯气溶于水就可以得到氯水，氯水中当然只有氯气和水了。

陈老师：你仔细想想，这里面有什么反应发生吗？

快乐猫：😮，我忘了，氯气会和水反应：$Cl_2 + H_2O = HCl + HClO$，所以氯水应该由 $HCl$、$HClO$ 和 $H_2O$ 三种物质构成。

陈老师：😯，那我再问你一个问题，氯水是什么颜色的？

快乐猫：😠，老师在课堂上给我们看过，是淡黄绿色的。我明白了，如果氯气完全与水反应的话，氯水应该是无色的，现在呈淡黄绿色，说明有大部分氯气只是溶解在其中，只有少量与水反应了，所以氯水的成分应该有 $Cl_2$、$H_2O$、$HCl$、$HClO$。

陈老师：👍。氯水成分的多样性，决定了其性质的多重性。快乐猫，你怎样通过实验来验证氯水的成分呢？

快乐猫：我想想。根据氯水的颜色，可确定其中含有 $Cl_2$；取氯水少许于试管中，滴加酸化的 $AgNO_3$ 溶液，如果生成白色沉淀，可以证明含有 $HCl$，或者是加入 $CaCO_3$ 固体，如果有气体生成，也可以证明含有 $HCl$；$HClO$ 嘛，可以用一个红色的布条来验证一下，如果红色褪去，说明含有 $HClO$。

陈老师：真聪明。刨根问底才能学到真知识，你这个 QQ 签名改得不错。希望你对今后学习的知识都能刨根问底。

快乐猫：😊，谢谢老师。老师再见！

---

① 注：本书中出现的学生姓名均为化名。

# 七嘴八舌话胶体

今天高一化学学习群很是热闹,"快乐猫"在电影院看完《阿凡达》后,在群里发布了他的新发现,引来一番热烈讨论。

快乐猫:各位同学,大家好。本人今天有一个重大发现:我在电影院里看到胶体了!

：快说说你的新发现。

快乐猫:我在看电影时,发现从放映机到银幕之间有一条光亮的"通路",这不就是我们学的胶体的丁达尔现象嘛。在这条光路里,有很多小颗粒在飘,那当然就是胶体颗粒了。

：切! 快乐猫,你那眼神还真是不一般啊! 你知道胶体颗粒的直径大小吗? 介于 1 nm 到 100 nm 之间,就这种纳米级的颗粒你都能用肉眼看到? 老弟,你看走眼了,那些小颗粒不是胶体粒子,是浮尘!

快乐猫:糗大了。看来我对胶体还真是很不了解,向各位请教了。

：胶体不是一种物质,而是物质存在的一种形式。胶体跟我们以前学过的溶液、浊液一样,都是一种分散系,由分散质和分散剂组成,三者的本质区别在于分散质的粒子大小。分散质粒子直径小于 1 nm 的,我们称之为溶液,大于 100 nm 的就是浊液,介于 1 nm 到 100 nm 之间的,我们就将其叫作胶体。

：哦,原来如此。我一直认为胶体是一种胶状物质呢,现在才知道,胶体其实是物质的一种存在形式。从外观上能不能分辨出哪是胶体,哪是溶液?

：就拿我们在课堂上制备的氢氧化铁胶体来说,从外观上看,这就是一种红棕色的溶液,但是将一束光透过胶体,从入射光的垂直方向可以观察到胶体里出现一条光亮的"通路",而溶液中是不出现这条光路的,这种现象叫丁达尔现象,可以据此鉴别胶体及溶液。

图 1

：胶体为什么会出现丁达尔现象?

：这是因为胶体中的分散质粒子较大,对光线产生散射而形成的。溶液中的分散质粒子太小，对光的散射作用很微弱，因此胶体能有丁达尔效应，而溶液没有。清晨我们在树林中看到的从枝叶间透过的光束，也是丁达尔现象，这是因为云、雾、烟尘也是胶体，只是这种胶体的分散剂是空气，分散质是微小的尘埃或液滴。

:我们向氯化铁溶液中加入氢氧化钠溶液，会得到氢氧化铁沉淀，现在得到的是氢氧化铁胶体，那氢氧化铁胶体会不会转化成沉淀呢？

:会呀，胶体只是一种较稳定的分散系，如果我们对胶体加热或搅拌，或是加入可溶性盐等物质，胶体就会形成沉淀而析出，即胶体聚沉。卤水点豆腐就是利用了胶体的聚沉。

快乐猫：看来胶体用处很大呢。

:当然了。胶体在自然界及生物体内普遍存在，随着科技的发展，胶体化学已经发展成了一门单独的学科，在材料制造、医疗、化工等行业大显身手呢。

# 如何书写离子方程式

电解质在溶液中的反应，实质上是离子之间的反应，但对于初学者来说，却是学起来容易，用起来难。这不，快乐猫又在 QQ 上发出求助信号了。

快乐猫：陈老师，您好。在线吗？我有几个问题想请教。

陈老师：在，请说吧。

快乐猫：今天我们学习了离子方程式的书写，我感觉挺简单的，可是老师在黑板上写了几个化学方程式，让我们改写成离子方程式，同学们错了很多，郁闷！

陈老师：不要着急，对于初学者来说，离子方程式的书写确实不是一件容易的事情。你把这几个离子方程式的错误形式写出来，我们共同分析一下，看看书写离子方程式应该注意些什么。

快乐猫：好的。

（1）钠与水反应：$Na + 2H_2O = Na^+ + 2OH^- + H_2$

（2）氯气与水反应：$Cl_2 + H_2O = 2H^+ + ClO^- + Cl^-$

（3）碳酸钙与盐酸反应：$CO_3^{2-} + 2H^+ = CO_2\uparrow + H_2O$

（4）澄清石灰水与盐酸反应：$Ca(OH)_2 + 2H^+ = Ca^{2+} + 2H_2O$

（5）铁与硫酸反应：$Fe + 6H^+ = Fe^{3+} + 3H_2\uparrow$

陈老师：在分析这几个离子方程式之前，我需要先问你一个问题。你有哪些方法可以书写出盐酸与 NaOH 溶液反应的离子方程式？

快乐猫：简单，我们在课堂上已经总结过书写方法了。方法一：我可以根据盐酸与 NaOH 在溶液中的电离情况来书写,因为盐酸会电离生成 $H^+$ 和 $Cl^-$,NaOH 会电离生成 $Na^+$ 和 $OH^-$,这四种离子在溶液中自由移动时会因发生碰撞而结合,由于 $H^+$ 和 $OH^-$ 结合生成了难电离的 $H_2O$,而 $Cl^-$ 和 $Na^+$ 无法生成难电离的物质,因此溶液中实际发生的反应只有 $H^+ + OH^- = H_2O$。方法二:我可以先写出该反应的化学方程式,然后将盐酸、NaOH 与 NaCl 都改写成离子形式,$H_2O$ 仍然写成分子形式,然后将方程式两侧相同的离子约去就 OK 了。

陈老师:看来你对离子方程式的书写方法已经有了一些了解。在书写离子方程式时,很关键的问题是需要正确判断哪些物质在溶液中以离子形式存在,哪些以分子形式存在,易溶于水且完全电离的物质在溶液中必须写成离子形式,如盐酸、$H_2SO_4$、$HNO_3$、NaOH、$Ba(OH)_2$、KOH 以及易溶于水的盐,而氧化物、难溶性物质、挥发性物质及难电离物质则不能写成离子形式。现在我们一起来看前面几个离子方程式,你来找一下错因。

快乐猫:我试试。第(1)个反应前后电荷不守恒,如果照这样写的话,氢氧化钠的化学式就变成 $Na(OH)_2$ 了;第(2)个反应的 HClO 在溶液中主要以分子形式存在,不能写成 $H^+$ 和 $ClO^-$;第(3)个反应的碳酸钙是难溶于水的物质,不能写成离子形式;第(4)个反应的澄清石灰水中 $Ca(OH)_2$ 完全电离,应该写成离子形式;第(5)个反应中应生成 $Fe^{2+}$,不符合实验事实。

陈老师:太棒了,这些错误确实是我们在书写离子方程式或对离子方程式进行正误判断时需要特别注意的。归纳起来,可以发现,离子方程式书写的易错点不外乎以下几个方面:该拆不拆,不该拆乱拆,电荷不守恒,反应不存在。不过要真正掌握离子方程式的书写,还需要加强练习才行。

快乐猫:我明白了,谢谢老师。

# 氧化还原反应的本质

我刚刚上线,便被快乐猫发现了。

快乐猫:陈老师,您终于来了,我正在为氧化还原反应而犯愁呢。课本上说氧化还原反应的本质是电子的转移,怎样理解这句话呢?

陈老师:从外观上看,我们判断一个化学反应是否是氧化还原反应,其依据就是元素的化合价是否发生了变化。快乐猫,你先说说什么是化合价?

快乐猫:这一点初中时就接触过,元素的化合价就是一种元素一定数目的原子跟其他元素一定数目的原子化合的性质。

陈老师:元素的化学性质主要体现在原子的最外层电子上,因此元素的原子在化合时,是通过得失电子或共用电子对来实现的,这样元素就出现了化合价。你能不能以 NaCl 为例，从微观角度分析一下，氯和钠两种元素在化合时电子的变化情况？

快乐猫：好的。钠最外层有一个电子，倾向于失去电子而形成稳定的 $Na^+$，氯最外层有七个电子，倾向于得到一个电子而形成稳定的 $Cl^-$。当二者结合时，钠将最外层的一个电子给了氯，于是二者均达到稳定结构，形成了 NaCl，钠元素化合价升高，氯元素化合价降低。我明白了，元素的化合价主要是其最外层电子得失或偏移的直接体现，因此说氧化还原反应的本质是电子的转移。可是，我们现在是从理论上进行分析的，电子这么小，看不见，摸不着，怎样知道有电子转移了呢？

陈老师：☺，快乐猫思考的问题越来越有深度了。提示一下，导线中的电流是怎样产生的？我们又怎么知道导线中有电流呢？

快乐猫：☺，这可是一个物理问题，电流是电子的定向移动产生的。我们在导线上接一个灯泡或电流表，如果灯泡亮了，或者电流表的指针发生了偏转，就可以知道导线中有电流通过了。这么说，如果我们能让氧化还原反应中电子的转移变成电子的定向移动，就可以检测到电子的存在了？

陈老师：当然了。比如我们来检测 Zn 与 $CuSO_4$ 溶液的反应中是否有电子转移，可以通过这样一种装置(图1)。

图 1

如果只是将锌片放入 $CuSO_4$ 溶液中，一段时间后就会发现锌片表面有红色固体物质附着。但使用这种装置后，我们就会发现碳棒表面析出了红色物质，并且电流表的指针发生了偏转，这说明锌片上失去的电子沿导线移动到了碳棒上，溶液中的 $Cu^{2+}$ 在碳棒上得到电子生成了 Cu。看，这样电子不就被我们"逮住"了嘛。

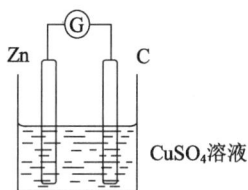

快乐猫：👍。太神奇了！竟然还有这样一种装置能让我们发现电子。

陈老师：对，这种装置以后你还会继续学习的。不过，我们也可以在化学方程式中形象地将电子显示出来，你看：

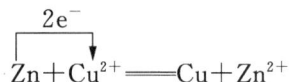

$$\overset{\overset{\displaystyle 2e^-}{\frown}}{Zn+Cu^{2+}}=\!=\!=Cu+Zn^{2+}$$

这不就是一个形象的电子转移嘛。

快乐猫：我终于理解什么是氧化还原反应的本质了，谢谢老师，☺。

## 药品失效了吗？

今天刚学习了不同价态铁元素之间的相互转化，课本中《身边的化学》栏目介绍了铁元素与人体健康的知识，引起了学生们极大的兴趣，这不他们正在"高一化学创根问底群"里热热闹闹地讨论着呢。

小龙女:你们都叫我骨感美人,可是谁知道我的痛苦,为了保持这种弱不禁风的体型,我这也不敢吃,那也不敢吃,经常感到倦怠无力。医生说我是长期偏食引起了缺铁性贫血,上体育课的时候,看着你们跑步、做操、打球,我真羡慕啊。

快乐猫:😨,好可怕啊。那医生让你怎么治疗?

小龙女:医生说先服用一些补铁剂进行治疗,给我开了复方硫酸亚铁片和维生素C。

灰太狼:补铁为什么还要吃维生素C呢?

桃谷六仙:看来灰太狼的化学还有待于继续提高。$Fe^{2+}$还原性较强,很容易被氧化剂氧化,而维生素C具有还原性,可以防止$Fe^{2+}$被氧化。

灰太狼:😵,看来这药还得密封保存。不过,如何知道药品已经部分被氧化了呢?

俺是犀利哥:这其实就是$Fe^{3+}$的检验,我认为有以下三种方法:① 通过观察颜色,$FeSO_4$应是浅绿色的,若已经被氧化,生成的$Fe_2(SO_4)_3$应是黄色的;② 沉淀法:将药品研磨后加水溶解,向所得溶液中加入NaOH溶液,若产生红褐色沉淀,证明已被氧化;③ 向配制好的溶液中加入KSCN溶液,若溶液变成红色,证明已被氧化。

桃谷六仙:👍,犀利哥!只是你忽略了一个重要问题,灰太狼想证明的是药品是否已经部分被氧化。部分被氧化,你注意到了吗?

俺是犀利哥:😵。

快乐猫:我来助犀利哥一把。假如药品只是部分被氧化,则应是二价铁和三价铁共存,将其配制成溶液后,此时采用上述三种方法就不合适了。我们可以分别取配制好的溶液少许于两支试管中,向第一支试管中加入酸性$KMnO_4$溶液,第二支试管中加入KSCN溶液,若前者紫红色褪去,后者溶液变成红色,则证明该药品已经部分被氧化。

桃谷六仙:我赞成快乐猫的方法。他在证明溶液中含有$Fe^{2+}$时,应用了$Fe^{2+}$与酸性$KMnO_4$之间的氧化还原反应。这一点在$Fe^{2+}$的检验中经常被用到。比如,如果某溶液中只有$Fe^{2+}$,我们可以先加入KSCN溶液,混合后溶液无明显现象,然后再加入氯水或双氧水等氧化剂,此时$Fe^{2+}$就会被氧化成$Fe^{3+}$,$Fe^{3+}$与$SCN^-$结合,溶液变为红色。

快乐猫:听君一席话,胜读十年书。我对如何检验溶液中的$Fe^{2+}$、$Fe^{3+}$更加明确了,谢谢各位。

# 瞧，这对姐妹花

碳酸钠、碳酸氢钠可谓是碳家族的一对姐妹花，二者性质既有相似之处，又有不同之处，有些学生初学时会犯迷糊，这不快乐猫又不快乐了。

快乐猫：😫，陈老师，今天学习了碳酸钠、碳酸氢钠的性质，老师问我们如何鉴别它们两个，我说用澄清石灰水，老师在碳酸钠和碳酸氢钠的溶液中分别加入澄清石灰水，结果二者都变混浊了。为什么会出现相同的实验现象呢？

陈老师：在回答这个问题之前，快乐猫，你能不能先给我介绍一下这两种物质呢。

快乐猫：好的。碳酸钠俗名苏打，碳酸氢钠俗名小苏打，姊妹俩哦。二者都是易溶于水的白色固体，碳酸钠比碳酸氢钠易溶于水，二者都能与酸反应生成二氧化碳和水。

陈老师：对。如果我们分别向盛有碳酸钠和碳酸氢钠的试管中滴加盐酸，会观察到哪些现象呢？

快乐猫：都生成气体啊。

陈老师：你再仔细想想课堂上我们所做的实验。

快乐猫：😮。我想起来了，碳酸氢钠比碳酸钠反应更快一些，在盛有碳酸氢钠的试管中先看到气泡。老师，这是为什么呢？

陈老师：这是因为碳酸钠在与盐酸反应时，首先与 $H^+$ 发生反应：$Na_2CO_3 + HCl = NaHCO_3 + NaCl$，此时没有气体放出，然后碳酸氢钠再与 $H^+$ 结合：$NaHCO_3 + HCl = NaCl + H_2O + CO_2\uparrow$，因此碳酸钠放出气体更慢一些。

快乐猫：老师，这样一来，如果盐酸不足量，岂不是只发生第一个反应，就不产生气体了？

陈老师：是的。快乐猫，再考你一个问题，如果我们把碳酸钠、碳酸氢钠滴加到盐酸中，会跟前面的实验观察到相同的现象吗？

快乐猫：有难度，让我想想。应该不一样了，前面如果是僧多粥（酸）少的话，后面就是僧少粥（酸）多了，二者都会产生气体的。老师，我有一个新发现哎，我们不用任何试剂，只改变滴加顺序，就能鉴别盐酸和碳酸钠溶液了。

陈老师：👍。现在让我们再来思考你开始时提出的问题，澄清石灰水之所以可与碳酸氢钠反应生成沉淀，是因为碳酸氢钠是一种酸式盐，与澄清石灰水可发生反应：$2NaHCO_3 + Ca(OH)_2 = CaCO_3\downarrow + 2H_2O + Na_2CO_3$。所以不能用澄清石灰水进行鉴别。那我们用什么方法来鉴别呢？

快乐猫：我们可以用 $CaCl_2$ 溶液来鉴别，生成白色沉淀的是碳酸钠，无明显现象的是碳酸氢钠。

陈老师：很好。还有一种方法，因为碳酸氢钠稳定性较差，而碳酸钠稳定性好，因此可用加热固体的方法进行鉴别：$2NaHCO_3 \xlongequal{\triangle} Na_2CO_3 + H_2O + CO_2 \uparrow$。同理，我们还可以用加热的方法除去碳酸钠固体中混有的碳酸氢钠。快乐猫，你能不能总结一下如何实现碳酸钠与碳酸氢钠的相互转化？

快乐猫：我试试，$Na_2CO_3 \underset{\triangle\text{或加碱}}{\overset{CO_2+H_2O}{\xrightleftharpoons{\hspace{1.5cm}}}} NaHCO_3$。今天真是收获不少，谢谢老师。

陈老师：😊。

# 雷雨为何发庄稼？

快乐猫：各位大侠，大家好。好久没有登录我们的化学学习群了，我有一事需向各位请教，希望各位大侠仁者见仁，智者见智，潜水的不要。

：扎库米来也！快乐猫，有什么问题快说出来，怎么文绉绉的。

快乐猫：今天上化学课，学习了自然界中的氮循环。老师说，有一句农谚"雷雨发庄稼"，让我们利用所学的知识解释其中的化学原理，我不太明白😶。

：海宝来给你解释一下。氮、磷、钾是植物生长不可缺少的营养元素，除豆科植物能利用根瘤菌将空气中的氮气转变为硝酸盐外，其余植物均需要人工补充氮肥。氮气是自然界中氮元素的重要存在形式之一，但是氮气中由于两个氮原子之间共用三对电子，要破坏这种结构需要很高的能量，因此氮气是一种很不活泼的物质。不过在放电条件下，氮气也可以与氧气发生反应：

$$N_2 + O_2 \xlongequal{\text{放电}} 2NO$$

生成的一氧化氮会迅速被氧气氧化为二氧化氮：$2NO + O_2 = 2NO_2$，二氧化氮与水结合生成硝酸：$3NO_2 + H_2O = 2HNO_3 + NO$，硝酸随降水进入土壤和水体，供植物吸收利用。

快乐猫：太神奇了，这真是大自然对生物的恩惠啊。

：是的，这属于自然固氮。不过随着人类对粮食作物的需求不断提高，仅靠自然固氮已经远远无法满足需要。德国化学家哈伯又发明了哈伯合成氨法，这种方法属于人工固氮。

快乐猫：我知道，人工固氮就是通过化学反应合成氮的化合物，比如：$4NH_3 +$

$$5O_2 \xrightarrow[\Delta]{催化剂} 4NO + 6H_2O。$$

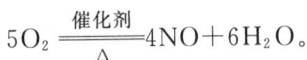

:哈哈，快乐猫，你又错了。所谓氮的固定，是指将游离态的氮转化为化合态的氮的过程，也就是说将氮气转化为含氮化合物的过程才能称为氮的固定。你所说的反应是含氮化合物之间的转化，不属于氮的固定。哈伯发明的人工固氮是指 $N_2$

$+ 3H_2 \xrightarrow[高温、高压]{催化剂} 2NH_3$。哈伯由此获得 1918 年的诺贝尔化学奖，赞扬哈伯的人说他是天使，为人类带来丰收和喜悦，是用空气制造面包的圣人；不过由于后来德军将哈伯研制的氯气等毒气应用于第一次世界大战，造成近百万人伤亡，所以诅咒他的人说他是魔鬼，给人类带来灾难、痛苦和死亡。

快乐猫：教训啊，只有正确地应用科学知识，让其造福于人类和社会发展，才能让科学之花绚烂绽放。那么，NO 除了以上反应外，还有其他作用吗？

:当然了，我们现在称 NO 为明星分子呢。NO 在生物学方面有独特作用，是一种传递神经信息的信使分子，促使血管扩张，增强免疫力，增强记忆力。

快乐猫：这么神奇？谢谢各位！

# 由喷泉实验引发的讨论

斑竹：各位同学，今天学习了氨气的性质，本人感觉内容颇多，有点乱，尤其是氨气的喷泉实验，特请各位同学能帮助归纳、总结一下。

快乐猫：斑竹所言极是，我有同感。老师在课堂上竟然说 $CO_2$ 也可以做喷泉实验，$CO_2$ 在水中的溶解度这么小，怎么可能形成喷泉？

图 1

灰太狼：我来给你们分析一下。喷泉实验的基本原理是使烧瓶内外在短时间内产生较大的压强差，利用大气压将下面烧杯中的液体压入烧瓶内，在尖嘴导管口形成喷泉。各位大侠，如果把图 1 所示的装置改成图 2，能形成喷泉吗？

机器猫：肯定不行。你看没有胶头滴管，怎样减小烧瓶中的压强呢？

加菲猫：我觉得能实现。从喷泉实验的原理上看，只要能想办法减小烧瓶内气体的压强就可以了。而减小气压的方法主要有三种：① 减少气体的物质的量；② 降低气体的温度；③ 增大气体的体积。

减少气体的物质的量有两种方法：一是把气体抽走或物理溶解，二是通过化学反应

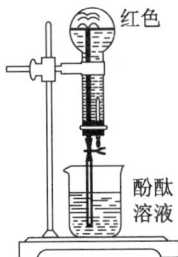

使其溶解。降低气体的温度,我们可以采用冷水浇注或用湿毛巾放于瓶底,也可以把装置转移入较低温的环境;增大气体的体积,可以采取升高温度,如用热水浇注或热毛巾放于瓶底。对于图2所示装置,方法一:打开止水夹,用手(或热毛巾)将烧瓶捂热,氨气受热体积膨胀,被赶出导管与水接触,水沿导管上升引发喷泉;方法二:打开止水夹,用冷毛巾(或冰水)将烧瓶冷却,氨气遇冷收缩,水沿导管上升与氨气接触。不过前者操作起来更容易一些。

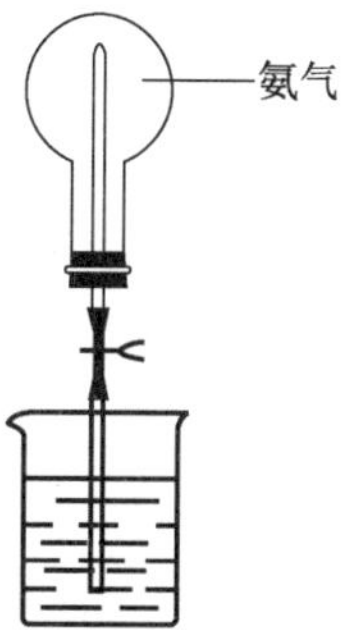

图2

欧迪:强烈支持加菲猫!我也做过喷泉实验,可惜失败了,怎样才能保证实验成功呢?

灰太狼:喷泉实验成功的关键:① 盛气体的烧瓶必须干燥,瓶中有液体,会使瓶口留下空气,形成的喷泉压力不大;② 气体要充满烧瓶;③ 烧瓶不能漏气(实验前应先检查装置的气密性);④ 所用气体能大量溶于所用液体或气体与液体快速反应。所以 $CO_2$ 也可以做喷泉实验,只不过不能用水,可以用 NaOH 溶液做吸收液。快乐猫,明白了吗?

快乐猫:😊。明白了,我想出了另一种装置,考考你们。利用图3所示装置:

(1)在锥形瓶中加入足量的下列物质,能产生喷泉现象的是(　　)。

图3

  A. 碳酸钠和稀盐酸    B. 氢氧化钠和稀盐酸

  C. 铜和稀硫酸     D. 硫酸铜和氢氧化钠溶液

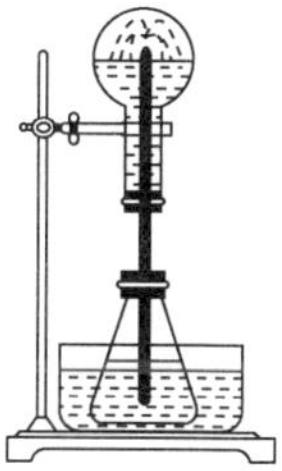

(2)在锥形瓶外放一个水槽,瓶中加入酒精,水槽中加入冰水后,再加入足量的下列物质,产生了喷泉,问水槽中加入的物质可以是(　　)。

  A. 浓硫酸   B. 食盐   C. 硝酸钾   D. 硫酸铜

欧迪:让欧迪显一下身手。前者碳酸钠和盐酸反应能产生大量的 $CO_2$ 气体使锥形瓶内的压强增大,从而将反应混合物压入烧瓶。所以答案为 A。后者浓硫酸溶于水放热,可使锥形瓶内的酒精部分汽化而使锥形瓶内压强增大,将酒精压入烧瓶形成喷泉。所以答案也为 A。但是这两个喷泉的原理好像与前面的不太一样啊?

灰太狼:是的,前面我们设计的喷泉实验是通过溶解或化学反应来减小烧瓶内的压强,快乐猫的两个喷泉实验是通过化学反应或某些物理方法使烧瓶里面的压强大于烧瓶外面的压强来完成的。人造喷泉或火山喷发的原理与后者相似。

斑竹:真理越辩越明白。谢谢各位的鼎力支持与帮助。

11

# 游世博　学材料

放暑假了！登录 QQ，发现好多学生的签名变成了"放暑假，游世博"。看来学生们都很期待即将举行的 2010 年上海世界博览会（简称世博会），于是我给他们留了一个特殊的作业：游世博　学材料。一周后，高一化学论坛热闹起来了。

快乐猫：世博归来！同学们，世博一游，不虚此行。那场面，彩旗招展，人山人海。

令狐冲：快乐猫，不要光看热闹，老师留的作业你做了吗？

快乐猫：当然。世博会展出的就是各国的一些经典的及最新的科技发明，金属材料、无机非金属材料以及有机合成材料在世博会上都可以见到。

海宝：说起材料，还是看我海宝。快乐猫说的这些材料确实都有，不过这些材料各有各的优点，也各自存在一定的缺陷。随着科技的发展，人类对材料的要求越来越高，于是诞生了复合材料。

快乐猫：复合材料？是不是将不同的材料简单组合在一起就可以了？

海宝：当然不是，复合材料是指将不同类型的材料通过复合工艺组合成的新型材料，它既保持或发展了原材料的长处，又能弥补它们的不足，可谓取人之长，补己之短。

令狐冲：对，复合材料由两部分组成：基体和增强体。基体在复合材料中起黏结作用，增强体则起骨架作用。比如，如果基体选用金属材料，增强体选用碳纤维，这样复合成的材料既保持了金属导电、导热的优良性能，又具有了碳纤维耐高温、强度高的特点。

神舟七号：同学们。我是神舟七号。复合材料在航天界应用得太广泛了，比如航天飞机机身上使用的隔热陶瓷瓦是由纤维（碳纤维、碳化硅纤维或氧化硅纤维）和陶瓷（氧化铝陶瓷、二氧化硅陶瓷、氮化硅陶瓷等）复合而成的。我们知道，作为航天飞机，对材料的要求是非常高的，这样的复合材料，既保持了陶瓷耐高温的特性，还增加了陶瓷的韧性，可以保证航天飞机能安全地穿越大气层返回地球。

大威：大家好。复合材料不仅在航天界应用广泛，在体育界也是宠儿呢。你们看我用的网球拍，那可不是简单地用塑料做成的，它也是一种复合材料，基体是合成树脂，增强体是碳纤维。这样制成的网球拍，不仅韧性好、强度高，而且很轻。设想我们要是握着重重的拍子打球的话，怎么能在赛场上取得好成绩呢？

唐老鸭：哈哈，同学们，迪士尼乐园大家不陌生吧。那里面的游乐车、滑梯等多种游乐设施，都是由玻璃钢做成的，玻璃钢可不是玻璃，它是以玻璃纤维作为增强体，合成树脂作为基体的复合材料。快乐猫，你能说说玻璃钢有哪些优点吗？

快乐猫：取人之长，补己之短嘛。玻璃纤维柔软，强度高、密度小，合成树脂耐酸碱腐蚀,化学稳定性好,组合起来就是玻璃钢的优点了。

令狐冲:说起复合材料,其实早就有了。比如我们做泥砖时,往往向泥中掺入秸秆,盖楼时用的钢筋混凝土本身也是一种复合材料,可见人们很早就在使用复合材料了。

快乐猫:材料要想好,复合更奇妙!

# 硝酸啊硝酸

快乐猫:陈老师,今天真的要求助了。我们学习了硝酸的化学性质,我现在一看到一大堆方程式就头大,您快帮帮忙吧。

陈老师:硝酸与硫酸、盐酸并称三大强酸,除了具有酸的通性外,硝酸有哪些自己的特性?

快乐猫:这我知道。硝酸不稳定,加热或见光易分解:$4HNO_3 \xrightarrow{\Delta} 4NO_2 \uparrow + O_2 \uparrow + 2H_2O$。

陈老师:是的,对于浓硝酸来说,我们通常将其存放在棕色试剂瓶内,目的就是防止浓硝酸见光分解,同时还将试剂瓶放在温度低的地方,这是防止浓硝酸遇热分解。考你一个问题,久置浓硝酸的试剂瓶内溶液呈黄色,你能想个办法除去黄色吗?

快乐猫:黄色是由于浓硝酸分解生成的二氧化氮溶解在浓硝酸中形成的,我认为可以加热将气体赶出去,或者是加水让二氧化氮与水反应生成硝酸。

陈老师:这两种方案都欠妥。如果采用加热的方法,硝酸会分解;如果加水,一方面会稀释浓硝酸,另一方面会产生污染环境的气体——一氧化氮。我们还可以利用二氧化氮的另一性质,在水中与氧气反应生成硝酸,因此向里面通入空气就可以解决问题。

快乐猫:原来如此,稀硝酸是不是也需要放置在棕色试剂瓶并避光、低温保存呢?

陈老师:不管是光不稳定性,还是热不稳定性,都是浓硝酸的性质。对于稀硝酸来说,不管是光照,还是加热,都能稳定存在。所以对于稀硝酸来说,只需存放在一般的试剂瓶中,不需加以特别保护。

快乐猫:硝酸除了不稳定性外,还具有强氧化性。从哪些角度学习硝酸的强氧化性呢?

陈老师:硝酸的强氧化性,主要体现在三个方面:① 可以与绝大多数金属反应,生成硝酸盐、氮的氧化物和水;② 可以与非金属单质如 C 反应,生成 $CO_2$、$NO_2$ 和水;③ 可以与还原性离子如 $I^-$、$S^{2-}$、$Fe^{2+}$ 反应,将其氧化成高价态化合物。其中硝酸与金属的反应经常出现在测试题中,由于硝酸与金属反应时,硝酸表现的性质是酸性和氧化性,这样就可以把硝酸的作用分解开,如铜与一定量浓硝酸反应时,会存在酸变稀的情况,其中体现酸性的硝酸的物质的量是铜的物质的量的两倍,体现氧化性的硝酸的物质的量等于生成气体的物质的量,二者相加就可以求出参加反应的硝酸的总量了。另外,如果在硝酸和稀硫酸的混合物中加入铜片,我们就不能单纯用 $3Cu+8HNO_3 = 3Cu(NO_3)_2 + 2NO\uparrow + 4H_2O$ 来求解了,因为 $Cu(NO_3)_2$ 中存在 $NO_3^-$,而溶液中的稀硫酸要电离出 $H^+$,二者又构成了 $HNO_3$,又能与铜反应。对于这样的试题,我们用离子方程式计算就能避免出现问题。

快乐猫:陈老师,你这样一说我感觉明白了很多。我还有一个问题:每次做有关硝酸的习题时总是不知道从何处下手,除了上面讲的内容外,与硝酸有关的计算还会用到哪些方法?

陈老师:最常用的就是电子守恒了,比如我们判断硝酸反应后被还原成了什么物质,就可以利用电子守恒来判断。如锌与硝酸反应,若有 1 mol 硝酸参加反应,则有 0.8 mol 的电子发生转移,此时硝酸的还原产物中氮元素的化合价为多少?

快乐猫:我来试一下。有 8 mol 的电子转移,就有 4 mol 的锌被氧化,有 10 mol 的硝酸参加反应,其中有 8 mol 的硝酸转化为硝酸锌,还有 2 mol 硝酸,可能有以下情况:① 若 2 mol 的硝酸全部被还原,则 N 的化合价应降为$(+5-8/2)=+1$。此时产物为 $N_2O$。② 若 2 mol 的硝酸只有 1 mol 被还原,则 N 的化合价应降为$(+5-8)=-3$,此时产物为 $NH_4NO_3$。

陈老师:非常好,看来你对电子守恒应用得比较熟练了,对于其他题,多练多总结,就能很好地掌握,加油!

# 银耳是雪白的吗?

今天休息,去超市逛了一下,在粮油副食区,遇见了快乐猫。

快乐猫:陈老师,您看这银耳,真是名副其实啊!雪白雪白的,让人看了就喜欢。

陈老师:快乐猫,眼见为实有时也会上当的。

快乐猫:哦?为什么?

陈老师:你仔细看一下银耳的根部,那才是银耳的真面目。

快乐猫:黄色的?那上部的银耳为什么是白色的,难道银耳被整过容了?

陈老师:是的,银耳并不像它的名字那样呈银白色,它应该是黄色的,但是一些不良商家为了让其更美观,就在大棚里燃烧硫黄,产生的二氧化硫气体就将银耳漂白了。这样加工过的银耳从外观上虽然好看,但二氧化硫的含量可是超标的,食用后对身体也有害。

快乐猫:真是无良商家!老师,二氧化硫除漂白作用外,还有其他性质吗?

陈老师:当然有了,归纳起来,二氧化硫具有"三性一特性"。"三性"是指氧化性、还原性、酸性,一特性是指漂白性。快乐猫,你利用所学的知识分析一下,为什么二氧化硫会具有以上"三性"呢?

快乐猫:我想想。从组成上看,二氧化硫与二氧化碳相似,都是酸性氧化物,因此,二氧化硫可以与水反应生成亚硫酸:$H_2O + SO_2 \rightleftharpoons H_2SO_3$,可以与 NaOH 溶液反应生成盐和水:$SO_2 + 2NaOH = Na_2SO_3 + H_2O$。怎样知道二氧化硫会发生氧化反应和还原反应呢?

陈老师:你不妨从化合价的角度入手。

快乐猫:我明白了。二氧化硫中硫元素为 +4 价,而硫的化合价主要有 -2、0、+4 和 +6,因此 +4 价的硫可以被氧化成 +6 价,也可以被还原成 0 价。

陈老师:是的,二氧化硫可以被氧气、氯气氧化生成 +6 价硫的化合物,化学方程式分别为 $2SO_2 + O_2 \xrightarrow[\Delta]{\text{催化剂}} 2SO_3$、$SO_2 + Cl_2 + 2H_2O = 2HCl + H_2SO_4$,在这两个反应中,二氧化硫均做还原剂;二氧化硫还可以与硫化氢反应:$SO_2 + 2H_2S = 3S + 2H_2O$,在这个反应中,二氧化硫做氧化剂。其实不仅二氧化硫既具有氧化性,又具有还原性,亚硫酸及亚硫酸盐也是如此。

快乐猫:陈老师,二氧化硫的漂白原理与氯水相同吗?

陈老师:不同。二氧化硫之所以能漂白有色物质,是因为二氧化硫与有色物质中的有机色质结合生成了无色物质,加热后或时间长了因二氧化硫逸出,还会再变成原来的颜色。比如我们将二氧化硫气体通入品红溶液中,品红溶液褪色,加热后又会出现红色;氯水的漂白作用是其强氧化性所致,因此用氯水漂白过的物品不会再变回原来的颜色。因此,二氧化硫的漂白作用是可逆的,氯水的漂白作用则是不可逆的。我们通常利用品红溶液来检验二氧化硫。

快乐猫:老师,人们为什么说二氧化硫是酸雨的元凶呢?

陈老师:因为二氧化硫被排放到空气中后,会在飘尘的催化作用下被氧化成三氧化硫,三氧化硫溶于雨水生成硫酸并随雨水降下,就形成了酸雨。

快乐猫:酸雨的危害可太大了,怎样防治呢?

陈老师:酸雨的防治分为治标和治本两个方面。治本,就是从源头上减少二氧化硫的排放,比如在燃煤中加入氧化钙,让二氧化硫与氧化钙反应生成亚硫酸钙,最后氧化成硫酸钙成为炉渣,可以作为建筑材料。治标则是指将已经产生的二氧化硫进行吸收和转化,比如植树造林,或者用氨水吸收二氧化硫得到铵盐作为化肥使用。

快乐猫:明白了。老师,二氧化硫是不是不能应用于食品工业?

陈老师:我们也不能谈二氧化硫色变,其实二氧化硫还是一种食品添加剂,只不过需要严格控制其用量才行。保护环境、保证食品安全是每个公民应尽的义务,我们以后要大力宣传哦。

# 镁是怎样炼成的？

快乐猫在化学论坛上发了一张靓照:快乐猫站在甲板上眺望大海。看来这家伙今天又要拿大海说事了。

快乐猫:各位同学,这是我的暑期照片。眺望大海,方能感受大海的波澜壮阔。啊! 大海,我的故乡!

令狐冲:大海不仅是你的故乡,还是人类丰富的宝藏呢。号称国防金属的镁就是从海水中提取出来的,快乐猫,你该不是要谈这个话题了吧?

快乐猫:令狐大哥果然料事如神,我总好奇那银白色的镁条究竟是怎么跟蓝色的海洋联系起来的。

扎库米:你以为镁条是从海水里捞出来的? 告诉你吧,镁在海水中含量非常丰富,在海水中,镁元素以离子形式存在,我们把镁从海水中提取出来,可是经历一番复杂的工艺呢。

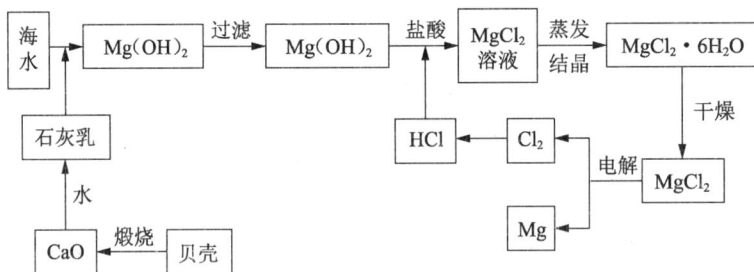

图 1　海水提镁工艺流程图

快乐猫:直接向海水中倒入石灰乳?

令狐冲:向大海中倒入石灰乳? 想想就不行。我们在提炼镁的时候,要先将海水富集,比如利用晒盐后的苦卤作为原料。大家想想,在海水提镁的过程中,采取了哪些措施来提高经济效益?

米奇:我认为主要有两项措施:① 利用电解生成的氯气再与氢气化合生成氯化氢,氯化氢溶于水得盐酸,盐酸与氢氧化镁反应;② 就地取材,将贝壳煅烧得到氧化钙,氧化钙与水结合生成沉淀剂——氢氧化钙。

快乐猫:呜呜,可怜的贝壳。为什么不直接将生成的氢氧化镁加热分解得到氧化镁,然后再电解氧化镁呢?

扎库米:氧化镁的熔点比氯化镁要高出很多,熔融时需消耗大量的能量,因而会增加生产成本。快乐猫,你能不能说说在海水提镁的过程中都涉及了哪些类型的反应?

快乐猫:这个问题难不倒我。有分解反应,如贝壳煅烧、电解氯化镁;有复分解反应,如石灰乳与镁离子反应、氢氧化镁与盐酸反应;有化合反应,如氧化钙与水反应、氯气与氢气合成氯化氢。当然,有些反应同时又是氧化还原反应或离子反应。前面令狐大哥说镁是国防金属,我们提炼出镁有哪些用途呢?

令狐冲:用途大了。镁的密度小,可与铝等其他金属制成合金,镁合金的强度高、机械性能好,这就使镁成为制造汽车、飞机、火箭的重要原料,另外镁是一种活泼金属,在冶金工业可做还原剂和脱氧剂,镁粉还可以制作照明弹和烟花呢。

快乐猫:谢谢各位同学,我得回去把这部分知识恶补一下了, 😊。

# 沙子与水晶

一阵大风过后,客厅里的一个水晶制品表面被蒙上了一层沙子,于是有了我和快乐猫的下面一段对话。

陈老师:快乐猫,你看,没想到它们兄弟俩以这种方式见面了。

快乐猫:兄弟?一个是普通的黄沙,一个是高贵的水晶,它们怎么会是兄弟?

陈老师:快乐猫,虽然它们两个外貌迥异,可它们确实是同一种物质啊,它们的成分都是二氧化硅呢。

快乐猫:这怎么可能,你看看它们两个的长相,有哪一点像亲兄弟。

陈老师:这是因为它们的生活环境不同造成的。水晶是在地下经过高温、高压形成的,而沙子是岩石风化形成的。岩石风化后形成的沙子受到风力或水流的运输携带,质量小的形成土壤,质量中等的形成沙滩,质量大的留在原地继续风化。

快乐猫:原来如此!都怪我孤陋寡闻。那陈老师您再给我讲讲它们的特点吧。

陈老师:好的。它们的主要成分都是二氧化硅。二氧化硅是一种质硬、熔点高的固体,虽然它们也是酸性氧化物,但它们不能与水直接反应生成硅酸,否则人类怎么用沙子盖房子。不过,它们可以与碱反应生成硅酸盐和水,反应方程式为:$SiO_2 + 2NaOH = Na_2SiO_3 + H_2O$。与其他非金属氧化物所不同的是,它们可以与氢氟酸反应:$SiO_2 + 4HF = SiF_4 + 2H_2O$,你知道怎样在玻璃上刻花吗?就是利用这个反应。

快乐猫:一个是沙子,可以盖房子,一个是水晶,可以做装饰品,除此以外,它们还有别的用途吗?

陈老师:有啊。人们可以以二氧化硅为原料制取硅:$SiO_2 + 2C \xrightarrow{\text{高温}} Si + 2CO$,制得的粗硅再经过提纯得到高纯硅。高纯硅可是信息产业必不可少的原料,纯的二氧化硅还可以做光导纤维,传输能力比金属导线可强多了,高科技的发展可离不开它们硅家族呢。水晶除了做饰品外,还可以制造电子部件和光学仪器呢。

快乐猫:那沙子除了盖房子外,还有什么用途?

陈老师:快乐猫,你别看沙子长相普通,用途却很广呢,它还是工业制玻璃、水泥的主要原料。比如,玻璃的主要成分是硅酸钠、硅酸钙、二氧化硅,它们是通过下面的反应得到的:$Na_2CO_3 + SiO_2 \xrightarrow{\text{高温}} Na_2SiO_3 + CO_2 \uparrow$,$CaCO_3 + SiO_2 \xrightarrow{\text{高温}} CaSiO_3 + CO_2 \uparrow$。

快乐猫:我还以为沙子只能用来盖房子,水晶只能做项链、手镯呢,没想到它们的用处这么大,谢谢陈老师给我上了一课。

# 聊聊铝热反应

快乐猫:陈老师,您好。我们今天做了一个实验,那场面,火星四溅,白光耀眼,铁珠下落,太壮观了! 你猜猜是哪个实验?

陈老师:我当然能猜出来,你做的是铝热反应。我也考考你,铝热反应就是指铝与氧化铁之间的反应吗?

快乐猫:是啊。

陈老师:不对,铝热反应不是这一个反应,而是一类反应,凡是利用活泼的金属铝置换不活泼的其他金属,通常是置换熔点较高的金属的反应,都可以称为铝热反应,如:$2Al + Fe_2O_3 \xrightarrow{\text{高温}} Al_2O_3 + 2Fe$,$4Al + 3MnO_2 \xrightarrow{\text{高温}} 3Mn + 2Al_2O_3$,$10Al + 3V_2O_5 \xrightarrow{\text{高温}} 5Al_2O_3 + 6V$。在做铝热反应时,我们通常放一些氯酸钾,它是不是铝热剂的成分之一呢?

快乐猫:这个我知道。铝热剂是由铝粉及被置换的金属的氧化物($Fe_2O_3$、$Fe_3O_4$、$MnO_2$等)构成,氯酸钾不是铝热剂的成分,它只是在加热时分解产生氧气,使镁条燃烧更加剧烈,提供更多能量使铝热反应发生。

陈老师:对。快乐猫,你能不能告诉我怎样引发铝热反应?

快乐猫:老师在做这个实验时,先在铝热剂中加入少量氯酸钾,然后再插上镁条并将其点燃,铝热反应就开始了。

陈老师:你观察得非常仔细,那你能不能告诉我铝热反应在实际生产中有什么应用呢?

快乐猫:那应用可大了。比如火车铁轨出现了裂缝,我们总不能把它扛回去修理吧,这时我们就可以利用铝热反应进行野外作业了。另外,在冶金工业上也常利用这一反应原理,使铝与有关金属氧化物反应来冶炼钒、铬、锰等金属。

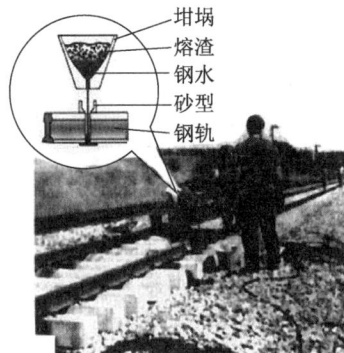

坩埚
熔渣
钢水
砂型
钢轨

图1 利用铝热反应焊接铁轨

陈老师:你对铝热反应知识掌握得真是不错,在中学化学教材中,与众多化学实验相比,铝热反应可谓是名不见经传,但经常出现在高考试题中,你课下可以查找一下相关的试题。

快乐猫:好的,谢谢老师。

# 电子是怎样排布的?

高一化学论坛已经沉寂多时,快乐猫来到论坛上,发现这里静悄悄。快乐猫很是纳闷:"这可不像论坛的风格,我得发一个帖,让论坛再热闹起来。"于是快乐猫把自己最近学习原子核外电子排布时的困惑写在了论坛上,希望大家都能来讨论一下。帖子一发,果然"潜水者"都冒了出来。

蜘蛛侠:我先来说两句,我对原子核外电子排布也有许多不明白之处,比如,原子核外电子为什么要分层排布?

机器猫:蜘蛛大侠整日在空中飞来飞去,可能对物体的稳定性与能量之间的关系不够了解。电子在原子核外排布时,要尽可能使电子的能量最低。怎样才能使电子的能量最低呢? 比方说,我们站在地面上,不会觉得有什么危险;如果我们站在 20 层楼的顶上,再往下看时我们心里会感到害怕。这是因为物体在越高处具有的势能越高,物体总有从高处往低处落的一种趋势,就像自由落体一样,我们从来没有见过物体会自动从地面上升到空中,物体要从地面到空中,必须要有外加力的作用。电子本身就是一种物质,也具有同样的性质,即它在一般情况下总想处于一种较为安全(或稳定)的状态,也就是能量最低时的状态。当有外加作用时,电子也是可以吸收能量到能量较高的状态,但是它总有回到低能量状态的趋势。一般来说,离核较近的电子具有较低的能量,随着电子层数的增加,电子的能量会越来越高,即电子总是先排布在能量较低的电子层里,然后依次排布在能量较高的电子层里,也就是先排满 K 层,然后再排 L 层、M 层,这就是电子排布需要遵循的第一个原则:能量最低原理。核外电子排布可以看作是一种洋葱式的结构。

蜘蛛侠:那怎么知道一个电子层里能排布几个电子呢?

米奇:每一层上的电子数也不是随意定的,通常来说,每一层最多容纳的电子数为 $2n^2$,即第 1 层(K 层)最多容纳 2 个,第 2 层(L 层)最多容纳 8 个,第 3 层(M 层)最多容纳 18 个,依此类推第 $n$ 层最多容纳 $2n^2$ 个。最外层电子数最多不超过 8 个(K 层为最外层时最多容纳 2 个电子),如稀有气体除氦最外层为 2 个电子外,氖、氩、氪、氙的最外层都是 8 个电子。

快乐猫:M 层一定要容纳 18 个吗?

巴斯光年:当然不是 ,"最多"一词指的是可容纳电子的最大值,但并不代表一定要容纳这些电子。以上规律不能孤立理解。如：每一层最多容纳的电子数为 $2n^2$，对于 M 层来说，其最多能容纳 18 个电子；但当 M 层为最外层时，则最多只能容纳 8 个电子。另外，由于多电子原子的电子在排布时会出现能级交错现象，因此能量最低原理对前三个电子层是适用的，但不能依此类推，即不能说排满了 M 层再排 N 层，这一点以后会继续学习。

蜘蛛侠：我们学习核外电子排布有什么作用吗？

米奇：当然有作用了。根据核外电子排布规律，我们可以对一种元素是金属元素还是非金属元素做出判断。若最外层电子数大于 4，该元素一般是非金属元素，在化学反应中易得到电子而形成 8 电子稳定结构，该元素呈现的最高化合价等于其最外层电子数，如氯的最外层电子数为 7，最高价为 +7 价；若最外层电子数小于 4，该元素一般是非金属元素，在化学反应中易失去电子而形成 8 电子稳定结构，但最外层为 2 个电子的原子也可能是非金属中的氦。

快乐猫：经大家这样一说，我感觉清楚了很多，非常希望大家能常来论坛聊一聊。谢谢各位。

# 一起来学化学键

这段时间，我一直在教授化学理论方面的知识，抽象的知识让一些学生倍感头大。今天学习化学键后，高一化学群里一下子热闹起来。

快乐猫：😫，我的天呐！"化学键"这词太抽象了，谁能告诉我化学键中的键是一种什么样的东西？

我是老学究：吾查阅辞海发现，键乃是鼎上贯通两耳的横杠。《说文》曰："键，铉也。一曰车辖也。"车辖，知道是什么吗？就是安在车轴两端，管住车轮不脱离轴的铁棍。《尸子》曰："题无四寸之键，则车不行。"键就是一种起关键作用的东西，如键盘、琴键。

唐老鸭：学究所言极是。但是对于化学键来说，键可不是一种有形的东西，它只是一种相互作用，也可以类比为物理上所说的力，是一种看不见、摸不着的东西，而不是实物，懂吗？😆。

巴斯光年：😈，楼上说的都有道理，我也说两句。在分子或晶体内部，原子（或离子）之间存在着相互作用，这些作用有强有弱，只有相邻原子（或离子）之间强烈的相互作用才能称之为化学键。顾名思义，化学键与化学反应有关，在化学反应过程中会发生化学键的断裂与形成，使得原子重新组合成新的物质。若只有化学键的断裂而没有化学键的形成，这样的过程就不能称为化学反应，比如电解质电离出自由移动离子的过程就不是一个化学变化。化学键是物质保持稳定性的主要因素,它主要影响物质的化学性质。

爱丽丝:我一直纳闷氯化钠电离出钠离子和氯离子,这不生成新物质了吗,为什么不是化学变化,今天终于明白了,原来没有化学键的形成。那化学键有哪几种?

巴斯光年:化学键有离子键和共价键,今后我们还会学到金属键和配位键。我们以氯化钠为例来看一下离子键是怎样形成的:

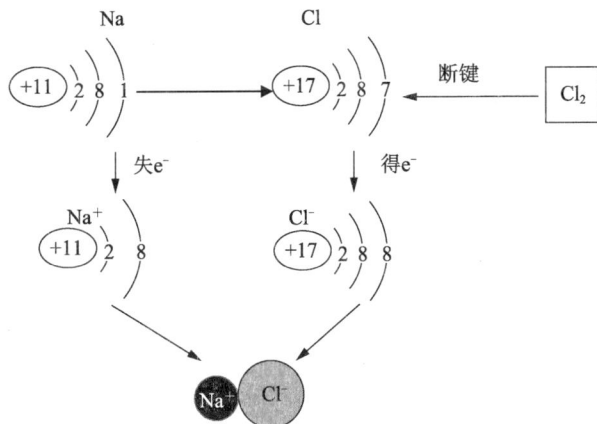

图 1　氯化钠的离子键形成示意图

钠原子失去最外层的一个电子,氯原子在最外电子层再得到一个电子,于是钠原子最外电子层上的电子被转移至氯原子的最外电子层上,两种带不同电性的离子在相互靠近的过程中,既有阴、阳离子之间的静电吸引作用,也有电子与电子、原子核与原子核之间的静电排斥作用。当静电吸引与静电排斥达到平衡时,二者就结合成稳定的化合物——氯化钠。我们把阴、阳离子之间的这种静电作用称为离子键。

氯化氢的形成过程与氯化钠有所不同,氯原子与氢原子均为非金属原子,二者都希望得到一个电子使其最外层达到稳定结构,但二者均没有能力将电子从对方那里完全夺取过来,于是只好采用一种"和平共处"的方式,双方各自提供一个电子在两核之间形成共用电子对,这种共用电子对从本质上讲仍然是一种静电作用,我们称其为共价键。因此化学键又分为离子键和共价键。

快乐猫:😺,电子的转移是看不见、摸不着的,怎样区分离子键和共价键呢?

唐老鸭:这个问题,我很清楚。判断化学键的方法有很多,最简单的方法就是看组成元素。通常来说,若一种化合物中含有第ⅠA、ⅡA主族的活泼金属及铵根,这种化合物中一定含有离子键,如常见的强碱、由活泼金属构成的盐;若一种化合物完全由非金属组成(铵盐除外),这种化合物就是由共价键形成的共价化合物。当然由金属与非金属组成的化合物中也有属于共价化合物的,如氯化铝就是一种共价化合物。

快乐猫:我终于明白了,多谢! 🖐️。

# 达到限度反应就停止了吗?

斑竹:各位同学,今日化学课我们学习了化学反应的限度,一节课下来,昏昏然不知所以然,特在本论坛发帖,望各位大侠就化学反应的限度问题发表高见,帮我走出迷途。拜托! 🖐️。

快乐猫:我先来说两句。既然提到"限度"二字,那就意味着反应不可能完全进行到底,因此只有可逆反应才有化学反应限度。

汤姆猫:什么是可逆反应? $2H_2O \xrightarrow{\text{电解}} 2H_2 + O_2$ 与 $2H_2 + O_2 \xrightarrow{\text{点燃}} 2H_2O$ 是不是互为可逆反应?

杰瑞鼠:汤姆猫你错了。可逆反应的特点是既能向正反应方向进行,同时又能向逆反应方向进行,但可逆反应有一个限制条件——在相同条件下。上面的两个反应不是在同一条件下实现的,因此不能称之为可逆反应。像 $2SO_2 + O_2 \underset{\text{加热}}{\overset{\text{催化剂}}{\rightleftharpoons}} 2SO_3$,以及 $N_2 + 3H_2 \underset{\text{高温、高压}}{\overset{\text{催化剂}}{\rightleftharpoons}} 2NH_3$,则属于可逆反应。

汤姆猫:👍。看来我得向杰瑞鼠学习了。怎样理解可逆反应的限度呢? 可逆反应达到一定限度后是不是意味着反应就停止了?

快乐猫:我们以氢气与氮气合成氨为例,反应开始时,反应物浓度最大,生成物浓度为 0,此时正反应速率最大,逆反应速率为 0,反应向着生成氨气的方向进行。随着反应物的消耗,反应物浓度开始降低,生成物浓度逐渐增大,部分氨气开始分解,正反应速率减小,逆反应速率增大,到某一时刻时,正反应速率等于逆反应速率,我们说该可逆反应达到了化学平衡状态,此时各组分的浓度不再改变。也就是说,在一定条件下,当可逆反应达到化学平衡状态时,反应物的转化率就达到了最大限度。Tom,你能总结出化学平衡状态的特点吗?

汤姆猫:我试试。当可逆反应达到化学平衡状态时,$v_{正} = v_{逆}$,各组分的浓度保持一定。是不是达到平衡状态时,正、逆反应就停止了? 这种平衡状态是不是永远维持下去而不再改变呢?

快乐猫:当然不是,达到平衡状态时,反应并没有停止。以 $N_2 + 3H_2 \underset{\text{高温、高压}}{\overset{\text{催化剂}}{\rightleftharpoons}} 2NH_3$ 为例,每生成 3 mol $NH_3$ 的同时就会有 3 mol $NH_3$ 分解。这是一种动态平衡,这种平衡的建立是受条件限制的,条件改变,平衡就会发生改变,这时我们就说平衡移动了。

斑竹:明白了,可逆反应达到化学平衡状态时,可以用下面五个字来概括其特征:逆(可逆反应)、等($v_正 = v_逆$)、动(动态平衡)、定(各组分的浓度一定)、变(条件改变,平衡移动)。👌。

# 如何选择气体制备装置?

昨天给学生布置了一项作业:归纳总结实验室如何制备氧气、氨气、二氧化碳、氯气。今天发现 QQ 群里很是热闹。

快乐猫:😮。以前学这些气体的制备方法时,觉得挺简单的,现在放在一起了,发现各有各的特点哎。

蜡笔小新:🦉。如果这些气体都用一种方法来制取,那还有什么值得总结的。单是这四种气体的制备装置就值得我们好好总结一番。

喜羊羊:😐。小新所言极是。我们通过反应原理来选择用什么样的仪器来制备,如制取氧气,通常通过在双氧水中加入催化剂分解得到:$2H_2O_2 \xrightarrow{\text{催化剂}} 2H_2O + O_2\uparrow$,该反应的特点是固液混合不需要加热即可以得到气体,与氧气相似的是制取二氧化碳气体:$CaCO_3 + 2HCl = CaCl_2 + CO_2\uparrow + H_2O$,该反应也是固液混合不要加热,因此两者可以用图 1 所示的同一种装置。

灰太狼:我来说说如何制取氨气。实验室利用熟石灰和氯化铵固体混合加热得到氨气:$Ca(OH)_2 + 2NH_4Cl \xrightarrow{\Delta} CaCl_2 + 2NH_3\uparrow + 2H_2O$,该反应利用了固固制取气体的方式,就不能再用上面的装置了,我们可以采用图 2 所示装置:

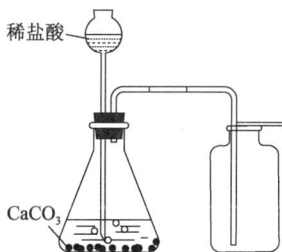
图 1

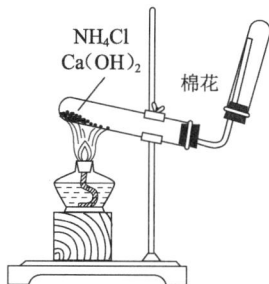
图 2

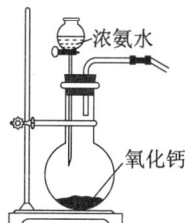
图 3

还有另一种快速制取氨气的方法,就是利用浓氨水受热分解的方法得到,这时我们就可以采用图 3 所示装置了,虽然没有使用酒精灯,但我们利用了氧化钙与水反应放出的热量来促进氨气挥发。

机器猫:😮。三日不见刮目相看啊!剩下的氯气我来抢。实验室制备氯气与前三种又不同，反应方程式为：$MnO_2 + 4HCl \stackrel{\triangle}{=\!=\!=} MnCl_2 + Cl_2\uparrow + 2H_2O$，从反应物的状态就可以看出这是利用"固体＋液体$\stackrel{\triangle}{\longrightarrow}$气体"的方式来制备的，因此就需要选用一种新的装置(图4)。

浓盐酸

MnO₂

（气体发生装置）

图 4

快乐猫😁：我把大家刚才的分析总结成了一句话："制备装置不难选，状态条件是关键。"有才吧？

灰太狼：太有才了！😃。

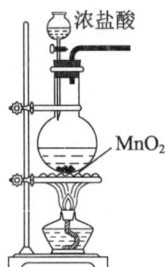

# 化学能怎样转化成电能？

好几天没有上 QQ 了，今天打开电脑，收到了快乐猫发来的一封邮件。

陈老师：

您好。今天我们学习了化学反应的应用之一——提供能量，老师给我们拿来了一个装置，通过那个装置，可以证明化学能转化成了电能，可是我怎么也不明白，电子是从哪里来的，它又是怎样运动的？您能给我点拨一下吗？

不快乐的猫😿

看来这次快乐猫真的是遇上难题了，一番思考之后，我给他回复了一封邮件。

快乐猫：

你好。其实这套装置以前在学习氧化还原反应时就已经见过了，我们知道氧化还原反应中有电子转移，可是电子是非常小的粒子，用肉眼是看不到的，于是我们就通过这套装置让电子动起来，通过电流表指针偏转或灯泡变亮等现象来证明确实有电子转移。这套装置我们称之为原电池，利用原电池我们实现了化学能到电能的转化。下面我给你详细分析一下：

在氧化还原反应中，氧化剂得到电子发生还原反应，还原剂失去电子发生氧化反应，如果将氧化还原反应中的两根线桥替换成导线，不就可以实现让电子沿导线移动了吗？😁。因此，原电池是氧化还原反应的形象表示。将一个氧化还原反应设计成原电池后，将氧化反应和还原反应分在了两个电极上进行，使其各自成为一个"半反应"。还原剂在负极失去电子，原来的氧化剂在正极得到电子。如：

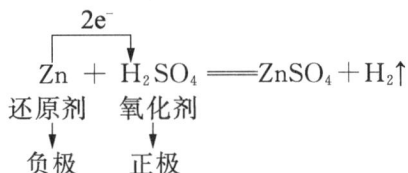

$$\overset{\overset{\displaystyle 2e^-}{\overbrace{\qquad\qquad}}}{Zn} + H_2SO_4 =\!=\!= ZnSO_4 + H_2\uparrow$$

还原剂　氧化剂

负极　　正极

当还原剂为金属单质时，金属本身可以做负极，但 $H^+$ 不可能做正极，这需要有一个能导电的物质做正极,该物质可以是金属(活动性须比负极金属弱),也可以是能导电的非金属(如石墨)。将上述氧化还原反应用图1表示:

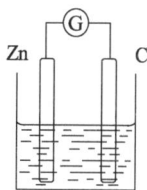

图 1

在该装置中,我们会发现气泡不是在锌片表面逸出,而是在碳棒表面逸出,并且电流表的指针发生了偏转,说明锌失去的电子沿导线移动到了碳棒上,溶液中的 $H^+$ 在碳棒上得到电子生成了 $H_2$。这不化学能就转化成了电能。可别小看这个装置,它外形虽然简单,却是我们现在使用的各类电池的鼻祖。在该电池中,负极:$Zn-2e^-=Zn^{2+}$,发生氧化反应;正极:$2H^++2e^-=H_2\uparrow$,发生还原反应。

依据这一原理,我们可以根据氧化还原反应中化合价的变化设计原电池装置。你来试一试,看能不能将 $Fe+2FeCl_3=3FeCl_2$ 设计成原电池并画出装置图。

答案:

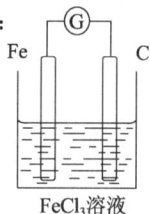

$FeCl_3$溶液

陈老师

# 取而代之话取代

快乐猫:😼。陈老师,我今天受伤了,下午我们与二班进行篮球比赛,我在防守时不小心被对方球员绊倒,教练把我给换了下来,结果我们班以 2 分之差输了,呜呜呜……

陈老师:💀。快乐猫成了伤员了,别灰心,下星期不是还有一场比赛吗,你先把伤养好。

快乐猫:陈老师,我觉得球场上换队员跟我们今天学的取代反应很相似呢?

陈老师:哦?说说看,有哪些相似之处。

快乐猫:取代反应是指有机物分子中某一原子或原子团被其他原子或原子团所代替的反应。你看在甲烷与氯气的反应中,当甲烷分子中的一个氢原子被一个氯原子取代时,就生成一氯甲烷。氢原子下来,氯原子上去,跟我被张强换下来一样嘛!☹️。

陈老师:确实,取代反应的特点就是有上有下。

快乐猫:老师,在这个反应中,反应物是一种单质跟一种化合物,那我能不能说氯气与甲烷所发生的反应也是置换反应？

陈老师：置换反应的特点是一种单质与一种化合物反应，生成一种新的单质与一种新的化合物。因为甲烷与氯气的取代反应中反应物是一种单质跟一种化合物，所以才让你产生了这样的误解，你仔细看一下产物就会发现，置换反应与取代反应根本不同。

快乐猫：😵，糗大了。取代反应的产物不是一种单质与一种化合物。这样说来，我倒觉得取代反应跟以前学的复分解反应有相似之处，都是相互交换成分。

陈老师：这一点确实很相似，不过取代反应主要发生在有机物之间，而复分解反应则是无机物之间的反应。另外，随着我们以后对有机化学反应的深入学习，就会发现更多的取代反应。我给你写三个反应，你看看哪一个是取代反应？

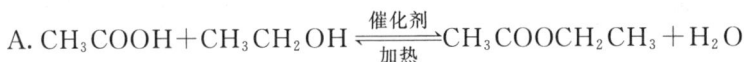

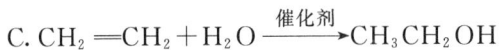

A. $CH_3COOH + CH_3CH_2OH \underset{加热}{\overset{催化剂}{\rightleftharpoons}} CH_3COOCH_2CH_3 + H_2O$

B. $CH_3CH_2OH + HCl \xrightarrow{催化剂} CH_3CH_2Cl + H_2O$

C. $CH_2{=\!=}CH_2 + H_2O \xrightarrow{催化剂} CH_3CH_2OH$

快乐猫：😵，我怎么看着都像取代反应呢？

陈老师：你仔细看一下第三个反应，是不是有上有下呢？

快乐猫：不是，第三个反应是只上不下，就像本来应该上五个队员，现在才上来四个，还需要再来一个，不是球场换人，不属于取代反应。

陈老师：😲。你观察得还是比较仔细的，第三个反应我们称之为加成反应，前两个是取代反应。

快乐猫：我明白了，并不是只有甲烷与氯气之间的反应属于取代反应，还有很多不同的有机化学反应也属于取代反应，只要符合取代反应特点的就属于取代反应，谢谢老师，😊。

# 有机物为何种类繁多？

今天布置的作业是让学生通过预习、查找资料，探究有机物种类繁多的原因，让大家回去后分组阐述。一时间，班级群里气氛很是热烈。

快乐猫：我代表一组先说。我们常说"结构决定性质"，我认为结构也决定种类。有机物之所以种类繁多，与其结构有很大关系。有机物都含有碳元素，碳的最外层有四个电子，可与四个原子形成共价键，是非金属原子中成键数目最多的原子，因此形成有机物的种类也最多。

斑竹:我同意一组的意见,但我们还想进一步补充一下。有机物种类繁多,与碳原子成键数目多有关,同时还有一个不可忽视的因素,碳原子之间在形成共价键时,不仅可以形成单键,还可以形成双键、三键,不仅可以形成链状,还可以形成环状,这也使得有机物的种类繁多。比如:同样是四个碳原子,其连接方式可以有以下几种:

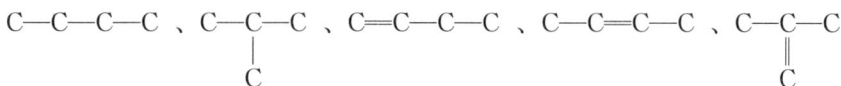

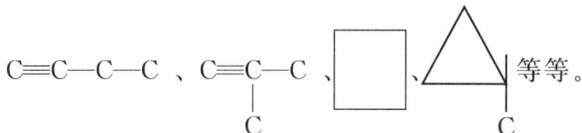

$$C—C—C—C 、 C—C—C 、 C=C—C—C 、 C—C=C—C 、 C—C—C$$
$$（第二式下有 C， 第五式下有 C）$$

$$C≡C—C 、 C=C—C 、 □ 、 △ 等等。$$

大家看,虽然只有四个碳原子,却可以组成这么多物质。

灰太狼:我也补充一下。从二组给出的结构图中,我们可以看到有几种物质,它们的分子式应该是相同的,如 $C—C—C—C$ 和 $C—C—C$(下有C) 分子式都是 $C_4H_{10}$,

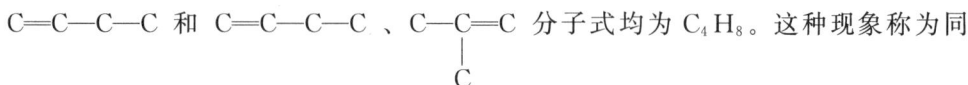

$C=C—C—C$ 和 $C=C—C$ (下有C)、$C—C=C$ 分子式均为 $C_4H_8$。这种现象称为同分异构现象,具有同分异构现象的有机物互称为同分异构体,同分异构的存在也是有机物种类繁多的原因。

令狐冲:既然谈到了同分异构体,我们四组就这个问题再详细说一下。同分异构体,顾名思义就是分子式相同而结构不同的物质。在原子结构中我们已经学习了同位素这个概念,同位素是同一元素不同原子的互称,而同分异构体研究的是物质,同分异构现象在有机物中经常出现。具有同分异构体的物质可以是同类物质,也可以是不同种类物质。"同分"是分子式相同,而不是分子量相同;"异构"是结构不同,这种结构不同可以是碳链的长短不同,也可以是碳原子的成键方式不同,如 $C_4H_8$ 中碳原子之间可以形成双键,也可以形成环状。

陈老师:四个组的同学的回答都非常精彩,碳原子的成键数目、碳原子之间的连接方式及同分异构现象是有机物种类繁多的根本原因。

# 柿子是怎样变熟的?

下课铃刚响,突然发现快乐猫龇牙咧嘴的,不断地伸舌头。原来中午妈妈给他买了几个柿子,看着红彤彤的柿子,快乐猫忍不住带到学校一个,想赶紧品尝一番。哪知道刚咬了一口,就发现涩得舌头快伸不出来了。

陈老师:我给你支个招,回家后盛柿子的袋子里放一个苹果,几天后柿子就能吃了。

快乐猫：好神奇哦。为什么放一个苹果就能让柿子变熟？

陈老师：熟苹果会散发出一种叫作乙烯的气体，它是一种催熟剂，可以促使水果成熟。

快乐猫：就是我们今天学的乙烯吗？我觉得乙烯的性质好复杂啊。一会儿这个褪色，一会儿那个褪色，真深奥。

陈老师：这主要是你刚刚接触有机化学，对有机反应不熟悉造成的。对于甲烷、乙烯这样的有机物，学习其化学性质的时候，一定要从化学键的角度去分析。

快乐猫：我来试一试。乙烯中含有碳碳双键，其中有一个键不稳定，容易断裂，断裂后两个碳原子就各自出现了一个单电子，可以与其他原子形成共价键，将其他原子或基团连接上去。

陈老师：很不错嘛。通俗一点说，加成反应就是都加上去，也就是有进无出。而取代反应则是有进有出，如乙烯与溴水加成生成二溴乙烷、与氢气加成生成乙烷、与溴化氢加成生成溴乙烷等，都是加成反应。而乙烷分子中两个碳原子都已经形成了碳碳单键，如果断裂的话，原子之间就直接分开了，这样的反应我们叫裂化或裂解，因此只有含有不饱和键的有机物才能发生加成反应，如 $CH_3CH\!=\!CH_2$。

快乐猫：我明白了，加成反应是只上不下，产物只有一种，而取代反应是有上有下，产物有两种。

陈老师：你来试着写出 $CH_3CH\!=\!CH_2$ 与 HBr 加成后的产物。

快乐猫：小菜一碟！先断键然后再将 HBr 连接上，生成 $CH_3CH_2CH_2Br$。

陈老师：你再仔细看一下，还会不会生成其他产物？

快乐猫（沉思）：好像溴可以连接在中间的碳原子上，生成 $CH_3\underset{\underset{Br}{|}}{C}HCH_3$，明白了！如果双键两端不对称的话，不同的原子连接上时可以交换位置。加成反应我明白了，乙烯使酸性高锰酸钾溶液褪色也是加成反应吗？

陈老师：同是褪色，原理可不同。乙烯使酸性高锰酸钾溶液褪色发生的是氧化还原反应，体现了乙烯的还原性。其具体的原理我们以后会学到。

快乐猫：我明白了。归纳起来，乙烯是一种无色、有特殊气味的气体，可以发生氧化反应、加成反应。谢谢老师。

# 为什么要学习元素周期律？

快乐猫：陈老师，您好。请教您几个问题。

陈老师：请说。

快乐猫:我们刚刚学完元素周期律及元素周期表,但有几个问题我还是不太明白。为什么门捷列夫根据元素周期表就能预测出类铝元素(镓)的性质呢?

陈老师:这是因为在元素周期表中处于同一主族的元素,其最外层电子数相同。而元素的化学性质取决于最外层电子,因此同一主族元素的化学性质相似,因此门捷列夫根据元素周期表预测出了类铝元素(镓)的性质。当时发现镓的法国科学家布瓦博德朗宣布镓的比重为4.7,原子量约是59。门捷列夫根据周期表,断定镓的比重应为5.9,原子量应为68,实验测定结果果然和门捷列夫的判断极为接近,比重为5.94,原子量为69.9。这一结果大大提高了人们对元素周期律的认识。

快乐猫:真是太神奇了。我也可以利用元素周期表预测元素的性质了,比如铊与铝在同一主族,因此可以推出铊的氧化物、氢氧化物均为两性化合物。

陈老师:快乐猫,这次你可错了。我们在应用元素周期律推测元素的性质时,不仅要考虑到同族元素性质的相似性,还要考虑到性质的递变性,铝元素因为位于金属与非金属的分界线附件,所以氧化铝、氢氧化铝呈现两性。可是铊已经是典型的金属元素了,所以氧化铊是金属氧化物,氢氧化铊则是一种典型的碱。

快乐猫:我明白了。除了预测元素的性质外,学习元素周期律、元素周期表还有哪些用处呢?

陈老师:元素周期表、元素周期律还可以启发人们在周期表中一定区域内寻找新的物质。如果我们要研制一种新型农药,就需要从含 F、Cl、S、P 等元素的非金属区域寻找;如果我们需要研制半导体材料,则需要从周期表中金属与非金属分界处的元素中寻找。

快乐猫:这样就省事多了,免得大海捞针。

陈老师:以上我们说的是元素周期律、周期表在自然科学上的应用。其实元素周期律、周期表的发明在哲学上也有深远意义,元素周期表是周期律的具体表现形式,它把元素纳入一个系统内,反映了元素间的内在联系,打破了曾经认为元素是互相孤立的形而上学观点。通过元素周期律和元素周期表的学习,可以加深对物质世界对立统一规律的认识。因此,元素周期律的发现标志着化学真正成为一门科学,在化学史上具有里程碑的意义。

快乐猫:哇,太伟大了。我一定学好元素周期律,谢谢老师。

## 减肥＝不摄入油脂吗?

今天在路上遇到了快乐猫,几天不见,快乐猫有些憔悴,没精打采的,原来胖乎乎的小圆脸也较以前瘦了一些。

陈老师:快乐猫,今天这是怎么啦? 怎么变成"郁闷猫"了?

快乐猫：陈老师，我最近正在减肥呢，您知道韩庚吗？他可是我崇拜的偶像，我要让我的身材变成他那个样子。这段时间光吃水果了，走路都感觉没劲，今天上课听老师讲油脂，我都馋得直咽口水。

陈老师：哈哈，快乐猫。等你对油脂真正了解了，你就知道正确的减肥方法了。来，你先说说，什么是油脂？

快乐猫：油脂不就是我们每天吃的肉嘛！

陈老师：不完全对。油脂是油和脂肪的统称，是高级脂肪酸和甘油反应生成的酯，也就是说，油脂是酯类的一种。其中的油呈液态，是不饱和高级脂肪酸的甘油酯，主要指植物油，如花生油、菜籽油、大豆油等；脂肪呈固态，是饱和高级脂肪酸的甘油酯，主要指各种动物油。

快乐猫：老师，油脂既然是酯类的一种，酯可以在酸性或碱性条件下水解，那油脂可以水解吗？

陈老师：当然可以了，油脂在酸性条件下水解可以生成高级脂肪酸和甘油，而在碱性条件下水解则可以生成高级脂肪酸钠和甘油，其中的高级脂肪酸钠就是我们平常使用的肥皂的主要成分，所以人们专门给这个反应起了一个名字——皂化反应。你说油脂可以使溴水褪色吗？

快乐猫：不一定，刚才你不是说油是不饱和高级脂肪酸的甘油酯，结构中肯定含有碳碳双键等不饱和键，那就可以使溴水褪色，脂肪则不可以。老师，人家说吃油容易发胖，我不吃油脂行不行？

陈老师：当然不行，油脂除为人体提供所需的能量外，还具有保持体温、保护内脏器官、溶解维生素的作用，同时油脂还是细胞膜、神经和脑组织的重要组成成分。适量摄入油脂能维持机体的正常生理功能，成人每日需进食 50～60 g 脂肪，但摄入过量脂肪，则会导致人体发胖，引起高血压、高血脂、心脑血管疾病等。另外，我们提倡适当多吃植物油，少吃动物油。所以减肥不能单靠节食，那样营养不全面，反而对身体有害，特别是你现在正是身体发育的时候，要将科学饮食与锻炼相结合。

快乐猫：谢谢老师，哈哈，我又可以吃肉了！

# 灯泡为什么会变暗？

这段时间快乐猫迷上了《三国演义》，最近正在看七擒孟获一段。于是有了下面的对话：

陈老师：快乐猫，蜀军在误饮哑泉水后个个不能言语，生命危在旦夕，为什么喝了万安溪安乐泉水后就转危为安了呢？

快乐猫：难道这里面还蕴含着化学知识？

陈老师:当然了,这其实是一个离子反应的过程。哑泉水中含有较多的硫酸铜,人喝了含 $Cu^{2+}$ 较多的水就会中毒,而万安溪安乐泉水中含有较多的碱, $Cu^{2+}$ 遇 $OH^-$ 反应生成沉淀而失去了毒性。

快乐猫:原来如此。老师,什么是离子反应?离子反应的发生需要具备什么条件?

陈老师:我们可以通过下面这个实验探究一下电解质在水溶液中的反应情况。

【实验】向 $0.01\ mol/L\ Ba(OH)_2$ 溶液中滴入几滴酚酞溶液,按图 1 所示连接装置,然后向 $Ba(OH)_2$ 溶液中滴加 $0.2\ mol/L\ H_2SO_4$ 溶液,观察溶液中的现象和灯泡的亮度变化。

【现象】溶液中红色逐渐消失,有白色沉淀生成,灯泡由亮逐渐变暗。

你能用学过的化学知识解释上述现象吗?

快乐猫:灯泡变暗,说明溶液的导电能力减弱,自由移动的离子浓度减小,溶液中有离子被消耗,即有离子参加了化学反应;溶液红色消失,说明溶液碱性减弱,证明 $H^+$ 和 $OH^-$ 结合生成了水;生成的白色沉淀则证明 $Ba^{2+}$ 与 $SO_4^{2-}$ 结合生成了 $BaSO_4$。

陈老师:通过这个实验说明了什么呢?

快乐猫:我想想。稀硫酸与氢氧化钡溶液反应的化学方程式为: $Ba(OH)_2 + H_2SO_4 = BaSO_4\downarrow + 2H_2O$,通过这个实验可以看出,二者在溶液中的反应,实质是其电离出的 $H^+$、$SO_4^{2-}$、$Ba^{2+}$、$OH^-$ 之间相互结合生成了水和 $BaSO_4$ 沉淀,证明电解质溶液间的反应实质是离子间的反应。

陈老师:对,有离子参与的化学反应就是离子反应。比如我们熟悉的锌与稀硫酸的反应,本质上是锌与硫酸电离出的 $H^+$ 反应: $Zn + 2H^+ = Zn^{2+} + H_2\uparrow$。

【实验】将上述实验中的稀硫酸换成 NaCl 溶液,再做一次实验,观察溶液中的现象和灯泡的亮度变化。

快乐猫:咦?灯泡亮度没有改变。难道离子之间没有反应?

陈老师:我们来看一下这两种溶液中的离子: $Na^+$、$Cl^-$、$Ba^{2+}$、$OH^-$,这四种离子之间不能发生化学反应,当然灯泡的亮度不会发生变化了。也就是说,离子反应的发生是有条件的。

快乐猫:我明白了,只有当离子之间可以相互反应生成气体、沉淀或水时,离子反应才能发生。如碳酸钠溶液与盐酸反应: $CO_3^{2+} + 2H^+ = CO_2\uparrow + H_2O$,硝酸银溶液与盐酸反应: $Cl^- + Ag^+ = AgCl\downarrow$,酸碱中和: $H^+ + OH^- = H_2O$。

陈老师:对,离子反应的目的就是为了降低溶液中离子的浓度。除了生成气体、

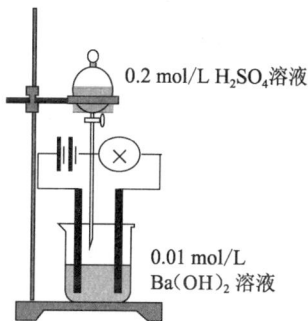

图 1 ( $0.2\ mol/L\ H_2SO_4$ 溶液 / $0.01\ mol/L\ Ba(OH)_2$ 溶液 )

沉淀和水以外，离子之间也可以发生氧化还原反应，可以生成其他难电离的物质，这些知识我们陆续就能学到。

# 揭秘 $v_正 = v_逆$

学完化学平衡后，快乐猫一路上念念有词："$v_正 = v_逆$，各组分的浓度保持不变，$v_正 = v_逆$，各组分的浓度保持不变……"突然听到后面有人说："快乐猫，你念什么经呢？"回头一看，原来是陈老师。

快乐猫仿佛看到希望一般，赶紧跑到陈老师跟前。

快乐猫：老师，我念的是不明不白经啊。今天上课老师说当 $v_正 = v_逆$ 时，可逆反应达到化学平衡，是不是说达到化学平衡时，化学反应就停止了？不再进行了？

陈老师：当然不是，达到化学平衡时 $v_正 = v_逆$，但二者并不等于零，正逆两个方向的反应仍在进行着，只不过速率相等而已。具体到合成氨反应中，就是指当有 1 mol 氮气消耗时，同时有 1 mol 氮气生成，或者同时有 3 mol $H_2$ 生成，或有 2 mol $NH_3$ 分解。

快乐猫：哦，我明白了，化学平衡是一种动态平衡。那能不能说氮气的正反应速率等于氢气的逆反应速率时，合成氨反应达到平衡状态？

陈老师：你想一下，在同一个化学反应方程式中，用不同的物质表示该反应的速率时，其数值是否相等？

快乐猫：当然不相等了，不过各物质的速率之间存在一定关系，速率之比等于化学方程式的计量数之比。

陈老师：你明白这个原理就好办了。在化学平衡状态的定义中，$v_正 = v_逆$ 是指用同一种物质表示时，正、逆反应速率相等，如果我们换成不同的物质进行表示，就需要注意两点：一是必须表达出两个反应方向，二是速率比等于化学计量数之比。我们还是以合成氨反应为例：$N_2 + 3H_2 \underset{\text{高温、高压}}{\overset{\text{催化剂}}{\rightleftharpoons}} 2NH_3$。以下说法都是用速率在表示这个可逆反应已经达到平衡状态：①$N_2$ 的消耗速率等于 $N_2$ 的生成速率；②$N_2$ 的消耗速率等于 $H_2$ 生成速率的 $\frac{1}{3}$；③$H_2$ 的生成速率与 $NH_3$ 的生成速率之比为 3：2；④单位时间内每消耗 1 mol 氮气，同时消耗 2 mol 氨气；⑤单位时间内每断裂 3 mol H—H 键，同时形成 1 mol N≡N。

快乐猫：太神奇了！原来这些都可以表示合成氨反应已经达到平衡状态了！是不是只有速率可以成为平衡的标志呢？

陈老师：当然不是，从定义上就可以看出，我们也可以以浓度不变作为平衡的标志，即某种组分的浓度保持不变或者某种反应物的转化率保持不变等都可以成为平衡的标志。除此以外,混合气体的总压强、混合气体的密度等等均有可能成为平衡的标志,你慢慢就会学到了。

快乐猫:我明白了,谢谢老师。

# 热量来自何处?

学习了化学键知识后,快乐猫对"化学反应会产生热量变化"感到不可思议,苦思冥想不得其解。快乐猫的小随从——猫精灵自告奋勇:"主人,我替你到原子世界探寻一番吧。"

猫精灵来到了原子世界,正好看到氢气在氧气中燃烧,周围的空气都变得热乎乎的。猫精灵仔细观察,发现氢气分子与氧气分子在这个过程中发生了一些变化:先是氢分子、氧分子解体,出现了单个的氢原子和氧原子,这些原子快速运动,运动过程中,有一些氢原子就与氧原子发生了碰撞,牢牢结合在一起生成了新的分子——水。

猫精灵好奇地问:为什么你们重新结合后会有热量产生呢?

氢气、氧气笑了:猫精灵,你是只知其然而不知其所以然啊。从表面上看,我们只是进行了原子之间的重新组合,可是你知道我们为什么能组合吗?

猫精灵:不就是拆开然后重组一下吗?

氢气:哈哈。你想得太简单了。首先,我们在重新组合之前要先由分子变成原子,你知道,氢气是我的稳定存在形式,一种物质能稳定存在,它的能量是比较低的,当我获得了能量(加热)后,两个氢原子之间原有的强烈相互作用(共价键)遭到破坏,我就变成了能量较高的氢原子,氧气也发生了同样的变化。

氧气:是呀是呀。加热后我也变成了能量高、不稳定的氧原子,我和氢原子都想再变成一种稳定形式,于是我们在运动过程中就会发生碰撞,结合形成了能量较低、稳定性较强的水分子,这时我们就把多余的能量以热能的形式释放出来。

猫精灵:我明白了,你们在发生化学反应时,首先断裂了原有的化学键,然后形成了新的化学键,断键需要吸收能量,成键需要放出能量。当二者不相等时,多余的能量就以热量的形式被吸收或被释放。

水:非常正确,但有一点你需要注意,化学反应中的能量变化不一定都表现为热量变化,有时我们还会以光能、电能等形式出现。

猫精灵:我在告诉我家主人时会特别说明的。

猫精灵回来后,如此这般地把所见所闻说了一下,快乐猫快乐地笑了。

# 我们都有一个家

快乐猫：陈老师，您好。好久不见您上线了，今天我们刚刚学习了元素周期表，什么周期啊、族啊，我感觉很乱，您能帮我梳理一下吗？

陈老师：初学时有这种感觉是很正常的。我们不妨换一个角度，站在家的角度上来学习周期表就方便多了。我们把元素周期表看作是一个刚刚交付使用的楼盘，有116位住户需要搬迁进去，怎么安排这些住户呢？我们需要有一个统一的标准：同一层上的住户电子层数相同，同一单元的住户最外层电子数（价电子数）相同。现在我来分层：我们把这座楼从上到下分为七层，称之为七个周期；其中第1、2、3周期分别容纳2、8、8位住户，因容纳住户较少，我们称之为短周期，4、5、6周期分别容纳18、18、32户，称之为长周期；第七周期因为还有一些房屋待售，称之为不完全周期。可简单记为"三短三长一不全"。

快乐猫：真有意思，让我来分单元吧。这座楼从左到右共有18列，其中有三列设置成了一个单元，这样共有16个单元（族）。这16个单元又被细分成7个主族，门牌号注明A，如第一主族记为ⅠA，第七主族记为ⅦA；7个副族，门牌号注明B，如第一副族记为ⅠB。还有2个族比较特殊，第8、9、10三列我们因为设计的是一个大单元，称之为Ⅷ族，既不用A表示，也不用B表示；最后一个单元因住户都是化学性质非常不活泼的稀有气体，我们称其0族。可简单记为："七主七副一八一零"。

陈老师：真聪明，这样不就可以很容易记住元素周期表的结构了吗。在元素周期表中有一些等量关系，你发现了吗？

快乐猫：刚才分房子的时候发现了一些：周期数＝电子层数，主族序数＝最外层电子数＝价电子数。老师，我们为什么要学习元素周期表呢？

陈老师：元素周期表是很多科学家在科学研究的基础上不断发展、完善起来的，它为自然科学中的量变引起质变规律提供了有力的论据，也是元素性质周期性变化的直观体现。通过元素周期表我们可以预测元素的性质，比如门捷列夫就是据此预测了类硼、类铝、类硅、类锆4个新元素的存在。它也可以启发人们在一定的区域内寻找新的物质，如可根据农药多数是含F、Cl、S、P等元素的化合物，在非金属区域内寻找新的农药；在周期表里金属与非金属的接界处寻找半导体材料，如Ge、Si、Ga、Se等；在过渡元素中寻找催化剂和耐高温、耐腐蚀的合金材料。

快乐猫：原来元素周期表有这么大的用途啊，那我得好好学习。谢谢老师。

# 我为什么被氧化了？

继初中学习了氧化反应、还原反应之后，同学们发现单纯依靠氧的得失去判断氧化反应、还原反应已经有了很大的局限性，同学们通过对已学过的反应进行归纳，发现氧化还原反应还存在一个共同特点：元素的化合价发生了变化。为什么元素的化合价会发生变化呢？为了让同学们了解这个问题，快乐猫和他的同学编排了一出舞台剧：《我为什么被氧化了》。

学生甲：扮演钠原子；

学生乙：扮演氯原子；

学生丙：扮演氢原子。

甲（做郁闷状）：唉！你看人家铜、铁原子，都可以以单质形式存在于自然界中，而我却这么不稳定，谁看见我都害怕，其实我要求不高，只要能把我最外层的这个电子送出去，我就可以达到稳定状态了，谁能接受我这个电子呢？咦！那不是氯原子吗？问问它要不要？

乙（愁眉苦脸）：我是氯原子，最外层有七个电子，我走到哪人家看我都像定时炸弹，我多么盼望着能有一个稳定的生活啊！哪位好心人能送给我一个电子呢？那不是钠老弟吗？它最外层有 1 个电子，正好符合我的要求。

旁白：氯原子与钠原子见面后亲切地握手，大有相见恨晚之感，组成了氯化钠。

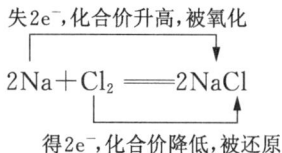

$$\underset{\text{得}2e^-\text{，化合价降低，被还原}}{\overset{\text{失}2e^-\text{，化合价升高，被氧化}}{2Na + Cl_2 == 2NaCl}}$$

丙（嫉妒地看着）：别看我个头小，能量可是很高，谁要能给我一个电子，我也能稳定下来？

旁白：要不你问问氯原子，它最外层有七个电子呢，给你一个应该不成问题。

乙（高傲状）：我的地盘我做主！让氢原子把它那唯一的一个电子给我吧。

旁白：你们谁都想从对方那里获得一个电子达到稳定结构，又互不相让，我来调解一下吧。你们各自把自己的一个电子拿出来共用怎么样？这样你们就都可以达到稳定状态了，从而形成 HCl。不过共用电子对得偏向氯原子，这样一来，氢原子带部分正电荷，氯原子带部分负电荷。

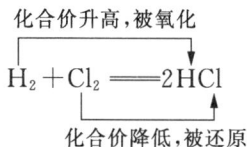

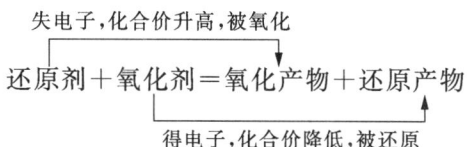

$$\underset{\text{化合价降低，被还原}}{\overset{\text{化合价升高，被氧化}}{H_2 + Cl_2 == 2HCl}}$$

$$\underset{\text{得电子，化合价降低，被还原}}{\overset{\text{失电子，化合价升高，被氧化}}{\text{还原剂} + \text{氧化剂} = \text{氧化产物} + \text{还原产物}}}$$

结束语：舞台剧演完了，通过各位同学的表演，我们可以发现，氧化还原反应的特征是元素的化合价发生了变化，而化合价变化的根本原因是原子中电子的得失或偏移。

# 不妨换个角度

快乐猫的 QQ 头像在不停地闪动：陈老师，今天老师设计了一个原电池，电流计中竟然有电流通过，我不明白为什么会有电流产生呢？

陈老师：我们还是把原电池的有关知识先梳理一下。你能告诉我，什么样的化学反应能设计成原电池？

快乐猫：什么样的？ 这个问题很奇怪，难道不是所有反应都可以设计成原电池吗？

陈老师：快乐猫，你仔细想一下，原电池这种装置的功能是什么？

快乐猫：原电池是一种把化学能转化成电能的装置。化学能，当然就是化学反应产生的能量了，电能嘛，就是有电流通过时产生的能量。

陈老师：好了，我再问你，电流是怎样产生的？

快乐猫：我们物理上就学过，电流是电子定向移动产生的。（挠挠头）我明白了，只有有电子转移的化学反应才能设计成原电池。

陈老师：对了，只有氧化还原反应才可以设计成原电池。这样我们就可以从氧化还原反应的角度来学习原电池的知识了。在氧化还原反应中，电子由还原剂失去，被氧化剂获得，比如：

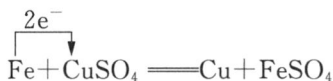

$$\overset{\overset{\displaystyle 2e^-}{\big|\!\!\downarrow}}{Fe} + CuSO_4 =\!=\!= Cu + FeSO_4$$

你看，上面那根线桥多像一根导线啊。如果我们把一根导线一端与铁片连接，……（被快乐猫打断）

快乐猫：另一端与铜离子相连接。嗯，好像不行，没法把导线与离子连接在一起，那怎么办？

陈老师：我们可以把另一端与一个电极，比如碳电极相连接，这样电子沿导线由负极移动到正极，吸引铜离子移向正极，不就可以得到电子了吗？

快乐猫：老师，另一端能不能用锌来代替？

陈老师：你说呢？ 如果我们把另一端换成锌片，那溶液中会发生怎样的反应？

快乐猫：锌比铁活泼，锌会首先与硫酸铜溶液反应，这样电子就会由锌沿导线流向铁，铁就不会失去电子了。

陈老师：是的，在原电池中，我们通常用两个活动性不同的金属或金属与非金属构成两个电极，其中活泼金属做负极，失去电子发生氧化反应，溶液中的阳离子在正极得到电子发生还原反应。记住：电子沿导线由负极流向正极，溶液中的阳离子移向正极，阴离子移向负极，电子和离子的移动方向可不要搞错哦。

快乐猫：明白了。原电池就是氧化还原反应的具体体现，如此说来我可以把氧化还原反应都设计成电池了,还原剂在负极失去电子发生氧化反应,氧化剂在正极得到电子发生还原反应,而且电子还是守恒的。

陈老师:非常正确,原电池就是我们现在使用的各种化学电源的始祖,虽然电池五花八门,但原理都是一样的,相信你以后一定能学好化学电源。

快乐猫:一定! 谢谢老师。

# 怎样检验 $Fe^{2+}$、$Fe^{3+}$?

刚登录 QQ,快乐猫可爱的面孔就出现了。

快乐猫:陈老师,终于等到您上线了。今天上课老师让我们设计实验证明某种含铁的化合物中铁元素的化合价。我们是这样设计的:

方案(一):取少许样品于试管中,向其中加入适量稀硝酸,加热溶解;取少许溶液,滴加 KSCN 溶液后出现红色,可证明该化合物中铁元素价态为+3 价。

方案(二):取少许样品于试管中,向其中加入适量稀盐酸,加热溶解;取少许溶液,滴加酸性高锰酸钾溶液,溶液的紫红色褪去,可证明该化合物中铁元素价态为+2 价。

可是老师说这两个方案都存在一定的问题。请问,如何检验 $Fe^{2+}$、$Fe^{3+}$?

陈老师:老师的看法是正确的。在这里我们首先要了解可以从哪些角度检验 $Fe^{2+}$、$Fe^{3+}$,主要的检验方法有三种:① 观色法:$Fe^{2+}$ 离子在水溶液中呈淡绿色,$Fe^{3+}$ 离子在水溶液中呈黄色,可以根据溶液呈现出的颜色进行检验;② 沉淀法:$Fe^{2+}$、$Fe^{3+}$ 均可以与碱反应生成沉淀,若溶液中只含有 $Fe^{2+}$,则与碱反应后生成的 $Fe(OH)_2$ 是一种白色沉淀,在空气中极易被氧化变成灰绿色,最后变成红褐色的 $Fe(OH)_3$;若溶液中只含有 $Fe^{3+}$,则与碱反应后生成红褐色的 $Fe(OH)_3$ 沉淀;③ 试剂法:$Fe^{3+}$ 可与 $SCN^-$ 结合生成 $Fe(SCN)_3$,溶液呈血红色,而 $Fe^{2+}$ 遇 $SCN^-$ 无明显现象,但滴加氯水或双氧水等氧化剂后溶液会呈现血红色。

你们所设计的方案之所以不正确,是因为该铁的化合物中可能只含有+2 价铁,也可能只含有+3 价铁,还可能既含+2 价的铁,又含有+3 价的铁,如果是第三种可能,那么在方案(一)中我们就必须注意硝酸具有强氧化性,可将还原性很强的 $Fe^{2+}$ 氧化成 $Fe^{3+}$,滴加 KSCN 溶液后就会出现红色,无法确认铁元素价态是否一定为+3 价;在方案(二)中由于使用了稀盐酸进行溶解,而高锰酸钾不仅能与 $Fe^{2+}$ 发生氧化还原反应,也可以与 HCl 发生氧化还原反应,二者均可使高锰酸钾溶液褪色,盐酸干扰了 $Fe^{2+}$ 的检验,如果改用稀硫酸溶解就可以了。

快乐猫:老师,当我们无法判断某化合物中铁元素的化合价时,那又怎样检验呢?

陈老师:我们可以按以下步骤进行检验:

第一步:取少许样品于试管中,向其中加入适量稀 $H_2SO_4$,加热溶解。

第二步:取少量溶液,滴加酸性 $KMnO_4$ 溶液,若 $KMnO_4$ 溶液的紫红色褪去为无色溶液，则说明该化合物中铁元素的价态含＋2价；若不褪色，则说明该化合物中铁元素的价态不含＋2价。

第三步：另取少量溶液，滴加 KSCN 溶液，若溶液变为血红色，则说明该化合物中铁元素的价态含＋3价；若溶液无明显变化，则说明该化合物中铁元素的价态不含＋3价。

快乐猫：我明白了，需要分别进行检验。谢谢老师。

# 你 Q 我 Q 话分离

好几天没有上线了，今天刚打开电脑，快乐猫的 QQ 头像不停地在闪动。

快乐猫：陈老师，在吗？

陈老师：你好！请问有什么需要帮忙？

快乐猫：老师，原来我只知道过滤是一种分离方法，今天我们又学习了一种新的混合物的分离方法——萃取和分液。什么是萃取？什么样的混合物需要分液？

陈老师：查字典可知"萃"通常是指精萃，也就是精华的意思，所谓萃取，就是取其精华的意思。比如说，溴溶于水得到溴水，但溴在水中的溶解度并不大，我们想将溴从水中分离出来，就需要先将溴集中一下，这时就需要找到一种能较大程度溶解溴的溶剂，比如说有机物。

快乐猫：那太容易了，实验室里有好多酒精，向溴水中加入酒精不就解决了。

陈老师：快乐猫，卖酒的想多赚钱，可以向酒里面掺水，你见过卖油的掺水吗？

快乐猫：我明白了，酒精易溶于水，加酒精的话，还是无法将溴萃取出来。那得用什么溶剂呢？

陈老师：有很多有机溶剂难溶于水，如苯、四氯化碳等，溴在这些溶剂中溶解度比较大，可以将溴从水中夺取出来。快乐猫，考你一个问题：四氯化碳的密度大于水，如果我们向溴水中加入四氯化碳，会观察到什么现象？

快乐猫：两种液体会分层，下层像油，上层是水。老师，下层还是橙色吗？

陈老师：不是，颜色较溴水要重一些，下层呈橙红色，上层无色。

快乐猫：既然分层了，接下来是不是就可以分液了？

陈老师：真聪明！两种互不相溶的液体我们就可以用分液漏斗进行分离了。请看图1：

图1中的装置就是分液漏斗，现在进行的就是分液操作。

快乐猫：老师，怎样使用分液漏斗？分液时应注意什么问题？

陈老师：使用分液漏斗时首先要检查是否漏水，向分液漏斗中加水，看旋塞处是否漏水，然后盖上玻璃塞，将漏斗倒置，看玻璃塞处是否漏水；接下来向分液漏斗中加入溴水及四氯化碳，盖好玻璃塞，将漏斗倒转振荡；第三步将分液漏斗放在铁架台上静置，待液体分层后依次打开分液漏斗上的玻璃塞及瓶颈上的旋塞，让下层液体慢慢沿烧杯壁留下。

快乐猫:是不是下层液体流完了,接着让上层液体流下来啊?

陈老师:动动脑筋哦。

快乐猫:不好意思,这样附着在瓶颈上的下层液体又跟上层液体混合了。上层液体是不是应该从上口倒出?

陈老师:是的。快乐猫,你能不能总结一下什么是萃取和分液?如何选择萃取剂?

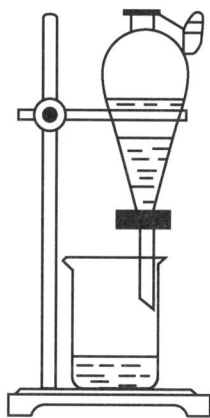

图1

快乐猫:萃取就是利用溶质在两种互不相溶的溶剂中溶解度不同,将溶质从溶解度较小的溶剂转移到溶解度较大的溶剂的过程,萃取之后两种液体可以用分液漏斗进行分离,这个过程就是分液,萃取与分液往往同时进行。萃取剂必须满足:① 两种溶剂互不相溶;② 溶质在两种溶剂中溶解度不同,相差越大效果越好;③ 溶质与萃取剂不反应;④ 溶质与萃取剂容易分离。谢谢老师! 老师再见!

陈老师:再见!

## 猜谜学乙酸

多日不见,快乐猫今日好像格外兴奋。

快乐猫:陈老师,您好。出个谜语您猜猜——二十一日酉,打一个字。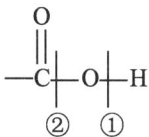。

陈老师:我先给你讲个故事吧。古代山西省运城县有个叫杜康的人发明了酒,他儿子黑塔也跟杜康学会了酿酒技术。后来,黑塔率族移居到现江苏省镇江。有一次,他们把酿酒后的酒糟存放起来,在缸里浸泡。到了二十一日的酉时,一开缸,一股从来没有闻过的香气扑鼻而来。在浓郁的香味诱惑下,黑塔尝了一口,酸甜兼备,味道很美,便贮藏着作为“调味浆”。快乐猫,你知道这种调味浆叫什么名字吗?

快乐猫:,老师,我们说的是同一种物质——醋。

陈老师:是的,酷爱食醋的古人给它起了一个拟人的称号“食总管”。可见醋在调味中的作用。醋的主要成分是醋酸,你能说说醋酸有哪些性质吗?

快乐猫:醋酸,又名乙酸,其结构简式为 $CH_3COOH$,可电离出 $H^+$ 显酸性,还可以与乙醇发生酯化反应,生成有果香味的乙酸乙酯。为什么乙酸具有这样一些化学性质呢?

陈老师:这是乙酸的结构决定的。在乙酸中,决定其性质的是羧基这个官能团。

你来看:

在羧基的结构中，有两个位置容易断键，当①处断裂时，乙酸可电离出 $H^+$，表现酸的通性。

当②处断裂时，—OH 被其他原子团代替，发生取代反应，比如酯化反应就是一个典型的例子：

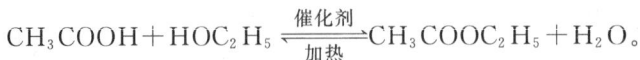

$$CH_3COOH + HOC_2H_5 \underset{加热}{\overset{催化剂}{\rightleftharpoons}} CH_3COOC_2H_5 + H_2O。$$

快乐猫：老师，你怎么知道是谁提供的—OH 呢？

陈老师：快乐猫越来越有钻研精神了。的确，乙酸与乙醇反应时有两种断键的方式：

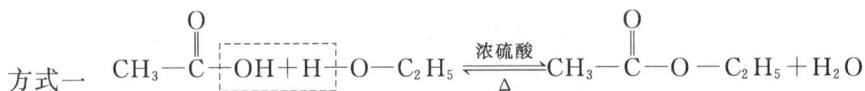

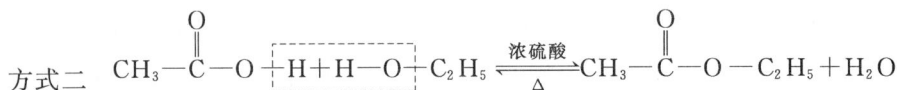

方式一　$CH_3-\overset{\overset{O}{\|}}{C}\underset{\ }{+}OH+H\underset{\ }{+}O-C_2H_5 \underset{\Delta}{\overset{浓硫酸}{\rightleftharpoons}} CH_3-\overset{\overset{O}{\|}}{C}-O-C_2H_5 + H_2O$

方式二　$CH_3-\overset{\overset{O}{\|}}{C}-O\underset{\ }{+}H+H\underset{\ }{+}O\underset{\ }{+}C_2H_5 \underset{\Delta}{\overset{浓硫酸}{\rightleftharpoons}} CH_3-\overset{\overset{O}{\|}}{C}-O-C_2H_5 + H_2O$

科学家利用同位素示踪法发现了酯化反应的机理。

快乐猫：😮，同位素示踪？好像学过，老师，您能不能具体说一下呢？

陈老师：我们把乙醇分子中的氧原子换成放射性同位素 $^{18}O$，如果检测到只有生成的乙酸乙酯中才有 $^{18}O$，说明脱水情况为第一种，即乙酸与乙醇在浓硫酸作用下发生酯化反应的机理是"酸脱羟基醇脱氢"。如果检测到只有水中才有 $^{18}O$，说明脱水情况为第二种。

快乐猫：👍。科学太神奇了，竟然能测出是哪个地方的化学键发生了断裂！

陈老师：再考你一个问题：乙酸与碳酸的酸性哪一个更强？如何证明？

快乐猫：老师，你知道为什么能用醋来清洗水壶中的水垢吗？你还记得我们以前学胶体时把鸡蛋壳泡在醋里做的半透膜吗？

陈老师：🙂，真聪明！答案就在于此。


# 如何变废为宝？


周末，快乐猫正在家里看书，听到窗外有人在喊："收废品喽！收废品喽！"快乐猫非常好奇，推开窗户问收废品的大叔："大叔，你收的哪些东西属于废品啊？"大叔呵呵一笑："废纸、废旧金属都是废品啊。"既然是废品，为什么还要收呢？带着这个疑问，快乐猫打开电脑，跟陈老师聊起了QQ。

快乐猫：😮，老师好。我有一事不明，特来请教老师，您说为什么要对废旧物品进行回收呢？

陈老师：🙂，回答这个问题之前，我想先考考你。如果这些废旧的金属没有专人回收,而是随意丢弃,会带来哪些问题呢?

快乐猫:会污染环境呗。老师您想,这些金属在地下,时间长了,必然被土壤中的一些物质腐蚀,对于铜、汞等重金属元素,如果变成了金属离子,就会进入庄稼、水源,最终通过食物链进入人体,我们就会中毒,多么可怕啊!

陈老师:是啊! 污染环境是一个方面;另一方面,你想想,这些废品真的是一无是处,没有任何用处了吗?

快乐猫:(😐),当然不是,我们可以重新进行提炼。老师,怎样从废旧的钢铁制品、铝制品中回收铁和铝呢?

陈老师:这就需要应用你所学过的化学知识了,动动脑筋,你就会想出办法来的。

快乐猫:我明白了。可以先将废旧钢铁溶于盐酸中,然后过滤,将不反应的物质除去,向过滤后的滤液中加入过量 NaOH 溶液中,铁元素就会转化成 $Fe(OH)_3$ 沉淀,将沉淀加热分解得到氧化铁,用 CO 还原氧化铁就可以得到铁单质。对于铝制品也同样如此。

陈老师:(🐘),铝制品也可以采用这条线路吗?铝及其化合物与其他金属相比有什么不同呢? 铝是不是比铁要活泼得多?

快乐猫:我忘了,氯化铝与过量的 NaOH 溶液反应不会得到 $Al(OH)_3$ 沉淀,可以用氨水代替 NaOH,$Al(OH)_3$ 沉淀不溶于氨水。用 CO 还原像铝这么活泼的金属不合适,应该通过电解熔融的氧化铝得到金属铝。

陈老师:你设计的线路非常好。除了将废旧金属重新变成金属单质外,工业上还可以将其转化成其他物质,比如将废旧钢铁转化成绿矾($FeSO_4 \cdot 7H_2O$)。

快乐猫:怪不得人们说垃圾是放错的资源呢,这下我终于明白了,谢谢老师!

✍️。

# 金属是怎样炼成的?

快乐猫在本班 BBS 论坛上发帖,畅谈对《钢铁是怎样炼成的》一书的感想,没想到同学们在赞叹保尔的同时,还讨论了一番关于金属冶炼的问题。

奥特曼:初中学过氢气还原氧化铜,还有哪些金属可以用这样的反应得到的?

快乐猫:这种制取金属的方法我们称之为火法冶金,是指在高温下应用还原剂在冶金炉把金属还原出来的一种方法。火法冶金是提取纯金属最古老、最常用的方法。如铁、铜等,工业炼铁就是利用 CO 还原铁矿石:$3CO + Fe_2O_3 \xlongequal{高温} 3CO_2 + 2Fe$。

机器猫:除了还原法外,还有没有其他冶炼金属的方法?

狮子王:当然有了。古人云:"曾青得铁则化为铜",说的就是铁与硫酸铜溶液的反应。这类冶炼方法叫作湿法冶炼,反应的离子方程式为:$Fe + Cu^{2+} = Fe^{2+} + Cu$,就是用金属性强的物质，去置换比它弱的金属。

奥特曼：能不能用上面两种方法来制取钠？

米奇：奥特曼的想法很大胆。不过你想想，钠作为一种非常活泼的金属，我们选择哪一种还原剂将其还原出来呢？如果在溶液中制取钠，结果会怎么样呢？

奥特曼：米奇真是好功夫。确实不能这样制取钠，那用什么方法来制取钠呢？

快乐猫：我知道。还有一种冶炼金属的方法叫电解法，主要适用于活泼金属，像钠、镁、铝等，如工业上电解熔融氯化钠得到钠，电解熔融氧化铝得到铝。咦？为什么不电解熔融的氯化铝呢？

狮子王：我们在化学键一节中学过，氯化铝是共价化合物，在熔融态时不电离，只有溶于水才可以电离，因此不能电解熔融的氯化铝得到铝。

奥特曼：茅塞顿开！上面你们提到了活泼金属及较活泼的金属，那不活泼金属如何冶炼？

米奇：对于不活泼金属，我们可以用热分解法来获得，如分解氧化汞可得到汞，分解氧化银可以得到银，不过对于非常稳定的金，大家说怎么获得？

奥特曼：这个我可真知道，电影上不是经常演淘金嘛，是用物理法分离出来的。

机器猫：通过大家的发言，我怎么感觉金属的冶炼好像跟金属活动性顺序表有很大关系呢？

米奇：机器猫所言极是。确实，二者有很密切的关系。金属冶炼的本质是金属的离子从化合物中被还原成金属单质的过程，从金属活动顺序表可知，越活泼的金属，其阳离子的氧化性越弱；反之，越不活泼的金属，其阳离子的氧化性越强，因此不同的金属冶炼方法也不同。根据金属阳离子得电子能力不同而采用不同的方法。具体如表 1 所示。

表 1

| 金属的活动顺序： | K Ca Na Mg Al | Zn Fe Sn Pb(H)Cu | Hg Ag Pt |
|---|---|---|---|
| 金属原子失电子能力 | 强 → 弱 | | |
| 金属离子得电子能力 | 弱 → 强 | | |
| 主要冶炼方法 | 电解法 | 热还原法 | 热分解法 |

# 第二部分　本期说法

# 如何设计实验检验氯水的组成？

主持人：各位同学，大家好，我是小诺，诺贝尔的诺。可口可乐(山西)饮料有限公司因管道改造，致使消毒用的含氯处理水混入公司 9 个批次价值 500 万元左右的可乐产品中，目前部分被疑含氯产品已被当作合格产品销往市场，消息一出，市场一片哗然。看到这则新闻后，山西某中学高一的张明、李林两位同学对氯水产生了浓厚兴趣：氯水中含有什么成分？如何检验这些成分？以下是他们设计的实验报告。

【实验目的】氯水成分探究。

【仪器及药品】试管、胶头滴管、新制氯水、碳酸钙固体、硝酸银溶液、有色布条。

【提出猜想】氯气是一种能溶于水的气体，1 体积水中可溶解 2 体积氯气，氯气可与水反应，$Cl_2 + H_2O = HCl + HClO$，因此氯水中可能含有盐酸、次氯酸和水。

【实验方案】

表 1

| 步骤 | 实验操作 | 实验现象 | 结论 |
|---|---|---|---|
| 1 | 取新制氯水少许于小试管中，滴加紫色石蕊试液 | 溶液变红 | 有 $H^+$ |
| 2 | 取新制氯水少许于小试管中，滴加硝酸银溶液 | 有白色沉淀 | 有 $Cl^-$ |
| 3 | 取新制氯水少许于小试管中，放入红色布条 | 布条褪色 | 有 HClO |
| 探究结论 | 新制氯水中有 HClO、$H^+$、$Cl^-$ 等离子 | | |

陈老师点评：两位同学能从氯气与水反应的角度对氯水的成分提出猜想，并能利用所学知识设计实验进行验证。不过，他们过多关注了氯水反应后的产物，忽视了氯水中的一种重要成分——氯气。这一点，通过氯水的颜色就可以判断出来。另外，由于氯水中的次氯酸有漂白性，因此滴加紫色石蕊试液后溶液应先变红后褪色，因此实验步骤 1 中的现象不完整。小诺，除了用指示剂检验 $H^+$ 外，还有没有其他方法呢？

小诺：这个问题难不倒我。可以利用酸的其他通性，如加入少量碳酸钙固体，看是否有气泡产生；加入少量锌粒，看是否有气体产生；加入少量 CuO 固体，看溶液颜色变化，这些性质都可以证明是否含有 $H^+$。陈老师，为什么给鱼换水之前，要把自来水放在太阳下晒几天呢？

陈老师：小诺问的这个问题很好。自来水通常都是采用氯气进行消毒，这样在水中必然含有余氯。如果直接给鱼换水，就会导致鱼死亡。由于次氯酸不稳定，见光容易分解，将自来水放置在太阳下晒，可以让水中的次氯酸逐渐分解为 HCl 和 $O_2$。

小诺：这么说新制氯水和久置氯水在成分上是有很大区别的。新制氯水中含有 $Cl_2$、HCl、HClO、$H_2O$，而久置氯水的主要成分是 HCl 和 $H_2O$。水中有氯，鱼受不了，我们也受不了，可口可乐，伤不起啊！

# 如何顺利通过收费站?

主持人:各位同学,大家好。很高兴我们又见面了。最近收到很多同学来信,反映物质的量难学,不知道如何应用物质的量解题。今天我们栏目组邀请陈老师给同学们谈谈如何学习物质的量。

陈老师:对于初学者来说,理解并应用物质的量有两个难点。首先是感觉物质的量是一个比较拗口的名词,但这的确是一个描述微观粒子集合体的专有名词,不能理解为物质的质量或物质量。物质的量与质量、长度、时间等一样,是一个物理量,有自己的符号、单位和标准,如同质量的符号是 $m$,单位是 kg 一样,物质的量的符号是 $n$,单位是 mol,标准是 1 mol 粒子集合体所含的粒子数约为 $6.02×10^{23}$ 个。其次是无法理解为什么说物质的量是连接宏观与微观的桥梁。其实物质的量自己不能成为一座桥,它只是一座桥的交汇点,是一个收费站。无论从哪个路口上来,都必须在这里拿到相应的通行证,才能继续通行。

我们可以把这座桥看作有四个路口:有一个路口代表微观,即微粒数目;另外三个路口分别代表宏观可称量或量取的量——物质的质量、气体的体积,溶液的浓度。今天我们先来解决物质的质量、气体的体积与微粒数之间的关系。

**通行证一、** $n=\dfrac{m}{M}$

这是物质的质量与物质所含的微粒数目之间进行换算时必不可少的一个计算公式。首先利用该公式计算出一定质量的物质其物质的量为多少,然后利用公式 $N=n×N_A$ 求出微粒数目。

**【例1】**下列叙述不正确的是(　　)。

A. 3.2 g $O_3$ 所含的原子数为 $0.2N_A$

B. $3.01×10^{22}$ 个水分子的质量为 0.9 g

C. 14 g 氮气中含有 $7N_A$ 个电子

D. $N_A$ 个一氧化碳分子和 0.5 mol $CH_4$ 的质量比为 7∶4

**【解析】**3.2 g $O_3$ 的物质的量为 $\dfrac{0.2}{3}$ mol,氧原子的物质的量为 $\dfrac{0.2}{3}×3=0.2$ mol,氧原子数为 $0.2N_A$ 个,A 正确;$3.01×10^{22}$ 个水分子的物质的量为 0.05 mol,质量为 0.9 g,B 正确;1 个氮气中含有 14 个电子,14 g 氮气其物质的量为 0.5 mol,含有 7 $N_A$ 个电子,C 正确;$N_A$ 个一氧化碳分子物质的量为 1 mol,其质量为 28 g,0.5 mol 甲烷的质量为 8 g,二者之比为 7∶2,D 错。答案选 D。

**【提醒】**利用质量求物质的量是适用于所有物质的,与物质所处的温度、压强无关，但需注意物质所含的微粒数目要与该物质相对应，如：1 mol 氢气中含有 1 mol 氢分子，但不能说成 1 mol 氢气中含有 1 mol 氢原子。

**通行证二、** $n = \dfrac{V}{V_m}$

此公式只适用于气体，既可以是单一气体，也可以是气体混合物。其中 $V_m$ 表示气体摩尔体积，它与气体所在的温度、压强都有关系，当气体处于标准状况（0 ℃、101 kPa）时，$V_m = 22.4$ L/mol。

【例2】下列说法正确的是（　　）。

A. 11.2 L 甲烷的质量为 8 g

B. 标准状况下，22.4 L 水中含有 $2N_A$ 个水分子

C. 标准状况下，22.4 L $Cl_2$ 和 HCl 的混合气体中含有的原子总数为 $2N_A$

D. 只有标准状况下气体摩尔体积才是 22.4 L/mol

【解析】A 中气体不一定处于标准状况下，B 中的水在标况下不是气体，C 虽然是两种气体的混合物，但总物质的量为 1 mol，且二者都是双原子分子，因此含有的原子总数为 $2N_A$；气体摩尔体积与气体所处的温度和压强有关，当温度高于 0 ℃，压强大于 101 kPa 时，1 mol 气体的体积也可以是 22.4 L/mol，D 错。答案选 C。

【提醒】当我们需要使用 22.4 这个数据时，一定要明确两点：是否处于标准状况下，是否是气体。

主持人：谢谢陈老师。希望今天的两个例题对同学们学习物质的量会有帮助，我们下期再见！

# 多角度　多方法

主持人：大家好，很高兴我们又见面了。继初中学习了质量分数以后，我们又接触到了一个与溶液有关的量——物质的量浓度，它是联系溶液中微粒数目与溶液体积的桥梁。今天我们通过几个例题，看一下如何从多个角度计算溶质的物质的量浓度。

**角度一、对物质的量浓度概念的理解**

【例1】下列溶液中，溶质的物质的量浓度为 1 mol/L 的是（　　）。

A. 将 40 g NaOH 溶于 1 L 水中所得的溶液

B. 将标准状况下 22.4 L HCl 气体溶于水配成 1 L 溶液

C. 含 $K^+$ 的物质的量为 2 mol 的 $K_2SO_4$ 溶液 1 L

D. 将 0.5 mol/L 的 $NaNO_3$ 溶液 100 mL 加热蒸发掉 50 g 水后所得的溶液

【解析】A 中水的体积是 1 L，但溶液的体积不是 1 L，故 A 错；氯化氢气体溶于水可生成盐酸，但溶质仍然是氯化氢，标准状况下，22.4 L HCl 气体的物质的量为

1 mol,配成 1 L 溶液,其浓度为 1 mol/L,B 正确;当 $K^+$ 的物质的量为 2 mol 时,$K_2SO_4$ 的物质的量为 1 mol,配成 1 L 溶液后浓度为 1 mol/L,C 正确;蒸发掉 50 g 水后,溶液的体积不一定是 50 mL,D 错误。答案选 BC。

**【点评】**物质的量浓度是指单位体积的溶液中所含溶质的物质的量 ($c_B = \dfrac{n_B}{V}$),定义中有两个关键之处:$V$ 是溶液的体积,而不是溶剂的体积;$n_B$ 是溶质的物质的量。

### 角度二、从一定物质的量浓度的溶液中取出部分溶液

**【例2】**从 100 mL 0.2 mol/L 的 $Al_2(SO_4)_3$ 溶液中取出 50 mL,$c(Al^{3+})$＝_____,$n(SO_4^{2-})$＝_____。

**【解析】**原溶液中 $c(Al^{3+})$＝0.4 mol/L,取出的 50 mL 溶液中 $c(Al^{3+})$ 仍为 0.4 mol/L;原溶液中 $n(SO_4^{2-})$＝0.1 L×0.2 mol/L×3＝0.06 mol,取出的 50 mL 中所含硫酸根离子的物质的量应为原溶液的一半,所以 $n(SO_4^{2-})$＝0.03 mol。

**【点评】**从一定物质的量浓度的溶液中取出一部分时,溶质的物质的量浓度不会改变,但溶质的物质的量会改变。

### 角度三、溶液的稀释问题

**【例3】**某温度下,22％ 的 $NaNO_3$ 溶液 150 mL,加 100 g 水稀释后浓度变为 14％,求原溶液中溶质的物质的量浓度。

**【解析】**设原溶液的质量为 $m$,根据题意可得:$m×22％＝(m+100)×14％$

$m＝175$ g

$$c(NaNO_3) = \frac{175 \text{ g} × 22％}{85 \text{ g·mol}^{-1} × 0.15 \text{ L}} = 3 \text{ mol/L}$$

**【点评】**溶液稀释的计算公式为 $c_1V_1 = c_2V_2$,但并不是所有的题目都会直接给出该公式中的三个量,稀释计算的核心是稀释前后溶质的质量或物质的量保持不变。

### 角度四、质量分数与物质的量浓度的换算

**【例4】**50 mL 质量分数为 35％、密度为 1.24 g/cm 的硫酸中,溶质的物质的量浓度为(　　)。

A. 0.044 mol/L　　B. 0.44 mol/L　　C. 4.4 mol/L　　D. 44mol/L

**【解析】**物质的量浓度与质量分数的换算公式为 $c = \dfrac{1000\rho\omega％}{M}$,将题目给出的数据代入公式可得答案为 C。

**【点评】**对于给定物质,其物质的量浓度与质量分数换算时必不可少的数据是溶液的密度。另外,使用此公式时要注意单位之间的换算。

**【牛刀小试】**某研究性学习小组欲用化学方法测量一个不规则容器的体积。把 35.1 g NaCl 放入 500 mL 烧杯中,加入 150 mL 蒸馏水。待 NaCl 完全溶解后,将溶

液全部转移到容器中，用蒸馏水稀释至完全充满容器。从中取出溶液 100 mL，该溶液恰好与20 mL 0.100 mol/L AgNO$_3$ 溶液完全反应。试计算该容器的体积。

【解析】$AgNO_3 + NaCl = AgCl\downarrow + Na\,NO_3$

$n(AgNO_3) = 0.100\ mol/L \times 0.02\ L = 0.002\ mol$

$m(NaCl) = 0.002\ mol \times 58.5\ g/mol = 0.117\ g$

$V_{容器} = 100\ mL \times \dfrac{35.1\ g}{0.117\ g} = 30000\ mL = 30\ L$

# 重过程　找方法　获升华

主持人：大家好。转眼间我们已经学完了高中化学第一章"认识化学科学"的内容，回过头来思索一下，就会发现每一节课所学的知识看似有些凌乱，实际还是有很多规律和方法可遵循的。今天我们演播室请来了两位同学，给大家聊一聊如何进行第一章的复习。

张琦：第一章包括两大块知识：以钠、氯为代表的元素化合物知识；以物质的量为代表的化学计算。我重点说一下如何进行元素化合物知识的复习。与学习新课不同的是，我们不能单纯靠记住几个现象、背过几个方程式来复习，而是要结合化学实验、化学计算等知识，对其进一步归纳和升华。也就是说，掌握方法与记住结论同样重要。我们复习时可从两个角度进行。首先，从实验角度，复习钠及其化学物的性质时，可以钠与水反应的现象为模版，进一步拓展到将钠放入饱和石灰水中会观察到哪些现象、将钠放入苯和水的混合物中会观察到哪些现象、如何设计实验收集钠与水反应后生成的气体？复习氯气的性质时，可通过综合实验将氯气与金属反应、氯气与碱反应串联起来。

【例1】为了探究铁与氯气的反应，某同学甲设计了如图1所示的实验方案。（已知硫氰化钾溶液可与 $Fe^{3+}$ 溶液反应，生成红色溶液）其实验装置为：

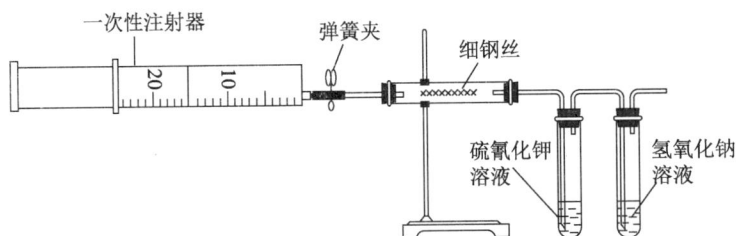

图1

其实验步骤为：

（1）用注射器吸取 20 mL 左右的氯气。

（2）在硬质玻璃管内加入一定量的细铁丝,一支试管内加入硫氰化钾溶液,另一支试管中加入氢氧化钠溶液。按图 1 所示连接实验装置,并固定在铁架台上。经检验装置不漏气。

（3）加热硬质玻璃管内的铁丝约 1 min,然后把注射器中的氯气注入硬质玻璃管内,观察实验现象。可观察到的主要现象是 _____。

（4）试管中 NaOH 溶液的作用是 _____,反应方程式为 _____。

**【点评】** 注射器可提供氯气,硬质玻璃管中可进行氯气与铁丝的反应,氯气与红热的细铁丝剧烈反应,硬质玻璃管内会充满红棕色烟,这是氯化铁固体小颗粒,根据题目信息,$FeCl_3$ 遇到 KSCN 溶液会使溶液变成血红色。由于氯气是有毒气体,不能直接排入空气中,因此需进行尾气吸收。

李阳:我来说说物质的量吧。物质的量一节虽然只是几个公式,但应用起来却会出现许多问题,我在复习时以阿伏伽德罗常数为纽带,通过对一些问题的判断来巩固对知识的理解。

**【例 2】** 已知 $N_A$ 为阿伏伽德罗常数,下列说法正确的是 _____。

① 2.24 L $CO_2$ 中含有的原子数为 0.3 $N_A$

② 常温常压下,11.2 L CO 气体含有的分子数小于 0.5 $N_A$

③ 2 mol Na 与 1 L、1 mol/L 盐酸反应,生成 $H_2$ 0.5 mol

④ 常温常压下,3.2 g $O_3$ 中所含的原子数为 0.2 $N_A$

⑤ 1 mol/L NaCl 溶液中含有 $N_A$ 个 $Cl^-$

⑥ 同温同压下,$N_2$ 和 $O_2$ 的混合气体与等体积的 $N_2$ 所含的原子数相等

答案选②④⑥。

主持人:两位同学的复习方法各具特色,可以使我们在复习中避免走弯路。希望在今后的学习中有更多同学把自己的学习心得、秘诀拿来共享一下。谢谢!

# 过三关　学反应

主持人:大家好,欢迎来到"本期说法"栏目。近期很多同学给栏目组写信,反映氧化还原反应这一知识点概念多、难度大、难理解,为了让同学们更好地学习氧化还原反应,我们今天特邀陈老师给大家讲一讲如何学习氧化还原反应。

陈老师:同学们好。氧化还原反应是高中化学最重要的基本概念之一,在中学化学知识体系中占有非常重要的地位,可以说,学好了氧化还原反应就等于打开了学习化学的瓶颈。学好氧化还原反应知识,我认为应过"三关"。

第一关,基础关。正确判断氧化剂和还原剂、氧化产物和还原产物、氧化反应和

还原反应是学好氧化还原反应所需要突破的第一道关口,这里可以送给同学"八字真经":失升氧还,得降还氧。"失升氧还"即失去电子,化合价升高,被氧化,是还原剂,生成氧化产物;"得降还氧"表示得到电子,化合价降低,被还原,是氧化剂,生成还原产物。"八字真经"可以帮助我们通过元素化合价的变化识别氧化剂、还原剂以及氧化产物、还原产物。

【例1】在氧化还原反应中,水作为氧化剂的是(　　　　)。

A. $C + H_2O \xrightarrow{\text{高温}} CO_2 + H_2$

B. $3NO_2 + H_2O = 2HNO_3 + NO$

C. $2Na_2O_2 + 2H_2O = 4NaOH + O_2\uparrow$

D. $2F_2 + 2H_2O = 4HF + O_2$

【解析】水作为氧化剂,说明水中的氢元素化合价降低,只有A符合题意。

第二关,能力关。一个氧化还原反应通常可用下式表示:氧化剂+还原剂 = 还原产物+氧化产物,氧化剂、氧化产物均具有氧化性,还原剂、还原产物均具有还原性,并且氧化性:氧化剂>氧化产物;还原性:还原剂>还原产物,即剂的性质强于产物的性质。准确判断物质的氧化性、还原性强弱还可以帮助我们判断物质能否发生氧化还原反应。

【例2】$X_2$、$Y_2$、$Z_2$ 与它们的阴离子间有下列反应:

① $Z_2 + 2X^- = 2Z^- + X_2$

② $Y_2 + 2Z^- = 2Y^- + Z_2$

则 $X_2$、$Y_2$、$Z_2$ 的氧化性由强到弱的顺序是(　　　　)。

A. $X_2 > Y_2 > Z_2$　　　　　　　　B. $Y_2 > Z_2 > X_2$

C. $Y_2 > X_2 > Z_2$　　　　　　　　D. $Z_2 > X_2 > Y_2$

【解析】首先根据化合价的升降找出氧化剂、还原剂以及氧化产物和还原产物,然后依据上述标准进行判断。由①式知 $Z_2$ 的化合价由0价降低到 $-1$ 价,$Z_2$ 是氧化剂,$X^-$ 的化合价由 $-1$ 价升高到0价,被氧化,生成物 $X_2$ 是氧化产物,由同一反应式中氧化剂的氧化性强于氧化产物易知,氧化性:$Z_2 > X_2$。同理,由②式知氧化性:$Y_2 > Z_2$。故氧化性由强到弱的顺序是:$Y_2 > Z_2 > X_2$。答案选B。

第三关,应用关。"双线桥"是在氧化还原反应中表示电子转移的方向和数目的一种方法,这种表示方法可将电子得失这种抽象的微观变化形象化,利用"双线桥"要注意以下几点:

(1) 两个线桥一个在上一个在下分布,线桥的方向是从反应物一方指向生成物一方,首尾必须对应发生化合价变化的同一元素。

(2) 电子用符号"$e^-$"表示。

(3) 表示电子转移数目时,以 $a \times be^-$ 表示,$a$ 表示发生氧化还原反应的原子个数,且当 $a=1$ 时,可简写成 $be^-$;$b$ 表示每个原子失去或得到的电子数,且当 $b=1$ 时,可简写成 $a×e^-$;且当 $a=1,b=1$ 时,可简写成 $e^-$。

(4)在配平后的方程式中,得失电子总数相等,并且电子转移总数为得电子的总数或失电子的总数。

【例3】下列表示正确的是(    )。

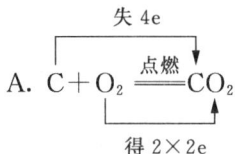

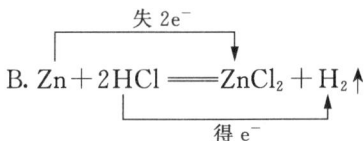

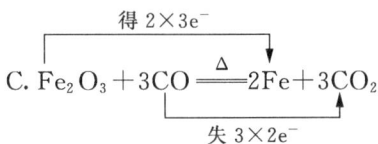

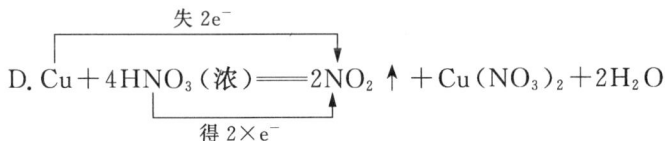

A.
$$\underset{\text{得 }2×2e}{\overset{\text{失 }4e}{C+O_2\xrightarrow{\text{点燃}}CO_2}}$$

B.
$$\underset{\text{得 }e^-}{\overset{\text{失 }2e^-}{Zn+2HCl=\!=\!=ZnCl_2+H_2\uparrow}}$$

C.
$$\underset{\text{失 }3×2e^-}{\overset{\text{得 }2×3e^-}{Fe_2O_3+3CO\xrightarrow{\Delta}2Fe+3CO_2}}$$

D.
$$\underset{\text{得 }2×e^-}{\overset{\text{失 }2e^-}{Cu+4HNO_3(浓)=\!=\!=2NO_2\uparrow+Cu(NO_3)_2+2H_2O}}$$

【解析】

A 中电子的符号应用有错误,应为:

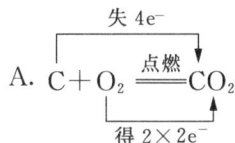

A.
$$\underset{\text{得 }2×2e^-}{\overset{\text{失 }4e^-}{C+O_2\xrightarrow{\text{点燃}}CO_2}}$$

B 中得失电子的总数要相等,应为:

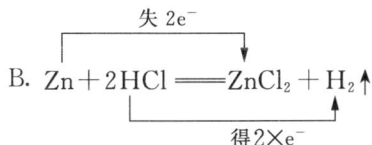

B.
$$\underset{\text{得 }2×e^-}{\overset{\text{失 }2e^-}{Zn+2HCl=\!=\!=ZnCl_2+H_2\uparrow}}$$

D 中,同一线桥,首尾必须对应发生化合价变化的同一元素,应为:

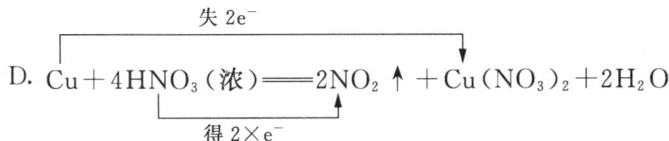

D.
$$\underset{\text{得 }2×e^-}{\overset{\text{失 }2e^-}{Cu+4HNO_3(浓)=\!=\!=2NO_2\uparrow+Cu(NO_3)_2+2H_2O}}$$

答案选 C。

主持人：听君一席话，胜读十年书。希望同学在学习氧化还原反应时，能顺利闯过三关，达到学以致用的目的。我们下期节目再见！

# 如何补铁最有效？

主持人：大家好。这段时间感觉有些乏力，去医院看了一下，医生说是缺铁性贫血，让我每天服用硫酸亚铁片、维生素 C 各 2 片。陈老师，我只是缺铁，为什么还要同时服用维生素 C 呢？

陈老师：我们来看一个相似的案例。

**【案例】**某种催化剂为铁的氧化物。化学兴趣小组在实验室对该催化剂中铁元素的价态进行探究：将适量稀硝酸加入少许样品中，加热溶解；取少许溶液，滴加 KSCN 溶液后出现红色。一位同学由此得出该催化剂中铁元素价态为 +3 的结论。

(1) 请指出该结论是否合理并说明理由 _____。

(2) 请完成对铁元素价态的探究：

限选实验仪器与试剂：烧杯、试管、玻璃棒、药匙、滴管、酒精灯、试管夹；3 mol/L $H_2SO_4$、3% $H_2O_2$、6 mol/L $HNO_3$、0.01 mol/L $KMnO_4$、NaOH 稀溶液、0.1 mol/L KI、20% KSCN、蒸馏水。

① 提出合理假设。

假设 1：_____；

假设 2：_____；

假设 3：_____。

② 设计实验方案证明你的假设。

③ 实验过程。

根据②的实验方案，进行实验。请按表 1 格式写出实验操作步骤、预期现象与结论。

表 1

| 实验操作 | 预期现象与结论 |
|---|---|
| 步骤 1： | |
| 步骤 2： | |
| 步骤 3： | |
| … | |

**【解析】**这是一个典型的探究性实验习题：已知实验现象→得出结论→论证结论，提出质疑→设计方案加以证明。

首先,在含铁的氧化物的催化剂中加入稀硝酸进行溶解,滴加 KSCN 溶液后溶液变红,不能证明该氧化物中铁为+3 价。因为硝酸具有强氧化性,可将+2 价铁氧化成+3 价,因此无法排除铁为+2 价的可能性。

然后提出假设:在该氧化物中,铁元素可能为+2 价、+3 价或两种价态共存三种情况。对三种假设分别进行实验验证:

(1) 若只有 $Fe^{2+}$:将氧化物加入非氧化性酸(稀硫酸)溶解。方法一:向所得溶液中加入 NaOH 溶液,若先生成白色沉淀,迅速变成灰绿色,最后变成红褐色,说明含有 $Fe^{2+}$。方法二:向所得溶液中先加入 KSCN 溶液,无明显现象,再加入 $H_2O_2$;若出现血红色,说明含有 $Fe^{2+}$。方法三:取少量溶液,滴加酸性 $KMnO_4$ 溶液,若 $KMnO_4$ 溶液的紫红色褪去为无色溶液,则说明催化剂中铁元素的价态含+2 价;若不褪色,则说明催化剂中铁元素的价态不含+2 价。

(2) 若只有 $Fe^{3+}$:方法一,向所得溶液中加入 NaOH 溶液,若生成红褐色沉淀,说明含有 $Fe^{3+}$;方法二,向所得溶液中加入 KSCN 溶液,出现血红色,说明含有 $Fe^{3+}$。

(3) 若两种价态共存:需要选择合适的试剂分别对两种价态的铁离子进行检验,注意检验时要避免离子间的相互干扰。

本题考查的是 $Fe^{2+}$、$Fe^{3+}$ 的检验,这两种离子的检验方法有多种,加上题目本身属于开放性试题,答案并不唯一,因此可出现多种答案,只要合理即可。

【答案】

(1) 该结论不正确。稀 $HNO_3$ 有强氧化性,若该铁的价态为+2 价,则被氧化为+3 价同样可使 KSCN 溶液变血红色。

(2) ① 提出合理假设。

假设 1:催化剂中铁元素的价态为+3 价。

假设 2:催化剂中铁元素的价态为+2 价。

假设 3:催化剂中铁元素的价态既有+3 价也有+2 价。

② 设计实验方法证明你的假设。

③ 实验过程。

表 2

| 实验操作 | 预期现象与结论 |
| --- | --- |
| 步骤1:将适量稀 $H_2SO_4$ 加入少许样品于试管中,加热溶解 | 固体溶解,溶液颜色有变化 |
| 步骤2:取少量溶液,滴加酸性 $KMnO_4$ 溶液。 | 若 $KMnO_4$ 溶液的紫红色褪去为无色溶液,则说明催化剂中铁元素的价态含+2 价;若不褪色,则说明催化剂中铁元素的价态不含+2 价 |

续表

| 实验操作 | 预期现象与结论 |
|---|---|
| 步骤3：另取少量溶液,滴加 KSCN 溶液。 | 若溶液变为血红色,则说明催化剂中铁元素的价态含+3 价；若溶液无明显变化,则说明催化剂中铁元素的价态不含+3 价。 |

主持人：我明白了。治疗缺铁性贫血需要服用含 $Fe^{2+}$ 的药剂,但 $Fe^{2+}$ 的还原性比较强,极容易被氧化,而维生素 C 具有还原性,可将+3 价铁还原成+2 价,这样人体就可以吸收了。

# 概念越辨越清晰

主持人：转眼间第二章"元素与物质世界"的学习又结束了,这一章我们主要学习的是一些化学理论,接触到了很多化学概念。今天我们一起探讨一下,如何对化学概念进行科学复习。首先让我们来看一个案例。

【案例】判断下列说法是否正确

(1) 纯碱、烧碱均属碱。

(2) 盐类物质一定含有金属离子。

(3) 铜能导电,因此铜是电解质。

(4) 碱性氧化物一定是金属氧化物,金属氧化物一定是碱性氧化物。

(5) 酸性氧化物一定是非金属氧化物,非金属氧化物一定是酸性氧化物。

(6) $NH_3$ 溶于水所得溶液能导电,因此 $NH_3$ 是电解质。

(7) 根据酸分子中含有的氢原子个数将酸分为一元酸、二元酸等。

(8) 根据反应中是否有电子转移将化学反应分为氧化还原反应和非氧化还原反应。

(9) 根据分散系是否具有丁达尔现象将分散系分为溶液、胶体和浊液。

(10) 碳酸钙难溶于水,因此碳酸钙是非电解质。

(11) 只含有一种元素的物质一定是纯净物。

(12) 同一元素在化合态中所呈现的化合价一定比在游离态中高。

以下是三位同学的答案：

张明：(2)(3)(4)(7)(8)(9)；

李强：(3)(4)(7)(8)(11)；

丁浩：(4)(6)(8)(10)(11)。

【陈老师点评】上述 12 种说法主要是从不同角度对酸碱盐、电解质与非电解质、酸性氧化物与碱性氧化物、分散系、化学反应进行判断。以上三位同学的答案均不正确。通过这三位同学的答案,可以看出同学们在学习化学概念时还存在一些误区。掌握化学概念,不仅仅是记住其定义,关键是理解概念的内涵与外延,比如:酸是电离出的阳离子只有 $H^+$ 的化合物,并且按照电离出的 $H^+$ 的数目称之为一元酸、二元酸等;还有一些能电离出 $H^+$ 的物质不能称为酸,如 $NaHSO_4$;有些酸中含有的氢原子不能都以 $H^+$ 形式电离出来。因此,不能以氢原子的数目来判断是几元酸,如 $CH_3COOH$ 中含有 4 个氢原子,但 $CH_3COOH$ 是一元酸。

理解电解质、非电解质概念时需把握以下三点:① 电解质、非电解质的研究对象都是化合物,单质、混合物既不属于电解质,也不属于非电解质;② 电解质、非电解质与溶解度大小无必然联系;③ 电解质须自身能电离出自由移动的离子。

胶体是一种分散系,由分散质与分散剂共同构成,属于混合物。胶体区别于其他分散系的本质特征是其分散质粒子直径在 $1\sim100$ nm 之间,丁达尔现象只是鉴别胶体的一种方法。

酸性氧化物(或碱性氧化物)是指与水反应只生成酸(或碱)的氧化物,有些氧化物不能与水反应,我们可以根据与酸或碱反应能否生成盐和水来判断。从氧化物组成元素上看,酸性氧化物可以是非金属氧化物(如 $CO_2$),也可以是金属氧化物(如 $Mn_2O_7$),但非金属氧化物未必是酸性氧化物,如 $CO$、$NO_2$;碱性氧化物一定是金属氧化物,但金属氧化物不一定是碱性氧化物。

主持人:如果我们吃透了这些概念,再来做这道题就容易多了。这道题的答案是(8)。同学们,你们做对了吗?

# 到底生成了多少气体?

问题:碳酸钠与盐酸反应与反应物用量有关吗?

【案例】化学活动课上,三组学生分别用图 1 所示甲、乙两装置,探究"$NaHCO_3$ 和 $Na_2CO_3$ 与稀盐酸的反应",按表中的试剂用量,在相同条件下,将两个气球中的固体粉末同时倒入试管中(装置的气密性已检查)。

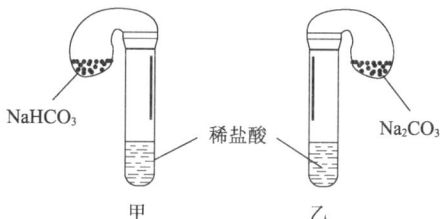

图 1

请回答:

（1）各组反应开始时，装置_____中的气球体积先变大，该装置中反应的离子方程式是_____。

（2）当试管中不再有气体生成时，三组实验出现不同现象，填写表1的空格。

表1

| | 试剂用量 | 实验现象 | 分析原因 |
|---|---|---|---|
| 第①组 | 0.42 g NaHCO$_3$<br>0.53 g N$_2$CO$_3$<br>3 mL 4 mol/L 盐酸 | 甲中气球与乙中气球的体积相等 | 甲、乙盐酸均过量<br>$n(NaHCO_3)=n(Na_2CO_3)$<br>$V_甲(CO_2)=V_乙(CO_2)$ |
| 第②组 | 0.3 g NaHCO$_3$<br>0.3 g Na$_2$CO$_3$<br>3 mL 4 mol/L 盐酸 | 甲中气球比乙中气球的体积大 | |
| 第③组 | 0.6 g NaHCO$_3$<br>0.6 g Na$_2$CO$_3$<br>3 mL 2 mol/L 盐酸 | 甲中气球比乙中气球的体积大<br>片刻后，乙中气球又缩小，<br>甲中气球的体积基本不变 | （用离子方程式表示） |

**【陈老师点评】**本题考查碳酸钠、碳酸氢钠与酸反应的本质及反应物用量与气体体积的关系。碳酸钠与酸反应时，首先是 $CO_3^{2-}+H^+=HCO_3^-$，然后是 $HCO_3^-+H^+=CO_2+H_2O$，而碳酸氢钠是直接发生后一个反应，所以，碳酸钠与酸反应产生 $CO_2$ 的速率慢于碳酸氢钠，故甲气球体积先变大。

根据化学方程式：$Na_2CO_3+2HCl=2NaCl+CO_2+H_2O$、$NaHCO_3+HCl=NaCl+CO_2+H_2O$，第①组中，当盐酸均过量时，等物质的量的碳酸钠与碳酸氢钠产生 $CO_2$ 相等，两气球的体积相等；在第②组，甲、乙盐酸均过量，由于 $n(NaHCO_3)>n(Na_2CO_3)$，产生的气体 $V_甲(CO_2)>V_乙(CO_2)$，所以甲中气球比乙中气球的体积大；在第③组甲、乙盐酸均不足量，消耗的 $n(NaHCO_3)>n(Na_2CO_3)$，$V_甲(CO_2)>V_乙(CO_2)$，所以甲中气球比乙中气球的体积大，由于有碳酸钠剩余，产生的 $CO_2$ 又与溶液中的 $H_2O$、$CO_3^{2-}$ 反应：$CO_2+H_2O+CO_3^{2-}=2HCO_3^-$，乙中气球又变小。

主持人：也就是说，将碳酸钠滴入盐酸中和将盐酸滴入碳酸钠溶液中，不仅产生的现象不同，生成气体的体积也可能不同。

陈老师：是的，下面我们再来看一个案例，你能找出正确答案吗？

**【案例拓展】**在 10 mL 0.01 mol/L 的纯碱溶液中，不断搅拌并逐滴加入 1.2 mL 0.05 mol/L 盐酸，完全反应后在标准状况下生成二氧化碳的体积为_____，反滴，产生气体的体积为_____。

**【指津】**向纯碱溶液中逐滴加入盐酸，首先发生反应：$Na_2CO_3+HCl=NaCl+NaHCO_3$，由题给用量可知，盐酸不足量，无气体产生；反滴时发生反应：$Na_2CO_3+$

$2HCl = 2NaCl + CO_2 + H_2O$，碳酸钠过量，产生气体 0.672 mL。

【答案】0　0.672 mL

# 探秘二氧化硫性质

问题：$SO_2$ 与 $CO_2$ 都是酸性氧化物，二者具有完全相同的性质吗？

【案例】某化学兴趣小组为探究 $SO_2$ 的性质，按图 1 所示装置进行实验。

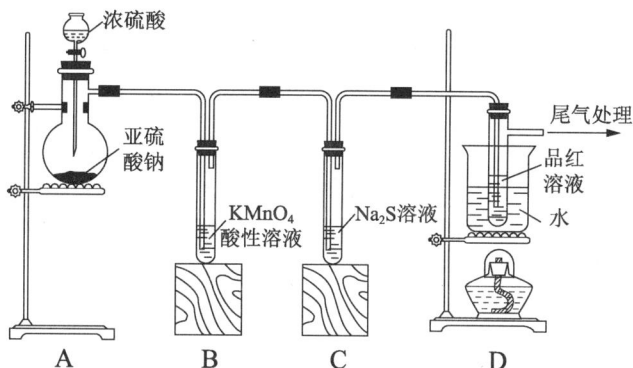

图 1

请回答下列问题：

（1）装置 A 中盛放亚硫酸钠的仪器名称是_____，其中发生反应的化学方程式为_____；

（2）实验过程中，装置 B、C 中发生的现象分别是_____、_____，这些现象分别说明 $SO_2$ 具有的性质是_____和_____；装置 B 中发生反应的离子方程式为_____；

（3）装置 D 的目的是探究 $SO_2$ 与品红作用的可逆性，请写出实验操作及现象_____；

（4）尾气可采用_____溶液吸收。

【解析】（1）装置 A 是实验室制取 $SO_2$ 的发生装置，A 中盛放亚硫酸钠的仪器名称是蒸馏烧瓶，其中发生反应的化学方为 $Na_2SO_3 + H_2SO_4（浓） = Na_2SO_4 + SO_2\uparrow + H_2O$。

（2）A 中反应生成的 $SO_2$ 在 B 中会使酸性 $KMnO_4$ 溶液由紫红色变为无色，装置 B 中发生反应的离子方程式为 $5SO_2 + 2MnO_4^- + 2H_2O = 5SO_4^{2-} + 2Mn^{2+} + 4H^+$，这说明 $SO_2$ 具有还原性；装置 C 中生成硫单质，现象为无色溶液出现黄色浑浊，说明 $SO_2$ 又具有氧化性。

（3）$SO_2$ 还具有漂白性，可使品红溶液褪色，但 $SO_2$ 的漂白是不稳定的，物质受热会恢复原来的颜色,表现为可逆性。装置 D 的目的是探究 $SO_2$ 与品红作用的可逆性,品红溶液褪色后,关闭分液漏斗活塞,点燃酒精灯加热,溶液恢复红色。

(4) 尾气为 $SO_2$ 酸性气体,可用 NaOH 溶液吸收。

【答案】(1) 蒸馏烧瓶    $Na_2SO_3 + H_2SO_4(浓) = Na_2SO_4 + SO_2\uparrow + H_2O$

(2) 溶液由紫红色变为无色    无色溶液出现黄色浑浊    还原性    氧化性

$5SO_2 + 2MnO_4^- + 2H_2O = 5SO_4^{2-} + 2Mn^{2+} + 4H^+$

(3) 品红溶液褪色后,关闭分液漏斗活塞,点燃酒精灯加热,溶液恢复红色

(4) NaOH

【陈老师点评】二氧化硫与二氧化碳组成相似。当其作为酸性氧化物时,性质也相似,如均可以与碱反应生成盐,均可以使石蕊试液变红,均可与水反应生成相应的酸。但由于二氧化硫中硫元素处于中间价态,而二氧化碳中碳元素处于最高价态。因此,二者性质又有所不同,不可完全类比。

(1) $SO_2$ 中硫元素处于中间价态,具有还原性,能被 $O_2$、$Cl_2$、$Br_2$ 等非金属单质,$HNO_3$、$Fe^{3+}$、$MnO_4^-$ 等氧化剂氧化成 +6 价的硫($SO_3$ 或 $SO_4^{2-}$)。

(2) 由于硫还具有比 +4 价更低的化合价(-2、0),因此有一定的氧化性,可以被某些还原剂还原。如:$SO_2 + 2H_2S = 3S\downarrow + 2H_2O$,将 $SO_2$ 通入 $Na_2S$ 溶液中情况与此相似,可观察到溶液变混浊,这是生成了单质硫所致。

(3) $SO_2$ 与某些有色物质结合成不稳定的无色化合物而使有色物质褪色。与氯气、过氧化钠等强氧化剂使有色物质褪色不同的是,$SO_2$ 的漂白是可逆的,因此,在一定条件下如受热、光照等,又可以恢复本色。利用 $SO_2$ 这一特性,可检验和鉴别 $SO_2$ 的存在。

# 浓、稀硫酸有何不同?

问题:浓、稀硫酸性质上有什么不同?

【例 1】浓硫酸和 2 mol/L 的稀硫酸,在实验室中敞口放置。它们的质量和放置天数的关系如图 1 所示,分析 a、b 曲线变化的原因是(    )。

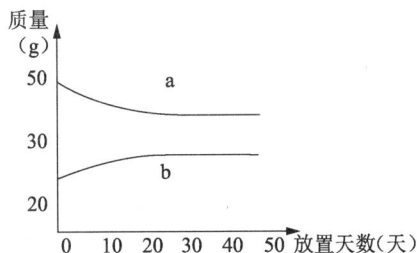

图 1

A. a 升华、b 冷凝

B. a 挥发、b 吸水

C. a 蒸发、b 潮解

D. a 冷凝、b 吸水

【例 2】2003 年 1 月 29 日、2 月 23 日,清华大学机电系四年级学生刘海洋先后两

次用浓硫酸将北京动物园的五只熊烧伤，其中一头黑熊双目失明。浓硫酸为什么有这么大的危害性？

【解析】例1中随着放置天数的增加，a的质量减小，这是由于水分挥发所致，a代表稀硫酸；b的质量增加，这是由于吸收空气中的水分所致，b代表浓硫酸。例2说明浓硫酸具有脱水性，将物质(主要是有机物)中的氢原子和氧原子按2∶1比例形成水脱去，使得有机物碳化，黑熊原本光滑如缎的皮毛遇到浓硫酸，就会因浓硫酸的脱水性而被毁容。其次，浓硫酸具有吸水性，并且吸水过程中会放出大量的热，由于生物体表都含有一定的水分，在脱水的同时，还会放出大量的热，因此还会造成灼伤，如果是溅到眼睛里，就会造成双目失明。

【陈老师点评】虽然同是硫酸，但浓、稀硫酸在性质上差别较大。稀硫酸只具有酸的通性，如与活泼金属、金属氧化物、碱、部分盐反应。但浓硫酸还具有三大特性：吸水性、脱水性和强氧化性。

（1）吸水性：浓硫酸可与水形成一系列稳定的水合物，故可吸收物质中游离态的水，具有强烈的吸水性。利用这一性质，采用浓硫酸作气体干燥剂，但不能干燥氨气等碱性气体和硫化氢等还原性气体。

（2）脱水性：脱水性是指将物质(如有机物)中的氢原子和氧原子按2∶1比例形成水脱去，如浓硫酸使蔗糖炭化。浓硫酸毁容过程中，吸水性和脱水性同时在起作用。

（3）强氧化性：稀硫酸溶液中不存在硫酸分子，因而无强氧化性，稀硫酸电离产生的 $H^+$ 具有较弱的氧化性，只能氧化较活泼的金属(如铁、锌等)，稀硫酸的还原产物为氢气，因此我们将稀硫酸称之为非氧化性酸。浓硫酸的氧化性是由 $H_2SO_4$ 分子中+6价的硫引起的，还原产物一般是 $SO_2$，这是由含氧酸分子酸根中的正价态原子得到电子而表现出来的强氧化性，因此将浓硫酸称之为氧化性酸。具体表现在：

① 在常温下，铝、铁等金属在冷的浓硫酸中钝化，表面被氧化生成一层致密的氧化物保护膜，阻止内部金属继续反应，因此可用铝槽车或铁槽车装运浓硫酸。

② 可与绝大多数金属在加热时反应(Pt、Au除外)，生成金属的硫酸盐、$SO_2$ 和水，不放出 $H_2$。假设金属 R 反应后呈 +$n$ 价，反应方程式为：$2R + 2nH_2SO_4(浓) \xlongequal{\Delta} R_2(SO_4)_n + nSO_2\uparrow + 2nH_2O$，被还原的硫酸占反应硫酸总量的 $\frac{1}{2}$。

③ 与非金属单质反应：浓硫酸在加热时可与非金属单质 C、P 等反应，生成该非金属的最高价氧化物、$SO_2$ 和水，如：碳被氧化生成二氧化碳，磷被氧化生成五氧化二磷，与水结合生成磷酸。

# 如何得到纯净的氮化镁？

问题：镁是一种活泼的金属，可与氧气、氮气、二氧化碳、水蒸气等反应，如何在实验室制取纯净的氮化镁？

【案例】现拟在实验室里利用空气和镁粉为原料制取少量氮化镁（$Mg_3N_2$）。已知实验中可能会发生下列反应：

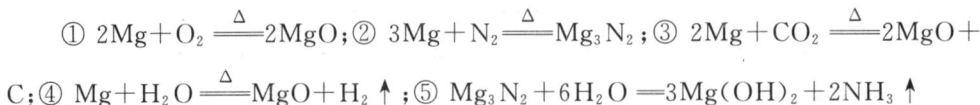

① $2Mg+O_2 \xrightarrow{\Delta} 2MgO$；② $3Mg+N_2 \xrightarrow{\Delta} Mg_3N_2$；③ $2Mg+CO_2 \xrightarrow{\Delta} 2MgO+C$；④ $Mg+H_2O \xrightarrow{\Delta} MgO+H_2\uparrow$；⑤ $Mg_3N_2+6H_2O = 3Mg(OH)_2+2NH_3\uparrow$

可供选择的装置和药品如图 1 所示（镁粉、还原铁粉均已干燥，装置内所发生的反应是完全的，整套装置的末端与干燥管相连）。

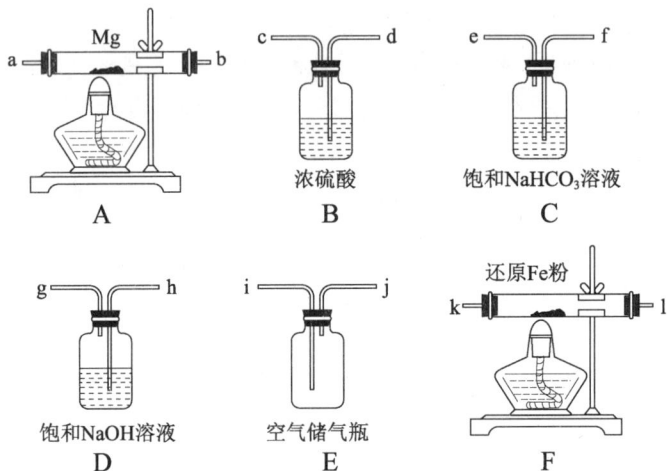

图 1

回答下列问题：

（1）在设计实验方案时，除装置 A、E 外，还应选择的装置（填字母代号）及其目的分别为 _____。

（2）连接并检查实验装置的气密性。实验开始时，打开自来水的开关，将空气从 5 L 的储气瓶压入反应装置，则气流流经导管的顺序是（填字母代号）_____ _____。

（3）通气后，如果同时点燃 A、F 装置的酒精灯，对实验结果有何影响？ _____ _____，原因是 _____。

（4）请设计一个实验，验证产物是氮化镁：_____。

【解析】本题以空气和镁粉为原料制取少量氮化镁，根据题目给出的信息可知，镁还可以与氧气、二氧化碳、水反应，并且氮化镁遇水也可以反应，因此在实验设计时应首先要除去空气中的这些杂质，让纯净、干燥的氮气与镁反应，选择 B 装置，目的是除去空气中的水蒸气，避免反应④发生；选择 D 装置，目的是除去空气中的二氧化碳，避免反应③发生；选择 F 装置，目的是除去空气中的 $O_2$，避免反应①发生。气流流经导管的顺序是 j→h→g→d→c→k→l(或 l→k)→a→b(或 b→a)。若同时点燃 A、F 装置的酒精灯,制得的氮化镁将不纯,因为 A 装置没有排完空气前就加热会让空气中的氧气、二氧化碳、水蒸气等与镁反应。由题干信息可知,氮化镁与水反应可生成氨气,因此可取少量产物置于试管中,加入适量水,将润湿的红色石蕊试纸置于试管口,如果能够看到润湿的红色石蕊试纸变蓝,则说明产物是氮化镁。

　　【陈老师点评】综合性实验一直是同学们比较头痛的一类题目,特别是遇上像本题这样的信息量较大、综合性较强的实验题,更是给人一种难于上青天的感觉。其实,解综合性实验关键是抓住实验目的,实验仪器的作用、连接顺序、药品的取用等都是围绕实验目的来完成的。另外要特别关注题目给出的信息,这些信息往往是我们解决问题时的暗示。例如,本题给出的镁可与氧气、二氧化碳、水反应,氮化镁遇水也可以反应,这就提示我们在实验开始前,需先除去装置中的氧气、二氧化碳和水,这样一来,仪器的连接顺序也就比较简单了。因此,综合实验并不难,目的、信息是关键。

# 第三部分　畅聊吧

# "苯"人"苯"语

近来,A市频频爆出化工厂因化学品泄漏而导致工人中毒的事件,一时间,人们谈化工厂色变。要知道,化工可是A市的支柱产业,GDP增加全靠它呢。市领导亲自上阵,联合化学工业局、环保局一起蹲点某化工厂,终于发现了问题所在,原来是该厂出现了苯泄漏问题。该市论坛上就此事出现了很多帖子。

噩梦不再来:并不是只有生产苯的化工厂才会出现苯中毒事故。大家应该还记得,前几年北京某公司曾出现过一次苯中毒事件。该公司从事刷胶、包盒等作业的女工们陆续因鼻子流血、牙龈出血而病倒,经医生诊断确定是因苯中毒引起的再生障碍性贫血。这些来打工的女孩做梦也没有想到,自己竟然工作在一个时刻都吞噬着她们生命的危险地带。让苯远离我们吧!

"笨"人"笨"语:我是学化工出身的,深知苯对人体的危害。不过苯也不是一无是处。苯是一种无色、易挥发、有特殊气味的液体,是石油化工的基本原料,与乙烯一样,苯的产量和生产技术水平也是衡量一个国家石油化工发展水平的标志之一。苯的用途很广,如苯是一种重要的有机溶剂,可用于溶解石蜡、树脂等有机物。化工行业也离不开苯,一些重要的有机物。比如苯乙烯、环己烷、氯苯、硝基苯等的生产都需要用苯做原料。近年来化工行业对苯的需求量不断上升;另外医药、轻工及橡胶制品行业也需要大量的苯。

莘莘学子:我正在上高中,马上就要学习苯的知识了,我想知道,除了上述以外,苯还有哪些性质?

"笨"人"笨"语:苯的分子是$C_6H_6$,6个碳原子组成了一个平面正六边形结构:

⬡,看上去苯分子中好像是由单双键交替组成的,事实并非如此。我们知道,含有双键的物质易发生加成反应,难发生取代反应,如乙烯可与溴水发生加成反应,使溴水褪色,但苯与溴水之间并不反应。苯分子在浓硫酸作用下可与浓硝酸发生取代反应,生成硝基苯。这些事实充分说明了苯分子中不存在单双键交替的结构,苯分子中的碳碳键是一种介于单键和双键之间的特殊的键。上面的分子结构最初是由凯库勒发现的,因此又称为凯库勒式,一直沿用至今。

噩梦不再来:我明白了,虽然苯对人体有害,但它对社会的贡献还是很大的。我们只要改造现有设备,改进操作方法,采用自动化生产,远距离操纵,避免开放式生产,消除毒物逸散的条件,就可以避免悲剧的再次发生了。

# 尴尬的限塑令

主持人:据统计,"限塑令"实施初期,全国超市和商场的塑料袋使用量曾一度减少了50%,但现在又上升了20%。就塑料袋是否有偿使用,启明中学高一学生进行了一场辩论赛。

甲方观点:同意塑料购物袋有偿使用。

乙方观点:塑料购物袋仍需免费提供。

甲方代表:我方的观点是支持限塑令的实行。1902年,第一个塑料袋诞生,因其廉价、清洁、方便和耐用,给我们的生活起居带来极大方便,因而被称为科技界的"白色革命"。20多年前,当南方的商店、超市首先开始向顾客附送塑料购物袋后,迅速普到大江南北。当时的媒体曾热情讴歌这一"便民举措",认为这开启了消费史上的新篇章。然而随着时间的推移,这个小塑料袋却越来越让人头疼。随着时间的推移,我们发现它带给我们的不仅仅是方便:风起时漫天飞舞的是塑料袋,公园里优美的景色总是被塑料袋、塑料饭盒破坏,海水中漂浮的塑料袋让人不敢畅游,鲸鱼因误食塑料袋而窒息……之所以出现这种情况,是因为大部分塑料袋不容易被微生物腐蚀,也不容易自行降解,即使是埋在土里,也需要上百年才会分解,若焚烧则会分解产生有害物质。我国是人口大国,一年消耗掉的塑料袋有数百亿之多,"白色革命"变成了"白色污染"。因此塑料袋有偿使用可以减少塑料袋的使用量,从而缓解塑料制品对环境的污染。

乙方代表:虽然塑料袋给环境带来了污染,但我方的观点是不支持实行限塑令。我们在某大型超市门口发放了调查问卷,发现有31%的人支持免费提供塑料袋,53%的人不支持,16%的人认为无所谓。不支持免费提供塑料袋的原因有以下几个:① 原来购物塑料袋是免费提供的,现在突然要收费,虽然只是几毛钱,但心里不舒服;② 超市塑料袋的费用没有统一标准,只有大超市购物袋收费,一些小超市怕顾客流失,仍免费提供方便袋,并且农田里的地膜、塑料大棚等塑料制品并未禁止使用,因此实行限塑令没有实际意义,不如取消;③ 在"限塑令"政策里,看不到商家的责任,反而将商家自愿给消费者的一点点小利给取消了,对消费者不公平……综上,我们认为既然不能从根本上消除塑料制品的使用,干脆取消限塑令。

主持人:甲乙双方从不同的角度就塑料袋是否需要收费进行了分析。限塑令的执行不能单纯靠政府部门监督执行,很大程度上取决于每一个公民的自觉意识。如果人人都能意识到塑料制品对环境的危害,自觉使用无污染的替代品或可降解塑料,限塑令才能真正转化成一种自觉主动的行为。

# 周期性就是重复性吗？

几日不见，发现最近高一化学论坛上名人突然多了起来。

化学家：首先欢迎各位代表参加今天的会议。今天之所以召开这次会议，是因为现在学生们学完元素周期律之后，对周期性变化产生了浓厚的兴趣，想进一步了解一下化学以外的其他周期性变化，因此我们今天的议题是"周期性变化"，希望各位专家能从自己专业的角度进行论述。

语言学家：辞海上说："事物在运动、变化过程中，某些特征多次重复出现，其连续两次出现所经过的时间叫周期。"比如说钟摆的时针第二次运动到同一个位置时经过的时间就是一个周期，因此时针的周期是 24 小时。

社会学家：在远古时期，人们早就总结出了多种周期性变化模式。如发现了以四为周期的季节模式（春、夏、秋、冬），以五为周期的五行模式（水、火、木、金、土），以十为周期的天干模式（甲、乙、丙、丁、戊、己、庚、辛、壬、癸），以十二为周期的地支模式（子、丑、寅、卯、辰、巳、午、未、申、酉、戌、亥），以二十四为周期的节气模式（立春、雨水、惊蛰……冬至、小寒、大寒）。"阴阳五行，周而复始"，更是将周期性变化总结为事物发展的一般规律。

天文学家：周期性变化不仅在元素性质上体现出来，实际上在很多科学领域都有体现，如天体运动中地球绕太阳旋转一个周期是一年；生物的细胞分裂，从分裂间期经过前期、中期、后期、末期，又回到分裂间期，这个过程就是一个分裂周期；物理上交流电完成一次完整的变化所需要的时间叫作一个周期。类似的例子数不胜数。

哲学家：我们哲学上有一个否定之否定规律，也是指事物的运动变化具有周期性。事物由于内部矛盾而引起的发展，总是由肯定到否定，再到否定之否定这样周期性进行的。这个过程不是一种简单的重复，而是螺旋式向上递增以至无穷。每经过一个周期，事物就进入一个更高的发展阶段。前面各位代表所展现的事物的周期性变化，同样也不是一种简单的重复，而是在原来基础上的螺旋式上升。我们常说"三十年河东，三十年河西"，但经过一个周期（三十年）的河东已经不是原来的河东了，而是在原有基础上得到了进一步的发展。《三国演义》开篇语"话说天下大势，分久必合，合久必分"，每一次分分合合的过程也正是社会不断发展的过程。

化学家：各位专家给我们展现了万物的周期性变化，使我们更加充分地认识到，周期性变化的过程也是事物发展的过程，这一点对于青少年的成长非常重要。顺利时不要盲目乐观，失败时不要悲观失望，及时总结经验和教训，我们才能在原来的基础上发展得更快。再次对各位专家的精彩发言表示衷心感谢！

# 元素小区擂台赛(一)

主持人:女士们、先生们,大家好。自从我们元素小区落成后,各住户陆续入住,为活跃本小区文化,促进和谐小区建设,今日我们元素小区举行擂台赛,进行性质大比赛。参加比赛的共有四支队伍:第一支参赛队伍为钠、镁、铝,第二支参赛队伍为硅、磷、硫、氯,第三支队伍为第ⅡA族元素,第四支队伍为第ⅤA族元素。让我们对各位参赛选手表示热烈欢迎! 🙃 。根据抽签结果,今天的比赛在第一和第二支队伍之间进行。比赛开始!

铝:我作为我们参赛队伍的代表来发言。我是铝,与钠、镁同在第三周期,说起来,我们与对手都是第三周期的元素,"本是同根生,相煎何太急"啊! 同为活泼金属,我们钠、镁、铝的物理性质及化学性质有很多相似之处,比如都具有金属的通性,都易与酸反应。但是我们三个也有不同之处,由于我们的原子半径逐渐减小,导致从钠到铝,金属性逐渐减弱。钠不仅可以与酸反应,还可以与冷水剧烈反应;镁只能与热水反应;而我的性质就更加特殊了,我的右边是硅,那是一种非金属元素,我正好位于金属与非金属的分界线上,因此我又具有了一些非金属的性质,比如我可以与$NaOH$溶液反应,这一点是钠和镁所做不到的。作为活泼金属家族一员,我骄傲! 😄 。

硅:既然铝提到了我,那我就作为代表来发言。我们硅、磷、硫、氯虽然都是非金属,但性质也不尽相同。我与铝一样,位于金属与非金属的分界线,因此我表现出了一定的导电性,是一种半导体材料,大家知道,芯片的使用改变了世界,那就是我们硅在大展宏图啊! 从硅到氯,原子半径也是在逐渐减小,得电子能力在依次增强,因此元素的非金属性逐渐增强,我很难与氢气化合,而氯气却很容易与氢气化合,我对应的最高价含氧酸是一种非常弱的酸,而高氯酸是一种非常强的酸。刚才铝已经说了,我们同为第三周期的元素,因此我们的性质递变规律也是其他周期元素性质的递变规律,这就是元素周期律! 如果对第三周期元素的递变规律熟悉了,再去分析其他周期元素性质的递变规律就非常容易了,门捷列夫发现的元素周期律在化学发展史上具有里程碑的意义,向门捷列夫致敬! 👍 。

主持人:两支队伍各派代表进行了精彩的发言。尤其是硅不仅介绍了本队伍各元素的性质,还帮助我们了解了如何学习其他周期元素的性质,相信各位评委会做出公正的评判!

# 元素小区擂台赛(二)

主持人:女士们、先生们,大家好。昨天的比赛可谓紧张、激烈,今天参加比赛的是第ⅡA族和第ⅤA族成员。有请各位选手上台! 😊 。

首先上场的是第ⅡA族的选手——镁元素。"我来自第ⅡA族,名字叫镁,今天我代表我们家族参加本次擂台赛。我们第ⅡA族共有6位成员,分别是铍、镁、钙、锶、钡、镭。看看我们的名字就知道了,我们都是金属元素,其中镭就是居里夫人发现的一种放射性元素。镁在航空、航天事业中用途广泛,有"航天金属"之美誉。我们6位成员的共同特点是最外层都有2个电子,在化学反应中极易失去电子而显示金属性;不同点是电子层数依次增加,原子半径逐渐增大,原子核对外层电子的吸引能力逐渐减弱。因此从铍到镭,失电子能力逐渐增强。元素的金属性也逐渐增强,具体表现在以下两个方面:① 与酸反应置换出氢气越来越容易;② 氧化物对应的水化物的碱性逐渐增强,如氢氧化钡>氢氧化钙>氢氧化镁。"

评委:人们都说我是"毒舌",不过今天我真的得口吐莲花了,👍!我给镁加10分。

这下第ⅤA族的元素们坐不住了,氮元素跳上了擂台。"虽然第ⅡA族的元素有很多特点,但我们第ⅤA族也不甘示弱,我也把我们的特点给大家说一说。我们第ⅤA族目前有5位成员——氮、磷、砷、锑、铋,从我们的名字上大家就应该猜到了,我们这个家族既有金属元素,又有非金属元素。为什么会出现这种情况呢?从元素周期律的角度我们就可以发现其中的奥秘了:同一周期中从左往右,元素的金属性减弱,非金属性增强;同一主族中从上往下,元素的金属性增强,非金属性减弱,因此第ⅠA族(氢除外)、第ⅡA族完全由金属元素构成,从第ⅢA族开始,家族中逐渐出现非金属元素,并且非金属数目逐渐增多,到第ⅦA族则完全变成了非金属的天下。我们第ⅤA族元素的共同点是最外层有5个电子,因此我们在化学反应中氮、磷、砷既可以获得电子,又可以失去电子,锑和铋则主要是失去电子。以我为例,氮元素在化合物中可以呈现多种化合价:$-3$(氨气及铵盐)、$+1$($N_2O$)、$+2$($NO$)、$+3$($N_2O_3$)、$+4$($NO_2$)、$+5$($N_2O_5$、$HNO_3$、硝酸盐),我们化合价的多样性恐怕是第ⅡA族元素所不能比拟的。说起我们的用途,那可称得上是广泛,你敢没有蛋白质吗?你敢没有核酸吗?氮、磷可是构成我们生物机体细胞的主要元素。马克思说:没有蛋白质就没有生命。现在我要说:没有氮元素就没有蛋白质!至于我们的递变规律,我想大家自己就可以推断出来。我的演讲到此结束。"

氮元素的此番演说不仅得到了观众的热烈掌声,连评委也听得兴致盎然,"毒舌"评委甚至激动地站了起来。谁会成为本届擂台赛的擂主呢?让我们拭目以待。

# 畅聊吧里话安全

【帖子】今天是我们进入高中学习的第一天,没想到第一节化学课竟然是在实验室上的,那么多化学仪器真让人眼花缭乱,太兴奋了!可是做实验的时候手却总是发抖,害怕有危险。如何安全地进行化学实验呢?欢迎高一同学来畅聊吧展开讨论,仁者见仁、智者见智。

令狐冲:我先来说一下。进入化学实验室后,首先要注意观察灭火器的位置、型号,知道如何使用,其次要了解安全门及安全通道的位置。

任我行:我同意灵狐公子的建议。另外我认为在取用化学药品之前,一定要注意看清楚标签上的提示。像有毒、易燃、易爆、腐蚀品等化学试剂的标签上都有明显的图标,这些图标形象鲜明,有很强的警示作用。

任盈盈:两位大侠的见解高屋建瓴,我还是说点具体的吧。在化学实验里我们用到最多的当属酒精灯,如果不恰当使用就会引发火灾。另外我们做实验时还经常用到一些易燃的化学试剂,如果出现着火现象,可用沙子或湿抹布覆盖在火焰上灭火,千万不能随意用水扑灭。因为大多数有机溶剂都比水轻,会浮在水面上,不但不能灭火,反而会增大火势,这一点与做饭时油锅起火的灭火原理是相似的。对大一些的火灾,可用灭火器灭火。如果发现用灭火器也不能很快扑灭火灾,就应迅速疏散、撤离人群并拨打火警电话119。

岳灵珊:我认为进入实验室后不能吃东西或喝水,也不能在实验室里奔跑或大声喧哗,当然更不能品尝药品,即使你知道瓶子里装的是氯化钠。

令狐冲:一看就知道小师妹是个守规矩的好学生。初中时有一次做实验,我就是边做边跟同学打闹,结果不小心把硫酸溅到皮肤上了,当时就感觉火辣辣的,可把我吓坏了。幸亏老师来了,帮我先用干布擦拭,然后又用大量的水冲洗,最后又涂上了碳酸氢钠。阿弥陀佛,幸亏不是溅到眼睛里,否则我可能就失明了。

岳灵珊:大师兄过奖,我也是有过教训的。有一次做实验,我光忙着跟同学说笑了,老师讲的给试管加热的正确方法我没有听见,加热时把试管口朝向了前面的同学,试管里加的液体又太多,结果液体溅到了同学的身上,把她的新衣服给腐蚀了一个大洞,被老师狠狠地批评了一通。惨痛啊!

东方不败:我“潜水”很长时间了,终于忍不住“浮”上来了。前面几位高手所言极是,我认为还有一点是我们必须注意的。在化学实验室里,我们除了接触固体、液体外,还经常接触气体,怎么闻气体的气味?如果像闻花香一样把鼻子凑上去使劲一吸,那可就惨了。实验室里的很多气体是有毒的,有一些毒性还很强。怎么办?可以用手在瓶口轻轻煽动,仅使极少量的气体进入鼻中。

左冷禅：各位，你们所说的都是在实验过程中需要注意的问题。我认为做完实验后同样要注意安全问题,比如:剩余的化学试剂能随手倒入下水道吗？做完实验是不是应该把手洗干净？离开实验室之前是不是需要检查药品、仪器是否已经安全放置？电源是否关闭？……

管理员：看来高一同学对做化学实验还是有浓厚兴趣的,相信这次讨论对所有同学学习化学知识,进行化学实验都很有帮助,也希望有更多的同学来畅聊吧参与以后的学习讨论。

# 相煎何太急

某日,氯水与液氯为谁才是真正的氯家后代闹上了法庭。

液氯：法官先生,我是液氯,我才是氯家后代。

氯水：法官先生,我是氯水,我也是氯家子孙。

法官：既然二位都认为自己是氯家的后代,那不妨把理由说一下。

液氯：我是氯家唯一的单质,是氯气的纯液体状态,把氯气液化就可以得到我,因此嫡传非我莫属。

法官：有理。氯水,你也说说吧。

氯水：我虽然不是一种纯净物,但我就是氯气或液氯溶于水得到的,只不过溶于水后,有一部分氯气与水发生了反应：$Cl_2 + H_2O = HCl + HClO$,因此氯水中含有氯气、盐酸和次氯酸,但主要成分还是氯气,看我们的颜色就知道了,与氯气或液氯相比,虽然我们的颜色不如他们深,但我们氯水也是呈淡黄绿色的,这就说明我们仍然含有大量的氯气啊。

液氯：你怎么证明你的成分中含有以上物质呢？

氯水：这好办。我给你做几个实验验证一下(见表1)。

表1

| 步骤 | 实验操作 | 实验现象 | 结论 |
|---|---|---|---|
| 1 | 观察新制氯水的颜色并闻气味 | 黄绿色,有刺激性气味 | 有氯气 |
| 2 | 取新制氯水少许于小试管中,滴加紫色石蕊试液 | 溶液先变红,后褪色 | 有 $H^+$ 和 HClO |
| 3 | 取新制氯水少许于小试管中,滴加硝酸银溶液 | 有白色沉淀 | 有 $Cl^-$ |
| 4 | 在小试管中加入1～2小块石灰石固体,再加入 10 mL 新制氯水 | 有气泡产生 | 有 $H^+$ |
| 结论 | 新制氯水中有 $Cl_2$、HClO $H^+$、$Cl^-$ 等微粒,氯水性质的多重性是由其成分的多样性决定的。 | | |

因为氯水中含有氯气，所以实验室通常用氯水代替氯气做实验。

法官：我想不用我进行裁决了，二位是不是氯家的后代，经过刚才的辩论已经很清楚了。液氯是液态的氯气，是一种纯净物，氯水是氯气溶于水后得到的水溶液，是一种混合物，但二者的主要成分都是氯气，因此你们都是氯家的后代。在这里我想把一首古诗送给你们："煮豆燃豆萁，豆在釜中泣，本是同根生，相煎何太急。"

液氯与氯水满脸羞愧，握手言和。

# 别拿豆包不当干粮

主持人：大家好，今天我们畅聊吧的主题是"物质的分类"。我们请来了高一年级的部分同学和老师，来聊一聊为什么要对物质进行分类？分类有哪些好处？

张明：我先谈一谈，我认为分类是非常简单并且也没有实际用处的一个内容，因此我对课本上专门讲解物质的分类感到不可思议。

李娜：我不同意张明的观点。分类是一门科学，比如在生物学中，汉初的《尔雅》就已经把动物分为虫、鱼、鸟、兽 4 类，现代生物学则用 7 个等级将生物由高到低分为界、门、纲、目、科、属、种。在我们的学习及日常生活中，我们一直在不自觉地使用分类的知识：走进超市，我们首先会看入口处的导购图，这就是一张详细的商品分类表，依据导购图可以很容易地找到要买的商品；走进图书大厦，电子点读仪能帮助我们从浩瀚的图书中顺利地找到需要借阅或购买的图书。这难道不是分类的好处吗？

张明：😑，对呀，原来我也一直在使用分类的知识呢。不过，在学习一种物质的性质时采用分类的方法有什么好处吗？

刘欣欣：😃，当然了。面对众多的物质，我们不可能对每一种物质的性质都漫无边际地猜测，可以先判断该物质属于哪一类，然后再与同类别的已知物质进行类比，这样就缩短了研究物质性质的过程，同时也加快了科学发展的步伐。比如：我们要研究硫元素各个价态所对应物质的性质，就要先将其进行分类：含有硫元素的物质包括单质、氧化物、酸、碱和盐，然后根据我们已有的知识对其性质进行预测。谁来预测一下单质硫、二氧化硫可能具有哪些化学性质？

张明：我来试试。硫是一种非金属单质，在非金属单质中，我们已经学习了氧气、氯气等物质，这些物质可以与氢气反应，与金属单质反应，因此硫也可能具有相似的性质，所以在探索硫的性质时，我们主要从这两个方面进行就可以了。你别说，还真是省事不少。

浩天：我来预测一下二氧化硫的性质。从组成上看，二氧化硫与二氧化碳相似，二氧化碳是一种酸性氧化物，可以与水反应生成碳酸，与氢氧化钠反应生成碳酸钠，因此我猜测二氧化硫可以与水反应生成酸,可以与碱反应生成盐和水。二氧化硫与二氧化碳会完全一样吗?

老师:浩天提的问题很好,我们对物质进行分类的目的,是为了确定研究方向,缩小研究范围,避免无目的地猜测。但也不能因类别相似,就将思维固守于一点,还要在研究过程中勇于质疑。二氧化硫确实还有自己特有的性质,这一点我们以后就能学到。

主持人:听了刚才同学们的发言,真是受益匪浅。我过去也没有认识到分类的好处,现在才发现分类不仅有利于物质性质的探索,而且在生活中也给我们带来了很大的方便,确实不可小视,不能因为其简单就认为没有价值,豆包也是干粮。

# 再谈离子共存

畅聊吧的斑竹在BBS论坛上发了一个帖子:"本人欲对离子共存问题进行归纳总结,希望本论坛各路高手共同支招。"为支持斑竹工作,各路高手纷纷跟帖。

华山论剑:以往我们遇到的基本上是复分解型的离子反应,因此离子之间只要能够生成水、气体或沉淀就不能大量共存,其实离子之间还可以因为发生氧化还原反应而不能共存。如 $Fe^{2+}$、$S^{2-}$、$SO_3^{2-}$、$I^-$ 等具有较强的还原性,而 $MnO_4^-$、$Fe^{3+}$ 等则具有较强的氧化性,这些离子在溶液中就不能大量共存。

【例1】在溶液中加入过量 $Na_2O_2$ 后仍能大量共存的离子组是(　　　)。

A. $Ag^+$、$Ba^{2+}$、$Cl^-$、$NO_3^-$　　　　B. $K^+$、$Na^+$、$Cl^-$、$SO_4^{2-}$

C. $K^+$、$Mg^{2+}$、$NO_3^-$、$Cl^-$　　　　D. $Na^+$、$Cl^-$、$NO_3^-$、$SO_3^{2-}$

【分析】本题主要从两方面考虑:一是考虑 $Na_2O_2$ 的氧化性,溶液中具有还原性的离子不能共存,如选项 D 中的 $SO_3^{2-}$;二是 $Na_2O_2$ 溶于水后呈碱性:$2Na_2O_2 + 2H_2O = 4NaOH + O_2\uparrow$,选项 B 中的 $Mg^{2+}$ 不能与 $OH^-$ 共存。其次,选项 A 中的 $Ag^+$、$Cl^-$ 因反应生成 AgCl 沉淀而不能共存。答案为 B。

虚空道长:我认为华山老兄的题目很好,但题干信息过于单一,我来提供一个题干信息各不相同的题目,大家共享一下。

【例2】在下列溶液中,各组离子一定能够大量共存的是(　　　)。

A. 使酚酞试液变红的溶液:$Na^+$、$Cl^-$、$SO_4^{2-}$、$Fe^{3+}$

B. 使紫色石蕊试液变红的溶液:$Fe^{2+}$、$Mg^{2+}$、$MnO_4^-$、$Cl^-$

C. 含大量 $Na^+$、$Cl^-$ 的溶液:$K^+$、$Ba^{2+}$、$Cl^-$、$Br^-$

D. 碳酸氢钠溶液:$K^+$、$SO_4^{2-}$、$Cl^-$、$H^+$

【分析】A 中使酚酞溶液呈红色的溶液必定为碱性溶液,则 $OH^-$ 与 $Fe^{3+}$ 不能共存;B 中使紫色的石蕊试液变红的溶液呈酸性,$MnO_4^-$ 在酸性溶液中具有强氧化性

与 $Fe^{2+}$ 不能共存;选项 C 中离子之间无反应发生,均能共存;选项 D 中 $HCO_3^-$ 与 $H^+$ 不能共存。答案为 C。

独孤求败:各位大侠纷纷出手,我也不能再潜水了。各位提供的离子共存问题虽然条件有所变化,但均属于定性判断,其实离子共存问题也可以通过定量计算的形式出现。

【例3】今有一混合物的水溶液,只可能含有以下离子中的若干种:$K^+$、$HCO_3^-$、$Cl^-$、$Mg^{2+}$、$Ba^{2+}$、$CO_3^{2-}$、$SO_4^{2-}$,现取三份 100 mL 溶液进行如下实验:

(1) 第一份加入 $AgNO_3$ 溶液有沉淀产生。

(2) 第二份加足量盐酸溶液加热后,收集到气体 0.04 mol。

(3) 第三份加足量 $BaCl_2$ 溶液后,得干燥沉淀 6.27 g,经足量盐酸洗涤、干燥后,沉淀质量为 2.33 g。根据上述实验,以下推测正确的是(　　　)。

A. $K^+$ 一定存在　　　　　　　　B. 100 mL 溶液中含 0.01 mol $CO_3^{2-}$

C. $Cl^-$ 一定存在　　　　　　　　D. $Ba^{2+}$ 一定不存在,$Mg^{2+}$ 可能存在

【分析】由(1)知,能与 $AgNO_3$ 溶液反应生成沉淀的可能有 $Cl^-$、$CO_3^{2-}$、$SO_4^{2-}$,据(2)知生成的气体为 $CO_2$,据(3)知:溶液中含有 0.01 mol $SO_4^{2-}$ 和 0.02 mol $CO_3^{2-}$,$Ba^{2+}$、$Mg^{2+}$ 不会存在;由于(2)中生成的气体共 0.04 mol,因此溶液中必定含有 0.02 mol $HCO_3^-$;$Cl^-$ 可能存在,溶液中的阳离子只有 $K^+$,故 $K^+$ 一定存在。答案为 A。

斑竹:各位大侠可谓仁者见仁,智者见智,在此一并表示感谢。

# 再谈分类

:大家好,我是扎库米。本届世界杯中南非惨败,我非常郁闷,过去的事情就让它过去吧。刚开始学习分类的时候,还觉得太简单,不屑一顾,现在发现,分类的用途太大了,不仅可以帮助我们学习物质的性质,而且还能帮助我们掌握化学反应的有关知识。

:我是维利。作为第一个世界杯吉祥物,俺再来秀一把。俺要来个有奖问答,谁答得好,就奖励他一个嗡嗡塞拉(南非足球迷用于助威的大喇叭)。问题一:$NO_2$ 是酸性氧化物吗? $Na_2O_2$ 是碱性氧化物吗? 问题二:铜能导电,铜是电解质吗? 问题三:化合反应都是氧化还原反应吗? 氧化还原反应都是离子反应吗?

:我来回答第一个问题。$NO_2$ 不是酸性氧化物,$Na_2O_2$ 也不是碱性氧化物。

因为酸性氧化物或碱性氧化物是指与碱或酸反应生成盐和水的氧化物,而 $NO_2$ 和 $Na_2O_2$ 与碱或酸溶液反应时,除生成盐和水外,还有气体生成。非金属氧化物及金属氧化物不都是酸性氧化物或碱性氧化物,同样酸性氧化物也不一定都是非金属氧化物,$Mn_2O_7$ 也是酸性氧化物,但碱性氧化物一定是金属氧化物。

:扎库米果真厉害,不仅回答了问题,还进一步从元素组成的角度对酸性氧化物及碱性氧化物进行了区别,奖励一个嘻嘻塞拉。

:格里奥六世来也!我来回答第二个问题。无论是电解质还是非电解质,都必须是化合物,当然也必须是纯净物。金属单质虽然能导电,但是它不属于化合物,因此既不是电解质,也不是非电解质。同样对于氯化钠溶液也是如此,虽然氯化钠溶液能导电,但它是一种混合物,只能称其为电解质溶液,氯化钠才是电解质。也就是说,只有化合物才可以非此(电解质)即彼(非电解质)。

:👍。奖励一个嘻嘻塞拉!

:今天真是世界杯吉祥物的聚会呀!看着各位的精彩发言,我们 Atmo 精灵也来参与一下。初中时我们学习了四种基本反应类型,从电子转移的角度来看,四种基本反应类型与氧化还原反应有图 1 所示关系:

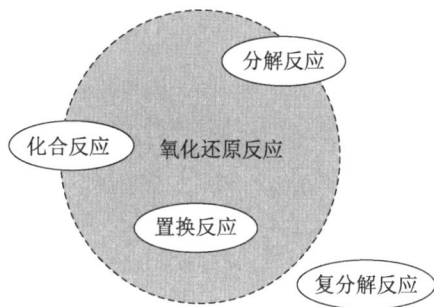

图 1

从是否有离子参与这个角度来看,只要有离子参与的反应均可以看作是离子反应,主要类型有:

(1) 复分解反应,如:$Ag^+ + Cl^- = AgCl\downarrow$

$CaCO_3 + 2H^+ = Ca^{2+} + H_2O + CO_2\uparrow$

(2) 有离子参加的置换反应,如:$Zn + 2H^+ = Zn^{2+} + H_2\uparrow$,$Fe + Cu^{2+} = Fe^{2+} + Cu$

(3) 有离子参加的化合反应,如:

$$Fe+2FeCl_3 =\!\!=\!\!= 3FeCl_2 \text{ 即 } Fe+2Fe^{3+} =\!\!=\!\!= 3Fe^{2+}$$

$$2FeCl_2+Cl_2 =\!\!=\!\!= 2FeCl_3 \text{ 即 } 2Fe^{2+}+Cl_2 =\!\!=\!\!= 2Fe^{3+}+2Cl^-$$

（2）、（3）中所发生的反应同时也属于氧化还原反应。分解反应是指由一种物质生成两种或两种以上物质的反应，中学阶段所接触到的分解反应与离子反应之间没有交集。

:人才辈出啊！走喽，今晚有巴西的比赛，我们一起去助威！

# 金属性质大比拼

主持人：今天我们畅聊吧里来了五位嘉宾：钠、镁、铝、铁、铜，今天可以说是金属家族的一次聚会，五位将在这里进行一场性质大比拼，掌声欢迎。

我们知道，金属家族有许多共同点，比如在物理性质上，大多数具有金属光泽，有良好的导电性和导热性，并且有良好的延展性，除了汞在常温时为液态外，其他金属单质常温时都呈固态；密度及熔、沸点相差则比较大，有的不到 100 ℃，有的则高达 3000 ℃。下面请各位对自己再做一些详细介绍，让各位观众能对金属的性质有更深入的了解。

钠：大家好，我是金属钠。我是一种银白色金属，密度小于水，熔点只有 97.8 ℃，比较低，并且质软，将我从煤油中取出并擦干后，可以放在玻璃片上直接用小刀切割。观众朋友可能比较疑惑，我为什么生活在煤油中，而不是像人家镁、铝、铁、铜，可以直接坐在"沙发"上，这主要是因为我是一种非常活泼的金属，如果把我放在空气中，我就会迅速被氧气氧化，变成氧化钠，或者与空气中的水蒸气反应生成氢氧化钠，我可是一种很强的还原剂哦。

镁：在活泼性上我确实不如钠，但我也有自己的特点。我也是一种银白色的金属，质软，熔点较低，我虽然不如钠活泼，但也属于活泼金属，想必大家在初中就见识过我在空气中燃烧的壮丽景象，我可以直接与氧气反应产生大量的热，工业上利用这一性质把我制成焊条，进行金属的焊接和切割。我虽然不能与冷水直接反应，但可与盐酸、硫酸等溶液反应生成氢气。

铁：说到与水反应，钠老弟不要太神气，我也可以与水蒸气反应生成四氧化三铁和氢气。我是铁，一种人类最常用的金属，我除了可与水蒸气反应外，还可以与盐酸等反应置换出氢气，与盐溶液反应置换出活动性不如我的金属。古人云：曾青得铁则为铜。

铜：既然铁兄弟提到了我，我就介绍一下我自己。大家应该对司母戊鼎不陌生，那就是我们铜做的，现在我们已经不被用来制钱币了，主要在电力行业大显身手。我不是一种活泼金属,因此可以在自然界中以单质形式存在,不能与盐酸等反应生成氢气。

铝:说到特色,我认为非我莫属。我也是一种活泼金属,为什么我可以稳定存在呢?这要从我身上的外套说起,我的外套是一层致密的氧化铝保护膜,它可以阻止内部的铝继续被氧化,家里用的铝锅之所以可以烧水、炒菜,就是氧化膜在起作用,不过你可不能经常用铁丝球来擦洗哦。另外,钠、镁、铁可以与酸反应生成氢气,我不仅能与盐酸反应生成氢气,而且能与氢氧化钠溶液反应生成氢气,这是它们四个所不具有的。

主持人:五位嘉宾的精彩发言令我们眼界大开,综合起来看,金属的化学性质主要体现在这样几个方面:① 活泼金属通常易失电子,是化学反应中重要的还原剂,通常可与非金属单质(氧气、氯气等)、酸、盐溶液等反应;② 不活泼金属通常性质稳定,容易被冶炼。掌声欢送五位嘉宾。

# 浒苔来临

主持人:在我们节目开始前,请大家先看一张图片:这是在青岛栈桥拍摄到的一张照片,浒苔再一次来到了青岛。浒苔已经连续四年光临青岛海域,这不能不引发我们的深思。今天我们畅聊吧的主题就是与浒苔有关的环境污染问题,做客畅聊吧的嘉宾有环保局张工程师及渤海中学的部分师生。

张工程师:同学们好。夏季来临,海水浴场本应是广大市民纳凉休闲的好去处,可我市有部分海水浴场已经出现了浒苔。不知道同学是否还记得太湖蓝藻事件,这实际是大自然敲响了沿湖、沿海生态环境恶化的警钟,说明湖、海沿岸人类的经济活动已经让生态环境变得相当脆弱。浒苔及蓝藻的形成,均与人类过度排放氮和氨有关。我们以浒苔为例,浒苔作为一种附着在岩石或者其他附着物上的定生海藻,一直在黄海中南部沿海的潮间带或者潮下带存在。而在人类排放氨氮量增加的条件下,就形成大量漂浮浒苔;加上黄海中南部沿海滩涂近年来大规模的海水养殖,使海水中氨氮量进一步增加,造成海水富营养化,在春、夏季合适的光照和温度条件下,形成大规模的漂浮浒苔。

张丽:张工程师,在自然界中不是一直存在着氮的循环吗?为什么以前没有在沿海、沿湖地区出现浒苔、蓝藻这样的现象呢?

张工程师:在自然界中,进入生态系统的氮,经过生物、工业和大气等固氮过程被固定为氨或氨盐,经过硝化作用转化成硝酸盐或亚硝酸盐,然后被植物吸收利用,并转化为氨基酸、蛋白质。于是氮素进入生态系统的生产者有机体中,进一步为动物取食,转变为含氮的动物蛋白质。动、植物排泄物或残体等含氮的有机物经微生物分解为二氧化碳、水和氨气又返回环境，$NH_3$ 可被植物再次利用，进入新的循环。但是随着工业、农业的发展以及人类生活的进步，人们对氮的需求及排放量都超出了大自然的调节能力范围，因此才会出现水体富营养化。

刘明：张工程师，请问与氮元素有关的环境污染问题还有哪些？

张工程师：还有光化学烟雾。光化学烟雾主要是由汽车和工厂烟囱排出的氮氧化合物和碳氢化合物，经太阳光中的紫外线照射而生成的一种毒性很大的浅蓝色烟雾。光化学烟雾对人和动物的主要伤害包括眼睛和黏膜受刺激，出现头痛、呼吸障碍、慢性呼吸道疾病恶化、儿童肺功能异常等。

主持人：地球是我们唯一的家园，可是我们却没有善待地球，温室效应、酸雨、水体富营养化、光化学烟雾等，这些都是人类社会在前进的过程中对自然界的破坏造成的。保护环境，从我做起，从身边做起，从小事做起，让我们共同努力，让地球重新美丽！

# 解题方便我先行

主持人：各位观众，大家好，这一期畅聊吧的主题是如何将物质的量应用于化学方程式计算。今天做客我们畅聊吧的嘉宾是光明中学的两位化学老师，他们将利用实例给大家讲解一下物质的量在化学方程式计算中的应用。

张老师：同学们好。提起物质的量，想必大家还记忆犹新，初学时令不少同学感到头痛。我们引入物质的量，不仅可以建立宏观与微观的桥梁，而且可以简化化学方程式的计算。我们知道，化学方程式中各物质的化学计量数之比等于各物质的物质的量之比，因此，将物质的量、摩尔质量、气体摩尔体积应用于化学计算时，对于定量研究化学反应中各物质之间的量的关系非常方便。

【例1】对于反应 $2CO+O_2 \xrightarrow{\text{点燃}} 2CO_2$，消耗 2.4 g 氧气时，生成二氧化碳（标准状况下）的体积是多少？

【解析】在这个题目中，我们已知的量是氧气的质量，欲求的量是二氧化碳的体积，因此我们需要通过方程式建立氧气与二氧化碳之间的对应关系，然后再求解。

根据反应方程式：$2CO+O_2 \xrightarrow{\text{点燃}} 2CO_2$，

$$
\begin{array}{cc}
32\ g & 44.8\ L \\
2.4\ g & V(CO_2)
\end{array}
$$

$$\frac{32\ g}{2.4\ g} = \frac{44.8\ L}{V(CO_2)}$$

$$V(CO_2) = 3.36\ L$$

所以生成二氧化碳（标准状况下）的体积是 3.36 L。

同学们可以看到,在这个题目中我们没有先求出二氧化碳的质量,然后再求二氧化碳的体积。因为 44.8 L 二氧化碳与 32 g 氧气是一个相对应的量,所以可以直接求出,这样就简化了计算步骤。

同学甲:老师,我想问一下,我们在用质量进行计算时用到的一些解题技巧,比如差量法,还可以使用吗?

刘老师:当然可以了。差量法不仅适用于质量差,而且适用于物质的量差或体积差。

【例 2】张明在实验室做氢气还原氧化铜的实验,向 40 g 氧化铜中通入氢气并加热。一段时间后,称得反应后固体的质量为 34 g,求通入的氢气的物质的量。

【解析】由于只是通入氢气一段时间,因此氧化铜不一定完全被还原,34 g 固体既可能完全是铜,也可能是铜与氧化铜的混合物,因此不能直接利用题中的两个数据进行计算,可以利用反应前后减少的固体质量来计算。

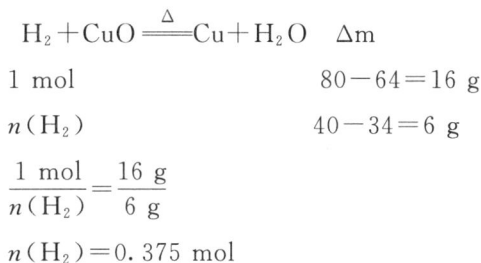

$$H_2 + CuO \xrightarrow{\Delta} Cu + H_2O \quad \Delta m$$

$$1 \text{ mol} \qquad\qquad\qquad 80-64=16 \text{ g}$$

$$n(H_2) \qquad\qquad\qquad 40-34=6 \text{ g}$$

$$\frac{1 \text{ mol}}{n(H_2)} = \frac{16 \text{ g}}{6 \text{ g}}$$

$$n(H_2) = 0.375 \text{ mol}$$

通过计算我们会发现,氧化铜实际被还原的只有 30 g,因此最后剩余的 34 g 固体中应含有 10 g 氧化铜及 24 g 铜。

主持人:通过两位老师的分析,我们发现,将物质的量应用于化学方程式计算后,不仅可以直接求出我们所需要的量,并且由于化学方程式中各化学计量数都是简单的整数,数字简单,不容易出错。同时我们在解题时需牢记八个字:"上下一致,左右对应。"即上下单位要一致,左右单位要根据化学计量数互相对应。再次感谢两位老师!

# 方法与结论同样重要

斑竹:各位同学,大家好。光阴荏苒,转眼间我们就要期中考试了,特此请各位大侠就如何做好前两章的复习,畅所欲言,仁者见仁,智者见智。

令狐冲:光阴荏苒?斑竹该不是语文课代表吧。我先来抛砖引玉一下,第一、二两章包含的知识很多,概括起来,可分为三类:以钠、氯、铁为代表的元素化合物知识;以电解质、氧化还原反应为代表的化学基本理论;以物质的量为代表的化学计算。我重点说一下如何进行元素化合物知识的复习。我认为与前面学习新课不同的是,我们不能单纯靠记忆来复习,而是要结合已经学到的离子反应、氧化还原反应等知识,从理论上进一步对其归纳、理解。也就是说,掌握方法与记住结论同样重要。以钠、氯、铁及其化合物为例,我们复习时可从三个角度进行。首先,从氧化还原角度:钠的化学性质主要体现还原性,因此钠可以与氯气、氧气、硫等氧化剂反应,也可以与水、酸发生置换反应。氯气的化学性质主要体现氧化性,因此氯气可与活泼金属或不活泼金属发生氧化还原反应。由于氯是多价态元素,因此氯气还可以自身发生氧化还原反应,如氯气与水、碱的反应。对于以上两种物质,我们需要特别注意三点:① 钠与盐溶液的反应不是简单的置换反应;② 氯气做氧化剂时,1 mol 氯气未必一定转移 2 mol 电子;③ 氯气与变价金属反应时,可将其氧化成较高价态。对于不同价态铁元素之间的转化,从氧化还原反应的角度更容易掌握。简单来说,"变二价铁易,变三价铁难",也就是说,不论是单质铁,还是二价铁,要想转变成三价铁,往往需要强氧化剂才能实现。其次,从实验角度:元素化合物知识离不开实验,我们需要重点掌握钠与水反应,氯气与铜、氢气、水反应,$Fe^{2+}$、$Fe^{3+}$ 的检验三组重要实验。最后,从离子反应的角度:在熟练掌握化学方程式的基础上,复习阶段就可以结合离子反应的知识来书写与钠、氯、铁有关的离子反应式了。

任盈盈:灵狐大哥所言极是。化学基本概念及理论,因其抽象难懂,一直以来为大家所头痛的问题。学习化学理论,重在理解,单纯死记硬背是不行的。比如对于电解质的学习,只需要把握以下三点:① 无论是电解质还是非电解质,都必须是化合物,单质或混合物既不是电解质,也不是非电解质;② 电解质须自身电离产生自由移动的离子;③ 电解质的强弱与溶解度大小、导电能力强弱无必然联系。对于氧化还原反应,也需注意三点:① 掌握氧化剂、还原剂、氧化反应、还原反应等概念;② 能利用电子守恒进行简单计算,如计算反应过程中转移的电子数,或者是判断反应后某元素的化合价变化;③ 能利用反应方程式进行氧化性、还原性的简单判断。对于胶体,不必挖掘的过于深奥,只需要了解胶体的本质特征、胶体与溶液的鉴别方法及胶体在生活中的应用即可。

风清扬:我来说说物质的量吧。想必大家初学物质的量时,对这个名字感到非常拗口,现在我们应该好多了。物质的量是一个描述微观粒子集体的名词,对于物质的量的相关复习,我们也要抓住三点:① 把阿伏伽德罗常数与电子转移、微粒数目计算等联系起来;② 气体摩尔体积 22.4 L/mol 的使用范围:气体、标准状况;③ 掌握有关物质的量浓度的简单计算及物质的量在化学方程式计算中的应用。

斑竹:三位大侠言谈中就把这两章的重点内容告诉了我们,这些分享使我们不仅掌握了知识,而且了解了学习这些知识的方法,避免在复习中走弯路。希望在今后的学习中有更多同学把自己的学习心得、秘诀拿来共享一下。谢谢!

# 弼马温智闯"铝"门关

话说弼马温因被天帝小觑,一怒之下大闹天宫,无奈,天帝只好请出了如来佛祖。弼马温欲找佛祖理论一下是非曲直,不料在须弥山山腰上遇到了佛祖的四大护法。

"站住!我乃佛祖座前护法,欲见佛祖,须回答我一个问题。"弼马温定睛一看,原来是一位身着银白色铠甲、手持琵琶的天神。弼马温自恃通晓百科全书,心想,还有什么问题能难倒我?于是双手抱拳道:"天神请讲。""我乃金属铝,如果你能说出我有什么特点,我就放你过去。"

弼马温心中窃喜:"佛祖高明,连护法天神都懂化学!这个问题难不倒我。"稍加思索,脱口而出:"铝乃地壳中含量最高的金属元素,与众不同之处在于既能与酸反应显示金属性,又能与碱溶液反应显示非金属性,反应方程式分别为:$2Al + 6HCl = 2AlCl_3 + 3H_2 \uparrow$,$2Al + 2NaOH + 2H_2O = 2NaAlO_2 + 3H_2 \uparrow$。"天神佩服,挥手放行。

继续前行,来到一座小桥前,见一中年男子正在此舞剑,弼马温赶忙上前询问:"敢问天神,我有事询问佛祖,如何才能见到?"男子凝视片刻,说:"我就是佛祖的护法之一,今天你想跨过此桥,须回答我一个问题。我是氧化铝,请说出我有哪些性质。"

又一个化学护法!"天神且听我来讲,从组成上看,氧化铝是一种金属氧化物,但在化学反应中却与氧化镁等金属氧化物有所不同。首先,氧化铝可以与酸反应生成盐和水:$Al_2O_3 + 6HCl = 2AlCl_3 + 3H_2O$。其次,氧化铝还可以与碱反应生成盐和水:$Al_2O_3 + 2NaOH = 2NaAlO_2 + H_2O$,因此我们把氧化铝称之为两性氧化物,而氧化镁只能与酸反应,故氧化镁属于碱性氧化物。"

"这么说,此前你见到的铝也是一种两性物质了?"

"NO!两性物质必须与酸、碱反应均生成盐和水,铝虽然既能与酸反应,又能与碱反应,但产物并不是盐和水,况且铝也不是直接与碱反应,因此我们只能说铝既有金属性,又有非金属,而不能说铝是一种两性物质。"

"'路漫漫其修远兮,吾将上下而求索。'总算离佛祖又近了一步,不知道前面会遇到哪位护法?"弼马温边走边自言自语。转过一条山路,弼马温看到前面大树下一玉树临风男子手持宝伞,正吟诗诵词。"阁下想必也是佛祖护法,我欲拜访佛祖,请天神予以放行。"

天神收起宝伞,沉思片刻:"弼马温,佛祖早知你要来,令我等在此等候,只要你能回答出我的问题,就可以让你通过。我是氢氧化铝,如果你能回答出我有哪些性质,就能从我这里拿到最后一张通行证。"

"天神,俺老孙一路过关斩将,这个问题难不倒俺。您所属的类别应该是两性氢氧化物,因为您既可以与酸反应生成盐和水,又可以与碱反应生成盐和水,反应的离子方程式分别为：$Al(OH)_3 + 3H^+ = Al^{3+} + 3H_2O$，$Al(OH)_3 + OH^- = AlO_2^- + 2H_2O$。在这一点上，您与氧化铝非常相似。"

正说着，一个胳膊上挂着小蛇的护法飘然而至："看来只有我的问题能难倒他了。弼马温，我来问你，你有哪些方法可以将铝转化成氢氧化铝？"

弼马温："我有两个方案，分别如下：

方案一：$Al \xrightarrow{盐酸} AlCl_3 \xrightarrow{NaOH} Al(OH)_3$；

方案二：$Al \xrightarrow{NaOH} NaAlO_2 \xrightarrow{盐酸} Al(OH)_3$。

天神稍皱眉头："你果真觉得这两个方案很好吗？再给你最后一次机会？"

"不好，差点功亏一篑。我忘记了氢氧化铝具有两性这一特点了，如果这样制取的话，很难控制加入的酸、碱的量，会导致沉淀部分溶解，不过如果将第一个方案中加入的碱换成氨水，将第二个方案中加入的盐酸换成碳酸的话，问题就解决了。"

两位护法齐声说道："弼马温，你有什么冤屈，找佛祖说去吧。"

弼马温一个跟斗云翻走了。

# 海洋元素——溴

豆豆喜欢看希腊神话故事，宙斯、普罗米修斯、雅典娜……一个个人物让豆豆着迷。这不，豆豆又抱着书睡着了，睡梦中，豆豆来到了一座充满奇幻的城堡。

在城堡里，豆豆发现了一个盒子，难道这就是潘多拉的魔盒吗？好奇的豆豆打开了盒子，发现里面放着一个小瓶子，用塞子紧紧地塞着，豆豆将瓶盖用力拔起，只见一股红棕色的气体从瓶子里面飘了出来，还伴有一股恶臭味，豆豆顿时觉得一阵恶心。这时，一位老者跑过来将豆豆拖走："孩子，你这样做太危险了。"

豆豆：老爷爷，这真的是潘多拉的盒子吗？从里面逸出的就是灾难吗？

老爷爷捋捋胡子，笑了：孩子，这不是奥林匹斯山，这是化学博物馆，我是化学家李比希，你打开的也不是潘多拉的盒子。当年有人把一瓶取自德国克鲁兹拉赫盐泉的红棕色液体样品交给我鉴定，可我并没有进行细致的研究，就断定它是"氯化碘"。几年后，法国的巴拉尔也发现了这种红棕色液体，经过仔细研究后将其命名为溴。我对自己的行为感到后悔，于是就把那瓶液体放进一个柜子，并在柜子上写上"耻辱柜"来警示自己。

豆豆：李比希爷爷，溴有什么用处吗？

李比希：当然了，溴的用途可大了。照相中的感光剂，其成分是溴化银。当你"咔嚓"按下快门的时候，相片上的部分溴化银就分解出银，从而得到我们所说的底片。我们现在经常提到臭氧空洞，是由制冷剂氟利昂造成的，人们现在已经研制出了溴化锂制冷技术，以减轻氟利昂带来的污染。溴在有机合成、医药、农药中也是很有用的一种元素，比如现在医院里普遍使用的镇静剂，大家熟悉的红药水，以及农业杀虫剂的原料中都含有溴元素。

豆豆：用途真是很广泛啊，那溴在自然界中就有吗？

李比希：溴在地壳中含量只有 0.001％，而且没有集中形成矿层，无法开采。而海洋中溴的浓度虽然仅有 0.0067％，但它的储量却占地球上溴的总储量的 99％。因而人们所需求的溴几乎都取自海洋，这也是溴被称为"海洋元素"的原因所在。溴在海洋中，大多是以可溶的化合物形式如溴化钠、溴化钾等存在。你说，怎样从海水中将溴提取出来呢？

豆豆：我想想，从海水中提取溴，首先要使溴从化合物中脱离出来，变成单质状态的溴。我们可以往海水中通氯气，让氯气置换出溴。可是，得到的溴不还是在海水中吗？

李比希：是的，此时的溴仍然在海水中，我们可以想办法让它出来啊，你刚才打开瓶塞的时候不是已经发现了吗，溴是容易挥发的一种物质，我们可以向海水中通入热的空气或水蒸气，使它跑出来，再经过几道工序，就能得到溴的液体了。

听了李比希爷爷的一番介绍，豆豆觉得化学博物馆太神奇了，看到前面有个发光的大家伙，禁不住跑去一看，原来太阳出来了。

# 非金属元素复习方略

斑竹：各位大侠，本期畅聊吧的主题是非金属元素的性质。对于非金属元素，我们主要学习了氯、碳、氮、硫四种，如果单独记忆每一种元素及其主要化合物的性质，就会感觉知识繁杂、无序，如果能对这些知识进行有效整合，则可以起到以点带面、点面结合的效果。期望通过今天的座谈，能对我们每一位同学系统掌握非金属元素的性质有所帮助。希望各位大侠多多介绍经验！

豆豆：斑竹所言极是。我在学习非金属知识的时候，就感觉很麻烦，这么多物质，这么多性质，记起来感觉很头大，确实非常盼望能将知识系统化。

米奇：我认为学习非金属元素时，可以从氧化还原反应的角度进行整合。我们知道，大多数非金属元素有多种化合价，这些不同价态物质之间的转化，本身就是一个被氧化或被还原的过程，因此复习时首先要有一个转化的思想，寻找转化的路线及转化的条件。

$$H_2SO_4 \quad Br_2 \quad I_2 \quad CuCl_2 \quad FeCl_3 \underset{Fe}{\overset{Cl_2}{\rightleftharpoons}} FeCl_2$$

$$\underset{①}{SO_2} \quad NaBr \quad \underset{②}{KI} \quad Cu \quad \underset{③}{Fe} \qquad Fe$$

$$NaClO \xleftarrow{NaOH④} Cl_2 \underset{MnO_2 ⑥}{\overset{⑤ H_2}{\rightleftharpoons}} HCl \overset{NH_3}{\underset{浓H_2SO_4}{\rightleftharpoons}} NH_4Cl$$

$$NaOH \quad H_2O⑧ \quad Ca(OH)_2 \quad ⑦电解熔融盐 \quad Na \quad NaOH \quad AgNO_3 \quad AgNO_3$$

$$O_2 \xleftarrow{⑨} HClO \xleftarrow{CO_2+H_2O \atop ⑩} Ca(ClO)_2 \qquad NaCl \xrightarrow{AgNO_3} AgCl$$

C → CO → CO$_2$ → Na$_2$CO$_3$，NaHCO$_3$ ⇌ Na$_2$CO$_3$

S, O$_2$, SO$_3$, SO$_2$, H$_2$, H$_2$S, Cu, H$_2$SO$_4$, O$_2$, H2O

$$铵盐 \underset{OH^-}{\overset{H^+}{\rightleftharpoons}} \underset{-3}{NH_3} \underset{H_2}{\overset{O_2}{\leftrightarrow}} \underset{0}{N_2} \xrightarrow{O_2} \underset{+2}{NO} \xrightarrow{O_2} \underset{+4}{NO_2} \overset{H_2O}{\underset{Cu,稀硝酸}{\rightleftharpoons}} \underset{+5}{HNO_3}$$

Cu,浓硝酸

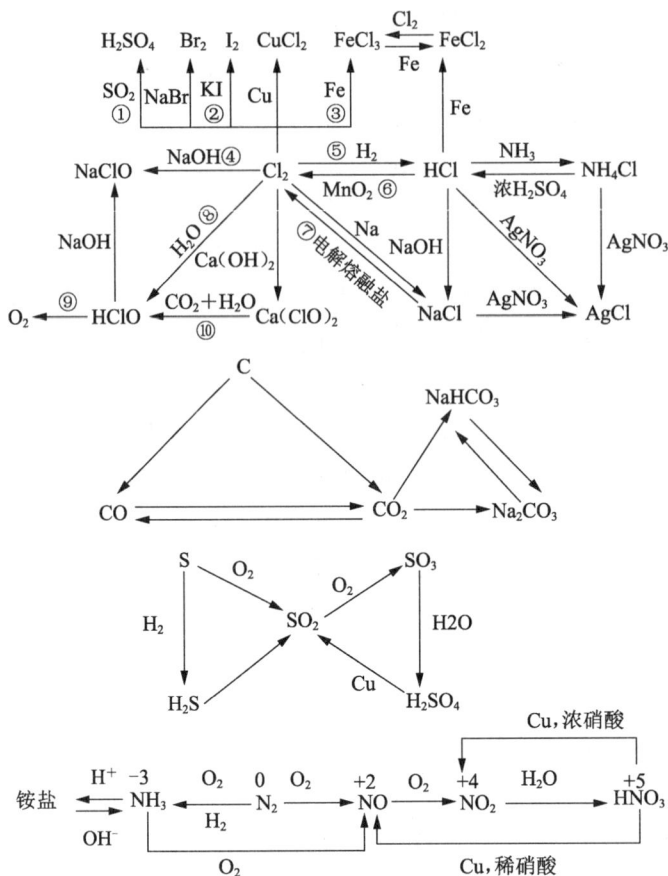

图 1　碳、硫、氮、氯元素的转化路线图

以氮元素为例，在氮元素的转化路线图中，每一个节点就是我们学习过的一个重要的含氮物质，通过这个转化路线图，把六种物质由单独的点连成了面。由上述转化路线图可以看出，−3价是最低价态，只有还原性，在氧化剂作用下，可以转化成氮气或其他氮的化合物；+5价是最高价态，只有氧化性，在还原剂作用下，可以转化成较低价态的氮的化合物；0、+2、+4价的氮元素处于中间价态，既可以被氧化，也可以被还原。

巴斯：非常认同米奇的观点。我认为转化路线图同时给我们提供了很多信息：在以上转化路线图中，都存在一个连续氧化的过程：$NH_3 \rightarrow NO \rightarrow NO_2$，$C \rightarrow CO \rightarrow CO_2$，$S \rightarrow SO_2 \rightarrow SO_3$。这些转化关系经常成为推断题的突破口。

胡迪：我认为在学习非金属元素的性质时，还不能忽视一些不在转化路线图中的性质，如二氧化硫的漂白性、实验室多种制取氨气的方法、硫酸根的检验等。另外，在知识的整合过程中不能忽视实验的作用，如硝酸与金属的反应经常出现在探究性实验中。

【案例】如何连接图 2 提供的仪器、药品,以验证由铜和适量浓硝酸反应产生的气体中含 NO(仪器可选择部分使用,$N_2$ 和 $O_2$ 的用量可自由控制)。

已知:① $NO+NO_2+2OH^- \rightarrow 2NO_2^-+H_2O$;② 气体液化温度:$NO_2$　21 ℃　 NO　−152 ℃

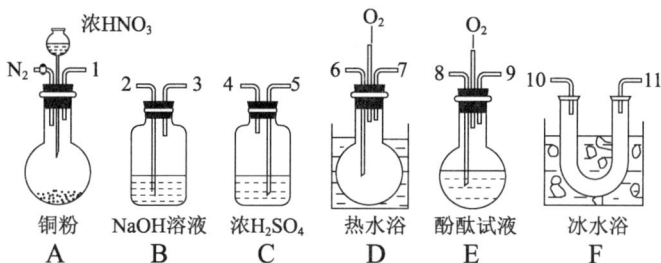

图 2

【解析】本实验的目的是验证由铜和适量浓硝酸反应产生的气体中含 NO。首先根据实验目的分析各装置的作用:装置 A 用来产生 NO 气体;装置 B 用来进行尾气吸收,反应方程式为:$4NO_2+O_2+4NaOH=4NaNO_3+2H_2O$;C 是干燥装置,除去水蒸气;D 中通入氧气,并浸在热水浴中,是为了进行 NO 到 $NO_2$ 的转化,从而验证 NO 的存在;E 装置与 D 装置相似,但盛放的是酚酞试液,对于验证 NO 的存在没有任何价值,属于干扰项;F 采用了冰水浴,目的是为了分离 NO 和 $NO_2$(或使 $NO_2$ 液化)。将各装置的作用分析清楚后,就可以进行仪器连接:按由左到右的顺序,各接口的编号顺序为 1 → 5 →4 →10 → 11 → 6 →7 →2(其中 10 和 11 可颠倒)。

豆豆:不说不知道,一说真明了。谢谢各位大侠!

# 正确理解原子结构中的几组概念

陈老师:同学们,第一章物质结构、元素周期律等知识截至今天我们就学完了。今天的课下作业是反思在学习本章的过程中,有哪些知识令你感觉疑惑,或者学习过程中容易出错,将这些问题提交上来,明天我们在班上进行讨论。

同学们提交的问题如下:

(1)金刚石与石墨、$H_2$ 与 $D_2$ 是否互为同位素?

(2)质量数是原子相对原子质量的近似整数值吗?

(3)在元素周期表中碳元素给出的信息如图 1 所示,其中 12.01 是 $_6^{12}C$ 原子的相对原子质量吗?

| 6 C |
|---|
| 碳 |
| 2s²2p² |
| 12.01 |

图 1

(4)离子键中阴、阳离子之间的静电作用就是静电吸引作用吗?

陈老师:通过提交上来的问题,发现大家感到疑惑的主要是一些概念,我们班共有五个小组，下面大家首先对这些问题进行讨论，然后采用击鼓传花的形式，"花"落谁家，就由这一组的一位同学代表本小组任选一个问题进行分析，每一组所选问题不能重复。

15 min 讨论过后，鼓声响起。各组代表闪亮登场。

二组：我选择第(3)题。一种元素可能有多种原子，每一种原子都有各自的相对原子质量，因此图 1 中所示的相对原子质量并不是某一种碳原子的相对原子质量，而是碳元素的相对原子质量，即各种同位素的相对原子质量的平均值。

五组：二组同学的发言对我很有启发，我来回答第(2)题。原子的相对原子质量是某原子的真实质量与 $_6^{12}C$ 质量的 $\frac{1}{12}$ 的比值，而质量数则是原子中所有的质子的相对质量和所有中子的相对质量的和。由于质子与中子的相对质量近似等于 1，因此质量数等于质子数加中子数，二者是完全不同的概念，所以不能说质量数是相对原子质量的近似整数值，但二者在数值上较接近，即概念不同、数值通用。

三组：我组同学一致认为第(4)题最简单。阴、阳离子之间由于电性相反，具有静电吸引作用，这是不容置疑的，但忽略了电子与电子、原子核与原子核之间还存在排斥作用，故静电作用应该既包括静电吸引，也包括静电排斥，这是二者共同作用的结果。

一组：终于轮到我们回答了。我一直对第(1)题情有独钟。同位素是指质子数相同、中子数不同的同一元素的不同原子。也就是说，同位素的研究对象是原子，而金刚石与石墨、$H_2$ 与 $D_2$ 是单质，不能互称为同位素，可以称之为同素异形体。

四组：我对一组同学的回答有异议。我从一本化学课外书中看到，同素异形体应是由同一种元素形成的不同单质，这里的研究对象是单质，之所以是不同的单质，是因为这些单质的结构不同(异形)，金刚石与石墨的结构不同，二者都是碳的同素异形体，$H_2$ 与 $D_2$ 虽然是同一种元素形成的两种单质，但二者结构相同，不能称之为氢元素的同素异形体。在我们学过的物质中，氧、硫、磷、硅、碳都有同素异形体。

陈老师：同学们的发言非常精彩，四组的同学还将课外知识引进了课堂，加深了我们对概念的理解，今天的讨论可谓"概念越辩越清晰"。希望这种团结合作、敢于质疑的场面在今后的学习中不断出现。

# 控制条件　为我所用

主持人：各位老师、同学，大家好，欢迎大家来到畅聊吧。今天我们畅聊的主题是在化学反应中如何控制反应条件，使得化学反应向有利于化工生产和生活的方向进行。首先我向大家介绍一下来到现场的嘉宾：合成氨厂的张工程师、奋进中学的部分同学，😊。

张工程师：同学们好，非常高兴有机会与各位同学坐在一起交流关于控制化学反应条件的问题。在生活、生产和科学实验中，科学、合理控制化学反应的发生条件和反应速率，可以促进化学反应的发生效果，使化学反应符合或接近人们的预想和期望，我先考大家一个问题，化学反应的快慢除了与反应物的性质有关，还与哪些因素有关？

林琳：反应物自身的性质是影响反应速率的内因，除此以外，反应的快慢还与温度、光照、反应物浓度、接触面积等条件有关，同时加入催化剂也可改变化学反应的速率。

张工程师：这位同学回答得非常好，在化工生产中，确实需要考虑这些问题。比如我们合成氨厂，为了加快氮气与氢气的合成速率，我们就采用了高温、高压、催化剂这样的条件，在反应过程中还不断通入过量的空气，以增大氮气的浓度。同学们能不能举一些我们日常生活中的例子，看看我们都是采取了哪些措施来改变反应速率的？

于晓：夏天我们把食物放在冰箱里，食物就不容易变质。食物变质的过程，就是食物发生化学变化的过程，放在冰箱里冷藏，可以降低温度，减慢食物的变质速率。

张奕非：我们在烧煤的时候，用煤粉代替煤块，可以增大反应物之间的接触面积，有时还用鼓风机向炉膛鼓风，这是增大氧气的浓度，这些方法都可以加快煤与氧气的反应速率。

李杰：妈妈洗衣服时，喜欢用加酶洗衣粉，她说这种洗衣粉洗得干净。我查了一下资料，发现其中的酶就是一种催化剂，酶对污垢有特殊的去污能力，使用加酶洗衣粉可以极大地提高洗涤效果，这说明催化剂可以加快化学反应速率。

赵新怡：钢铁容易生锈，如果我们在钢铁表面涂上一层防锈漆，就可以减少钢铁与空气中的氧气和水蒸气的接触面积，从而减慢钢铁被氧化的速率。

主持人：没想到我们的生活中有这么多与化学反应有关的知识，化学反应真是无处不在啊。有的反应我们需要其速率快一些，有的反应我们则需要其速率慢一些，只要选择合适的反应条件，就可以控制这些反应条件为我们所用。再次感谢张工程师及各位同学！😊。

# 海洋——蓝色的宝库

主持人：各位嘉宾，大家好。今天做客我们畅聊吧的是中科院海洋研究所的张教授及几位致力于海洋化学学习的同学。今天我们谈论的主题是如何进行海洋资源的综合利用，大家可以畅抒己见。

张教授：大家好。我们常说地球是个水球，到处都是水。但是，供人类生存、发展使用的淡水却少得可怜。在全球水量中，97％是又苦又咸、不能饮用、不能灌溉、不能烧锅炉、不能洗涤的海水，3％的淡水的绝大部分又冻结在极地、高山的冰雪中，深埋在地下、悬浮于空气中的淡水也无法直接利用。其结果是，大约只有 0.77％存在于江、河、湖泊、水库和浅地层中的淡水是人类可以利用的。海水淡化是人类追求了几百年的梦想，谁能说出有哪些海水淡化的方法？

王丹：海水淡化的方法目前已经发现了 320 多种，但没有哪一种能做到"物美价廉"。目前常用的方法主要有蒸馏法、电渗析法、离子交换法等，其中蒸馏法比较简单，就是我们在实验室里制备蒸馏水的原理，把海水烧到沸腾，淡水蒸发为蒸汽，盐留在锅底，蒸汽冷凝为蒸馏水，即是淡水。但成本太高，如果以石油为能源，从海水中生产出来的淡水，可能比油还贵。

张教授：是的。如果将海水淡化与化工生产相结合，或者与能源技术相结合，则可以降低成本，取得比较高的经济效益。我们可以从海水中获得哪些宝贝呢？

李娜：我们可以进行海水提溴，溴被称为海洋元素，地球上 99％的溴元素都存在于海水中，我们可以利用氯气先将海水中的溴置换出来，然后利用溴易挥发的特性，用热空气或水蒸气将其吹入吸收塔。

刘浩：我们还可以从海水中获得镁，它可是航空航天事业的主力军，有"国防金属"之美誉。镁在海水中主要以镁离子的形式存在，首先我们可以利用沙滩上的贝壳，制得氢氧化钙，氢氧化钙与镁离子反应得到氢氧化镁，使镁元素富集，然后加入盐酸生成氯化镁，再浓缩得晶体，最后通过电解熔融的氯化镁得到镁。在这个过程中，充分体现了综合利用的原则。比如利用贝壳获得氢氧化钙，将电解后生成的氯气与氢气反应生成盐酸供循环利用，这样既节约了成本，又提高了经济效益。

张教授：刘浩回答得非常好，那氢气怎样获得呢？

徐林：人类对海水的最古老的应用是晒盐，我们可以通过氯碱工业获得氢气，所以说海洋化工往往是互相依附、互惠互利的。

主持人：刚才同学们谈到的应用主要是通过化学反应得到新的物质，除此以外，海洋还能给我们提供什么呢？

林星：海洋还可以给我们提供能源，我们现在使用的能源主要是化石能源。但利用化石能源存在两方面问题：一方面，这些能源不可再生。另一方面还会造成环境污染。我们可以充分利用海洋提供的清洁能源——潮汐能和波浪能，利用不同的海洋能源为人类服务。

张教授：海水的确是一个蓝色的宝库，不过我们在进行海洋综合应用时，一定不能以牺牲环境为代价，否则我们会受到大自然的惩罚。

主持人：今天张教授及各位同学给我们上了生动的一课，让我们对海洋有了深刻的了解。只要我们能合理地开发、利用,它将循环不息地为人类所用,取之不尽,用之不竭,成为人类的重要资源供应地。

# 化学能与热能

学习了化学反应与能量变化之后,高一化学先锋论坛上有人发帖如下:

"各位大侠,本人对化学反应中的热量变化非常感兴趣,很想在论坛上与各位高手就热能问题做进一步讨论。希望各位大侠不吝赐教。"

令狐冲:热能离不开火,我先谈谈火与人类文明发展的关系。在人类文明发展史上,从来没有一项发明能像火影响那么大,从夸父追日到普罗米修斯偷火,从"长明灯"到"拜火教",从钻木取火到火柴的产生,人类文明前进的每一步,火的作用和影响都不容忽视。火的使用使我们的祖先不再茹毛饮血、不再以树叶护身,火的使用使人类的大脑在吃熟食过程中更加发达,使人类更加有智慧。

金蛇郎君:令狐大侠所言极是。火是怎样产生的呢? 不论是大自然送来的森林之火,还是钻木取火,其实都是可燃物燃烧产生的,也就是可燃物通过燃烧这种方式将化学能转化成了热能。

任盈盈:化学能为什么能转化成热能?

金蛇郎君:因为化学反应的本质是旧化学键断裂、新化学键形成。断裂化学键需要吸收能量,形成化学键则需要放出能量,二者能量不同,化学反应就表现出吸热或放热了。

任盈盈:哦。是不是需要加热的反应就是吸热反应,放热反应就不需要加热了?

令狐冲:哈哈。煤燃烧需不需要加热? 煤燃烧是不是一个放热反应? 一个反应是放热反应还是吸热反应,要看反应开始后是吸热还是放热,反应开始前加热只是为了达到发生反应所需要的条件。如铁粉与硫粉混合后加热,待反应开始后撤掉酒精灯,反应会继续进行下去,这说明该反应是一个放热反应,放出的热量可以维持后续反应的进行。

任盈盈:原来如此。是不是只有化学能可以转化成热能呢?

花无缺:当然不是。煤、石油、天然气属于化石能源,且不可再生,随着社会的发展,开采量加剧,人类面临着能源枯竭,这就迫使我们开发其他能源,如太阳能、风能、地热能、海洋能及核能等,这些能量都可以通过适当的方式转化为热能、电能、机械能或化学能。

任盈盈:节约能源,势在必行!

# 吃透概念　对比学习

今天收到了高一5班张明同学发来的一封邮件。

陈老师，您好。

最近我们在学习化学键这一部分知识，学到了离子键、共价键，离子化合物、共价化合物两组概念。在学习过程中，发现学起来容易，应用起来困难。具体表现在无法正确判断概念的正误，如任何物质中均存在化学键吗？静电作用是静电吸引作用吗？氯化铵中存在哪些化学键？希望您能在这一部分的学习中给予指导。

高一5班　张明

张明，你好。

很高兴收到你的来信，下面谈一下我对概念学习的认识。

第一，吃透概念。也就是要抓住概念中的关键词。比如：① 化学键是相邻原子之间强烈的相互作用。关键词之一：相邻。化学键只存在于分子内部或晶体中的相邻原子或离子之间，它是物质稳定存在的根本原因。稀有气体这样的单原子分子中是不可能含有化学键的。关键词之二：强烈。意思是其他原子之间也存在相互作用，但这种相互作用比较弱，不能称之为化学键，所谓"强烈的"是指原子间存在电子得失或共用电子对的偏移。② 离子键是阴、阳离子之间的静电作用。关键词：静电作用。静电作用既包括阴、阳离子之间的静电吸引作用，也包括静电排斥作用，是二者共同作用的合力，而不单纯指静电吸引作用；③ 共价化合物是只含共价键的化合物。关键字：只。意思就是如果一种化合物中同时还含有其他化学键，就不能称其为共价化合物。

第二，对比学习。对比是学习概念的常用方法，下面我们通过列表的方式对比学习离子键和共价键（表1）。

表1

|  | 离子键 | 共价键 |
|---|---|---|
| 成键微粒 | 阴、阳离子 | 原子 |
| 相互作用 | 静电作用 | 共用电子对 |
| 存在物质 | $Al_2O_3$、$NaOH$、$NH_4Cl$、$K_2SO_4$ | $H_2$、$NH_3$、$NaOH$ |

第三，巧断类别。根据定义，由离子键形成的化合物为离子化合物，只含共价键的化合物则为共价化合物。如何快速判断一种化合物是离子化合物还是共价化合物呢？我们可以根据其组成元素快速判断：① 离子化合物中一定含有活泼金属或铵根，其阴离子则可以是活泼非金属、$OH^-$ 或酸根，因此判断离子化合物最简单的方法

就是寻找活泼金属或铵根,不需要同时知道其阴离子,如含有 IA、IIA 族的金属元素的化合物及铵盐均为离子化合物。② 共价化合物的组成元素则几乎都是非金属元素(铵盐除外),如 $H_2O$、$HCl$、$H_2SO_4$ 等,除此之外,氯化铝也是一种共价化合物。

离子化合物溶于水或熔化时,离子键被破坏;部分共价化合物溶于水后,共价键会被破坏,如 $HCl$ 溶于水电离,但共价化合物处于纯液态时共价键不能被破坏,如液态 $HCl$ 不能电离出 $H^+$ 和 $Cl^-$。

希望我的分析能对你的学习有帮助。

陈老师

# 换个角度学电池

刚刚打开电脑,就收到了一封新邮件,原来又是高一 5 班张明同学的邮件。

陈老师,您好。

昨天学习了化学能转化成热能,同学们还觉得挺简单的,今天又学习化学能转化成电能,什么电子流向、离子流向,电极反应、电池反应,让我感觉云山雾罩,怎样才能正确理解化学能与电能的转化呢?

高一 5 班　张明

张明同学的问题很有代表性,回信如下:

张明,你好。

你所提出的问题大多数初学者都会遇到。其实,我们只需要换一个角度,就会发现原电池就是氧化还原反应的一种形象表示。我们知道,氧化还原反应中存在着电子转移,而电子定向移动就可以形成电流,因此原电池就是一个将氧化还原反应中电子转移变成电子定向移动的装置。我们可以站在氧化还原反应的角度来分析电池中的一些问题。

首先,借助单线桥找两极。在氧化还原反应中,氧化剂得电子发生还原反应,还原剂失电子发生氧化反应。如果能将氧化还原反应中的线桥替换成导线,不就可以让电子沿导线定向移动了吗?原电池把氧化还原反应中的氧化反应与还原反应分放在两极上进行,各自成为一个"半反应"。如:

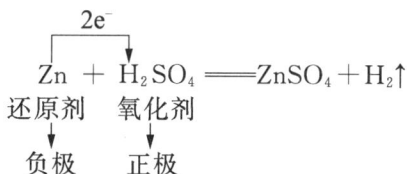

$$\overset{\overset{\displaystyle 2e^-}{\frown}}{\underset{\underset{\text{负极}}{\underset{\downarrow}{\text{还原剂}}}}{Zn} + \underset{\underset{\text{正极}}{\underset{\downarrow}{\text{氧化剂}}}}{H_2SO_4} =\!=\!= ZnSO_4 + H_2\uparrow}$$

将该反应在如图 1 所示装置中进行。这就是一个原电池装置,别看它外形简单,它可是我们现在使用的各类电池的鼻祖。在该电池中,负极:$Zn - 2e^- =\!=\!= Zn^{2+}$,发生氧化反应;正极:$2H^+ + 2e^- = H_2\uparrow$,发生还原反应。其次,异性相吸定方向。由于负极失去的电子沿导线到达正极,根据异性电荷相吸原理,阳离子移向正极去获得电子,阴离子移向负极去提供电子。切记:电子一定沿导线流动,阳离子移向发生还原反应的电极,即阳离子奔电子而去。

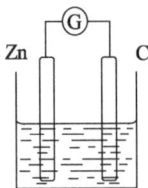

图1

第三、电子守恒巧计算。在氧化还原反应中,还原剂失去的电子总数等于氧化剂得到的电子总数,即电子是守恒的。同样在原电池装置中,负极流出的电子与阳离子在正极得到的电子也是相等的,不论是氧化还原反应还是原电池装置,电子守恒是永远的守恒关系。如上述原电池中,当 1 mol 锌失去 2 mol 电子时,溶液中就同时有2 mol $H^+$ 获得 2 mol 电子,整个回路中电子总数不变。

我想原电池中不外乎以上三个知识点,站在氧化还原反应的角度可使我们学习原电池更容易一些。希望这些分析能对你的学习有所帮助。

陈老师

# 应该怎样学有机化学?

斑竹:各位同学,大家好。时光飞逝,转眼有机化学基础知识已经学完了,特邀请各位大侠在本吧里畅聊一下学习有机化学的感想及困惑,希望各位同学仁者见仁,智者见智。

加菲:终于抢到第一个发言。我先说一下,开始学有机时我感觉特别不适应,尤其是有机物的表示方法,有结构式、结构简式还有分子式。晕! 这几种表示方法有什么区别? 哪位大侠能支一招?

欧迪:加菲,我们真是有缘,我来告诉你吧。结构式就是将有机物中的所有共价键都用短线表示出来。你想想,对于一些原子个数非常多的有机物,这样表示是不是太麻烦了。于是人们就把一些共价键给省略掉了,只保留最能体现有机物特点的价

键,比如乙酸的结构式为
$$H-\overset{\overset{\displaystyle H}{|}}{\underset{\underset{\displaystyle H}{|}}{C}}-\overset{\overset{\displaystyle O}{\|}}{C}-O-H$$
我们省略其中的部分价键,就可以将其

写成 $CH_3-\overset{\overset{\displaystyle O}{\|}}{C}-OH$ 或者是$CH_3COOH$。分子式就是把相同原子集合在一起书写,乙酸的分子式为 $C_2H_4O_2$,它无法表达有机物的真实结构,只能表示其组成,所以在书写有机化学方程式时,为了便于表示参加反应的原子或基团,我们通常将有机物书写成结构简式的形式。注意,书写有机物的结构式或结构简式时,一定要注意各原子

所能形成的共价键的数目,碳原子最多形成四个共价键,氢原子最多形成一个共价键,氧原子最多能形成两个共价键。

哆啦A梦:欧迪,士别三日,当刮目相看! 原来结构简式用处这么大。本猫对有机反应类型略有研究。我们目前学过的有机反应类型主要有取代、加成、氧化、加聚四种,可以根据其名称归纳总结一下:取代即取而代之,也就是说,一种原子或基团被另一种原子或基团代替,这一点与无机反应中的复分解有点类似。烷烃光照条件下与氯气反应、苯的硝化反应、酯化反应、酯的水解反应虽然名称各异,其实都是取代反应;加成反应就是加之即成的意思,这类反应必须发生在含有不饱和键的有机物中,如乙烯、苯均可以与氢气、卤化氢等发生加成反应。加聚嘛,就是先加后聚,也就是说含不饱和键的有机物通过加成的方式,由小分子聚合成了大分子。大家注意了,有机化学中的氧化反应的判断方法与无机化学中有所不同,我们把"得氧或失氢"称之为氧化反应,反之则为还原反应,如乙烯或苯与氢气的加成反应就是还原反应,乙醇转化成乙醛因失氢而被氧化,乙醛转化成乙酸则是得氧被氧化。

加菲:高! 如果一种有机物我们没有学过,那怎样知道它会发生哪些反应呢?

喜洋洋:加菲的化学需要加油哦! 有机物发生化学反应时,主要在官能团上或官能团附近进行,因此当我们遇到一种陌生的有机物时,不必慌张,先看看它有哪些官能团,然后再思考这些官能团可能具有哪些性质,如$HOH_2C$——⟨　⟩——$COOH$。加菲,你知道这种物质可能发生哪些化学反应吗?

加菲:本猫不发威,你们当我是Hello Kitty。它含有羟基和羧基两种官能团,羧基上可以发生催化氧化反应,可与金属钠反应,可以发生酯化反应;另外苯环上可以发生硝化反应及加成反应。

斑竹:加菲也进步了。各位朋友在畅聊吧里给我们提供了一个很好的学习机会,希望其他同学经常到本吧一聚,再见!

# 如何谈"气"不色变?

主持人:各位观众,大家晚上好。2009年11月21日,从黑龙江省鹤岗市新兴煤矿地下传来了巨大的爆炸声,顷刻间108个家庭痛失亲人,又是一起瓦斯爆炸事故。一时间,人们对瓦斯充满了恐惧,瓦斯到底是什么? 它有哪些性质呢? 今天我们请来了三位嘉宾,请他们从不同的角度来谈谈这种令人害怕的气体。这位是某矿业集团的张工程师,这位是燃气公司的李工程师,这位是来自高中的陈老师。

嘉宾:大家好!

张工程师:我来谈谈煤矿中存在的瓦斯。瓦斯其实是气体的英文Gas的音译词。瓦斯是古生物在堆积成煤的初期,纤维素和有机质经厌氧菌的作用分解而成。

瓦斯是一种无色、无味气体，其主要成分是烷烃，其中甲烷占绝大多数，另有少量的乙烷、丙烷和丁烷。瓦斯遇明火即可剧烈燃烧，就是我们常听到的"瓦斯爆炸"，它直接威胁着矿工的生命安全。当空气中氧气浓度达到 10％ 时，若瓦斯浓度在 5％～16％ 之间，就会发生爆炸。瓦斯爆炸产生的高温、高压，促使爆源附近的气体以极大的速度向外冲击，造成人员伤亡，破坏巷道和器材设施，扬起大量煤尘并使之参与爆炸，产生更大的破坏力。另外，爆炸后生成大量的有害气体，造成人员中毒死亡。因此在井下除去瓦斯主要是靠通风，将瓦斯浓度控制在 1％ 以下。最近发生的几起瓦斯爆炸事故都是由于安全意识薄弱，井下存在安全隐患造成的。

李工程师：我们燃气公司输入千家万户的天然气，其主要成分也是甲烷。天然气系古生物遗骸长期沉积地下，经慢慢转化及变质裂解而产生的气态碳氢化合物，具有可燃性，多在油田开采原油时伴随而出或开采自纯天然气气田。与瓦斯一样，当天然气在空气中的浓度为 5％～15％ 时，就会发生爆炸，爆炸在瞬间产生高压、高温，其破坏力和危险性都是很大的。因此家庭使用天然气时，一定要注意安全，按照燃气使用说明正确使用。

陈老师：瓦斯、天然气及沼气的主要成分都是甲烷，瓦斯爆炸、天然气燃烧的化学方程式均为：$CH_4 + 2O_2 \xrightarrow{点燃} CO_2 + 2H_2O$。甲烷除了可以燃烧外，还可以发生取代反应，将甲烷与氯气的混合气体置于光照条件下，二者就会发生反应生成四种取代产物。其中，三氯甲烷又名氯仿，早期曾作为医院的麻醉剂，四氯甲烷就是我们常说的四氯化碳，是一种重要的有机溶剂。另外甲烷还可以在高温下分解，生成炭黑和氢气，所以甲烷既是一种清洁燃料，也是一种重要的有机化工原料。只要我们充分了解甲烷，正确使用甲烷，灾难是完全可以避免的。

主持人：听了三位嘉宾的讲解，让我们对甲烷有了正确的认识，不会再谈"气"色变了。再次感谢三位嘉宾。

# 你 Q 我 Q 谈酯化

接触有机化学不长时间，同学们对有机化学的学习可是兴趣正浓，这不高一 3 班的 QQ 群里热闹非凡。

轻舞飞扬：大家好，今天学习了酯化反应，我感觉有些地方不太清楚，恳请各位同学谈谈自己对酯化反应的理解，让我好好学习一番。

练霓裳：我先说两句。酯化反应是一个可逆反应，我们知道，可逆反应是指在同一条件下，既能向正反应方向进行，同时又能向逆反应方向进行的反应，这类反应的特点是，在某一时刻会达到化学平衡状态。

卓一航：练女侠说的极是。具体到乙酸与乙醇的反应来说，正反应方向代表酯化反应,逆反应方向则是酯的水解反应。当酯化反应的速率等于酯水解的速率时,该反应达到平衡状态,此时容器中各组分的浓度不再随时间而改变。

　　轻舞飞扬:既然反应是可逆的,如何生成更多的乙酸乙酯呢? 是不是通过加热?

　　令狐冲:在这个反应中,加热只是为了加快反应速率,但无法生成更多的乙酸乙酯。我们是通过增大反应物的浓度来实现的,不知飞扬小妹发现没有,这个反应的反应物是冰醋酸与无水乙醇,二者的浓度都已经达到了最大。

　　小桥流水:通过各位大侠的讲解,我对酯化反应的可逆性有了深入了解,不过还有一事不明,为什么酯化反应要用饱和碳酸钠溶液,为什么不用氢氧化钠溶液?

　　靖哥哥:之所以选用饱和碳酸钠,是因为在这个反应中,反应物及生成物均具有挥发性,而这个反应需要加热,因此反应后难免有挥发出的乙酸、乙醇,二者混合在乙酸乙酯中,我们就很难闻到乙酸乙酯的"庐山真味"了。所以需要用碳酸钠来中和乙酸,吸收乙醇,并且降低酯的溶解度。如果换成氢氧化钠溶液的话,大家想想,乙酸乙酯会怎么样?

　　蓉儿:想不到靖哥哥有这番学问。乙酸乙酯在氢氧化钠溶液中可是会水解很完全的哦。

　　轻舞飞扬:老师说酯化反应是酸脱羟基醇脱氢,乙醇中不也有羟基吗? 人们怎么知道是谁提供的羟基呢?

　　小桥流水:我们可以用同位素示踪法啊。把乙醇分子中的氧原子换成放射性同位素$^{18}O$,如果检测到只有生成的乙酸乙酯中才有$^{18}O$,说明是乙酸脱去了羟基,即乙酸与乙醇在浓硫酸作用下发生酯化反应的机理是"酸脱羟基醇脱氢"。如果检测到只有水中才有$^{18}O$,则说明是乙醇脱去了羟基。

　　轻舞飞扬:👍,高! 真是不虚此行啊。感谢各位大侠,下次有问题,定会再来请教。

# 低碳生活　从我做起

　　主持人:大家好。畅聊吧本期主题是"低碳生活 从我做起",今天我们请来了环保局的张工程师、来自民间环保组织"自然之友"的李教授以及光明中学高一年级同学中的部分环保爱好者。这次我们改变一下谈话方式,首先请观众对今天的话题谈一下自己的看法。

　　观众甲:我的老家在淮河沿岸,过去那里山清水秀,可是现在却是鱼虾俱亡、水草不生,水中泛着白色的、绿色的、黄色的泡沫,沿岸居民的饮用水被严重污染,很多人得了癌症,有的村子都成了"癌症村",年年治理年年污染,环保势在必行。

　　观众乙:我家附近有一个造纸厂,每到下午五点钟,就会闻到从造纸厂排放出的带有臭味的气体，家家都得关门关窗，好多老年人经常咳嗽、气喘，与这些气体有很大关系，真盼着它能关闭。

李教授：两位观众跟我一样，都是环保爱好者。确实，自改革开放以来，我国经济快速发展，人均经济收入显著增加。然而有一些地方政府盲目追求 GDP 增长，忽视了对环境的保护，出现了先污染后治理、边污染边治理的局面。发展经济的目的是提高人们的生活质量，但如果因此而导致环境污染，则会降低人们的生活质量。

张工程师：自哥本哈根世界气候大会后，我们国家成立了国家能源委员会，时任国务院总理温家宝亲自担任主任，说明国家对环境保护问题非常重视，保护环境，刻不容缓。现在的环境污染主要包括三个方面：大气污染、水污染及土壤污染。大气污染是目前最主要的污染方式，包括温室效应及酸雨。我们现在提倡低碳生活，所谓低碳生活就是返璞归真地去进行人与自然的活动，主要是从节电、节气和回收三个环节来改变生活细节，比如植树造林，以爬楼梯代替坐电梯，随手关灯、拔插头等等。同时国家要大力发展低碳经济。所谓低碳经济，是指在可持续发展理念的指导下，通过技术创新、制度创新、产业转型、新能源开发等多种手段，尽可能地减少煤炭、石油等高碳能源消耗，减少温室气体的排放，达到经济社会发展与生态环境保护双赢的一种经济发展形态。发展低碳经济，一方面各部门要积极承担环境保护责任，完成国家节能降耗指标的要求；另一方面各部门要调整经济结构，提高能源利用效益，发展新兴工业，建设生态文明。这是摒弃以往先污染后治理、先低端后高端、先粗放后集约的发展模式的现实途径，是实现经济发展与资源环境保护双赢的必然选择。我们国家的酸雨主要是燃烧化石燃料形成的硫酸型酸雨，因此开发新能源不仅能减少温室气体排放，同样还可以起到减少酸雨的作用。

主持人：张工程师的讲话让我们看到了国家治理环境污染的决心和信心，也希望我们在座的每一位同学都能成为像李教授一样的环保志愿者，从今天开始，我们也进行低碳生活吧！再次感谢各位嘉宾及各位观众！

# 和嗜酒说 Byebye

随着社会的发展，人们的生活水平也有了很大提高。同学聚会、家庭聚餐、企业联谊等活动越来越多，饭店里到处是推杯问盏、觥筹交错的热闹景象，在丰富了我们业余生活的同时，随之而来的却是医院里多了因酗酒而使身体亮起红灯的患者，马路上多了许多酒驾的"马路杀手"。为了普及健康生活理念，号召人们远离酒精，和平中学的同学们来到街头，向行人和司机宣传酒精的危害及酒后驾车的危险。

远远地，一辆汽车走着 S 形路线开过来了，警察叔叔示意其停车接受检查。只见警察叔叔掏出一个仪器，让司机对着仪器呼气，当发现仪器由橙红色变成绿色时，警察叔叔判定该司机属于酒后驾车。

行人甲:检测仪为什么能快速检测酒精浓度呢?

张明:检测仪利用的是氧化还原反应的原理。在检测仪中装有用硫酸酸化的氧化剂三氧化铬,在不发生反应时三氧化铬呈现橙红色,当司机呼出的气体中含有乙醇蒸气时,乙醇被三氧化铬氧化成乙醛,反应方程式为:$2CrO_3 + 3C_2H_5OH + 3H_2SO_4 = Cr_2(SO_4)_3 + 3CH_3CHO + 6H_2O$,生成的硫酸铬呈绿色,根据颜色的变化,警察叔叔就可以知道司机是否喝了酒。

行人乙:为什么喝酒后有人会飙车,有人则会把车开得摇摇晃晃呢?

李林:这些现象都是过量饮酒造成的。酒精进入体内后,在肝脏中被氧化成乙醛、乙酸,最终被氧化成二氧化碳和水。若短时间内过量饮酒,我们的肝脏一时无法使其全部转化,血液中会聚集高浓度的乙醇,会影响人的判断力,使人神志不清,失去理智,因此醉酒后驾车会导致司机注意力、控制力下降,对司机及行人都会造成伤害。

行人丙:酗酒对人还有哪些危害呢?

郭瑞:诗人李白一生坎坷,终日与酒相伴,很多诗词就是在狂饮之后写出的,《将进酒》中感慨"人生得意须尽欢,莫使金樽空对月",但李白最终因饮酒过度,醉死于宣城;我们也经常在电视上看到有些醉汉深冬醉倒在路边,最终被活活冻死。过量饮酒还会导致胃溃疡、脂肪肝、胰腺炎、头晕、头痛等疾病;酗酒者体内酒精浓度长期处于高水平状态,还会出现酒精中毒性精神病;酒精还会损害人的大脑呼吸中枢,甚至会导致呼吸停止。

刘洪:酒精的危害实在太大了!所以大家一定要提高自控力,远离酒精,远离危险,为自己负责,为家人负责,为社会负责。

# 第四部分　跟踪追击

# 由一道课本习题衍生出来的知识

一直以来,我们都认为课后练习题非常简单,因此对其不重视。其实,翻看历年的高考试题及各地的模拟试题,就会发现有很多题是从课本习题衍生出来的。有的改变了问法,有的改变了形式,但万变不离其宗——知识点并没有改变。

**【母题】**(人教版必修 1 第一章第一节第 4 题)某混合物中可能含有可溶性硫酸盐、碳酸盐及硝酸盐。为了检验其中是否含有硫酸盐,某同学取少量混合物溶于水后,向其中加入氯化钡溶液,发现有白色沉淀生成,由此而得出该混合物中含有硫酸盐的结论。你认为这一结论可靠吗?为什么?应该怎样检验?

**【分析】**本题描述的是硫酸根和碳酸根两种离子的检验方法,通常检验硫酸根是采用将其转化成难溶于水、难溶于酸的硫酸钡沉淀,碳酸根的检验既可以采用加酸产生二氧化碳,也可以将碳酸根转化成碳酸钙进行检验。但当碳酸根与硫酸根混合时,二者在检验过程中会互相干扰。由于碳酸盐可溶于酸,因此检验时可先加入足量盐酸,再加入氯化钡溶液,若有气体产生,试管底部有难溶物剩余,说明原混合物中一定含有硫酸盐;或者是先加入氯化钡溶液,再向沉淀中加入盐酸,若沉淀完全溶解,则证明没有硫酸根,若沉淀部分溶解,则证明一定含有硫酸根。因此该同学只加入氯化钡,看到白色沉淀就断定含有硫酸盐的做法是不严谨的。

**【衍生题 1】**给出试剂,判断检验顺序

某溶液中有较大量的 $Cl^-$、$CO_3^{2-}$、$OH^-$ 等三种阴离子,如果只取一次该溶液就能够分别将三种阴离子依次检验出来,下列实验操作顺序正确的是(    )。

① 滴加 $Mg(NO_3)_2$ 溶液;② 过滤;③ 滴加 $AgNO_3$ 溶液;④ 滴加 $Ba(NO_3)_2$ 溶液

A.①②④②③    B.④②①②③    C.①②③②④    D.④②③②①

**【解析】**首先找出检验三种离子所用的试剂:$Cl^-$($AgNO_3$ 溶液)、$CO_3^{2-}$($Ba(NO_3)_2$ 溶液)、$OH^-$($Mg(NO_3)_2$ 溶液);然后排定检验顺序:由于 $Ag_2CO_3$、$AgOH$、$MgCO_3$ 均为白色沉淀,会干扰 $Cl^-$、$OH^-$ 的检验,因此需要先检验 $CO_3^{2-}$,然后检验 $OH^-$,然后检验 $Cl^-$。答案选 B。

**【衍生题 2】**通过计算判断离子是否存在。

今有一混合物的水溶液,只可能含有以下离子中的若干种:$K^+$、$Cl^-$、$Mg^{2+}$、$Ba^{2+}$、$CO_3^{2-}$、$SO_4^{2-}$,现取三份 100 mL 溶液进行如下实验:

(1) 第一份加入 $AgNO_3$ 溶液有沉淀产生。

(2) 第三份加足量 $BaCl_2$ 溶液后,得干燥沉淀 6.27 g,经足量盐酸洗涤、干燥后,沉淀质量为 2.33 g。根据上述实验,以下推测正确的是(    )。

A. $K^+$ 一定存在

B. 100 mL 溶液中含 $K_2CO_3$ 2.76 g

C. $Cl^-$ 一定存在

D. $Ba^{2+}$ 一定不存在,$Mg^{2+}$ 可能存在

【解析】由(1)可知,沉淀可能是 $AgCl$,也可能是 $Ag_2CO_3$、$Ag_2SO_4$,因此可能含有 $Cl^-$、$CO_3^{2-}$、$SO_4^{2-}$ 中的一种或几种;据(2)知:① $BaSO_4$ 有 2.33 g,说明一定有 $SO_4^{2-}$;②沉淀总质量为 6.27 g,说明有 $BaCO_3$ 为 3.94 g,由于 $CO_3^{2-}$ 与 $Mg^{2+}$、$Ba^{2+}$ 均可生成沉淀,因此只能与 $K^+$ 结合,故溶液中一定含有 $K^+$,且 $K_2CO_3$ 2.76 g,$Ba^{2+}$、$Mg^{2+}$ 一定不会存在,$Cl^-$ 可能存在。答案选 AB。

【衍生题3】设计实验进行离子检验。

某化学小组同学要做检验碳酸钠粉末中是否含有 NaOH 和 NaCl 的实验,他们的实验设计分为 7 个步骤,其中的 5 个步骤所用的试剂及实验操作均已写明,见表1:

表 1

| 实验步骤 | 所用试剂及操作 |
|---|---|
| 1 | 取少量样品放入试管甲中 |
| 2 | 向试管中加入适量的蒸馏水溶解并振荡 |
| 3 | |
| 4 | 过滤,取少量滤液盛在试管乙中 |
| 5 | 滴入几滴酚酞试剂 |
| 6 | |
| 7 | 再向溶液中滴加几滴 $AgNO_3$ 溶液 |

试将表1中缺少的两个步骤所用的试剂(自选)及实验操作补写完整。

【解析】本题实际上是衍生题1的变形,利用题1的分析思路,不难找到答案:
3:加入适量硝酸钡溶液 ;6:加入适量稀硝酸酸化至酚酞褪色

# 与溶液配制有关的话题

溶液的配制是实验室获得所需试剂的一种方法,溶液配制主要包括两方面内容:一定质量分数溶液的配制及一定物质的量浓度溶液的配制。在溶液配制的过程中,有许多细节是需要我们注意的。

【母题】(人教必修1第一章第二节第6题)某同学用容量瓶配制溶液时,加水超过了刻度线,就倒出一些,又重新加水至刻度线。你认为这种做法对吗?这样做会造

成什么结果?

【分析】用容量瓶配制一定物质的量浓度的溶液,是一个准确配制一定浓度溶液的过程。整个配制过程,有以下几处操作会对最后的结果造成影响:① 所称量或量取的溶质须先在烧杯中溶解,并且等溶液温度降至室温后才能转移至容量瓶。这是因为容量瓶只是一个配制容器,而不是一个溶解及盛装容器。如果溶质直接放入容量瓶中溶解或稀释,会造成液体体积的细微变化,但这种变化会影响实验的准确性。② 溶质在转移至容量瓶后,须清洗烧杯及玻璃棒两到三次,然后将洗涤液也转移至容量瓶,这样可以防止溶质遗留在外面。③ 加水定容时,眼睛要平视凹液面使其与刻度线相切,若不小心加水超过了刻度线,不能直接用胶头滴管将多余液体取出,因为此时溶质已经被稀释,准确度已经下降,遇到此类情况,需重新配制。因此,该同学的做法是错误的,会造成测量结果偏低。

【衍生题1】溶质为含结晶水的物质

实验室需用 480 mL 0.1 mol/L 的硫酸铜溶液,现选取 500 mL 容量瓶进行配制,以下操作正确的是(　　　　)。

A. 称取 7.68 g 硫酸铜,加入 500 mL 水

B. 称取 12.0 g 胆矾,配成 500 mL 溶液

C. 称取 8.0 g 硫酸铜,加入 500 mL 水

D. 称取 12.5 g 胆矾,配成 500 mL 溶液

【解析】首先需要明确实验室没有 480 mL 的容量瓶,因此配制 480 mL 溶液只能选取 500 mL 容量瓶,配完后再从中取出 480 mL;其次计算溶质的物质的量时不能用 480 mL,而须用 500 mL 来计算。若直接称量硫酸铜,则溶质的质量为:$0.5 \text{ L} \times 0.1 \text{ mol/L} \times 160 \text{ g/mol} = 8 \text{ g}$;若直接称量胆矾,则溶质的质量为:$0.5 \text{ L} \times 0.1 \text{ mol/L} \times 250 \text{ g/mol} = 12.5 \text{ g}$。容量瓶瓶身上没有刻度,只有一条刻度线,当加水至凹液面与刻度线相切时,此时溶液的体积恰好为 500 mL,但所加水的体积并不是 500 mL。答案选 D。

【衍生题2】考查仪器的使用。

某校环保小组处理污水样品,需配制 250 mL 0.1 mol/L 的盐酸溶液。

(1) 在下图所示仪器中,配制上述溶液肯定不需要的是_____(填序号),除图中已有仪器外,配制上述溶液还需要的玻璃仪器是_____。

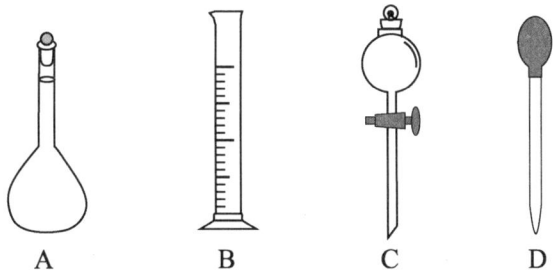

A　　　　　　B　　　　　　C　　　　　　D

(2) 怎样检验容量瓶是否漏水_____。

(3)在容量瓶的使用方法中,下列操作不正确的是_____。

A. 使用容量瓶前检验是否漏水

B. 容量瓶用水洗净后,再用待配溶液润洗

C. 配制溶液时,如果试样是固体,把称好的固体用纸条小心倒入容量瓶中,缓慢加水至接近标线 2~3 cm 处,用滴管加蒸馏水至标线。

D. 盖好瓶塞,用食指顶住瓶塞,另一只手托住瓶底,把容量瓶反复倒转多次,摇匀。

【解析】(1) 分液漏斗是分离液体所用的仪器,在一定物质的量浓度溶液配制过程中用不到。在整个配制过程中,需要用到的仪器有:烧杯、玻璃棒、量筒(或托盘天平及药匙)、容量瓶、胶头滴管,其中胶头滴管是容易遗忘的仪器。(2) 判断容量瓶是否漏水,主要是判断容量瓶瓶塞处是否漏水,检验时应从不同的方向进行验证。

【答案】(1) C 烧杯、玻璃棒;(2) 将瓶塞打开,加入少量水,塞好瓶塞,倒转不漏水,然后正放,把瓶塞旋转 180°,再倒转不漏水,则说明该容量瓶瓶塞严密;(3) BC

【点拨】定量实验中最关键的一点是实验的准确性,因此对于定量实验的考查,往往从仪器的特征及实验过程中的细节着手,表面上看是考查的一个化学知识,实际上同时考查了一个实验者严谨、科学的态度及敏锐的观察力。

# 一个不可忽视的实验

在人们的印象中,好像与水反应是活泼金属的专利,其实铁也可以与水反应,但不是与液态水反应,而是水蒸气。在以往的高考题中,铁与水蒸气的反应曾多次被设计成综合实验题。

【案例】某校化学小组学生利用图1所列装置进行"铁与水反应"的实验,并利用产物进一步制取 $FeCl_3 \cdot 6H_2O$ 晶体。(图中夹持及尾气处理装置均已略去)

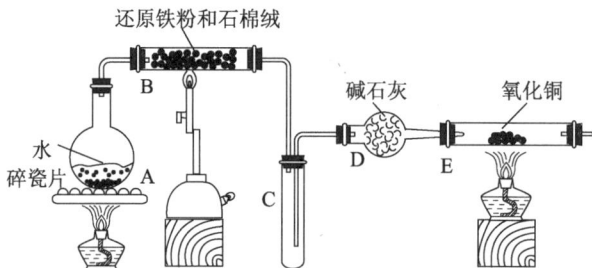

图1

(1) B中石棉绒的作用是_____。装置 B 中发生反应的化学方

程式是＿＿＿＿＿＿＿＿＿＿＿＿。停止反应,待 B 管冷却后,取其中的固体,加入过量稀盐酸充分反应,过滤,溶液中含有的金属阳离子是＿＿＿＿＿＿＿＿＿＿＿＿。

(2) 装置 E 中的现象是＿＿＿＿＿＿＿＿＿＿＿＿＿＿＿＿。

(3) 装置 C 的作用是＿＿＿＿＿＿＿＿＿＿＿,D 中碱石灰的作用是＿＿＿＿＿＿＿＿。

(4) 该小组学生利用上述滤液制取 $FeCl_3 \cdot 6H_2O$ 晶体,设计流程如下:

$$滤液 \xrightarrow[I]{Cl_2} FeCl_3 溶液 \xrightarrow{II} FeCl_3 \cdot 6H_2O 晶体$$

① 步骤 I 中通入 $Cl_2$ 的作用是＿＿＿＿＿＿＿＿＿＿＿＿＿＿＿。

② 步骤 II 从 $FeCl_3$ 稀溶液中得到 $FeCl_3 \cdot 6H_2O$ 晶体的主要操作包括:

＿＿＿＿＿＿＿＿＿＿＿＿＿＿＿＿＿＿。

【解析】本题改编自 2005 年北京高考理综题,题目将铁与水蒸气反应设计成了一个综合性实验。在该实验中,主要考查了反应方程式的书写、实验现象的描述、仪器设备的作用、物质的分离除杂等基本实验知识,是一道综合性强、考查知识点全面的习题。分析整个装置,就会发现,A 装置的作用主要是产生水蒸气。由于实验中使用的是铁粉,在强大的气流作用下,铁粉会被吹向右侧的导气管中,这样会阻塞导管,因此用石棉绒将铁粉固定,同时也增大了铁粉与水蒸气接触的面积。B 装置中铁与水蒸气反应,生成四氧化三铁和氢气,将固体产物溶于盐酸,会生成 $Fe^{2+}$ 和 $Fe^{3+}$,在滤液中通入氯气,目的是将 $Fe^{2+}$ 氧化,最后通过加热浓缩、冷却结晶、过滤的方法得到 $FeCl_3 \cdot 6H_2O$ 晶体。在试管 C 中,大量的水蒸气被冷却,少量的水蒸气被 D 中的碱石灰吸收,干燥后的氢气在 E 中还原氧化铜,生成铜和水,此时可观察到黑色的氧化铜变红,右端管壁有水珠凝结。

【答案】(1) 固定铁粉,防止粉末阻塞导管,增大铁粉与水蒸气的接触面积　$3Fe + 4H_2O \xrightarrow{高温} Fe_3O_4 + 4H_2 \uparrow$　$Fe^{2+}$ 和 $Fe^{3+}$;(2) 黑色固体变红,右端管壁有水珠;(3) 冷凝水蒸气　干燥氢气(或除去氢气中的水蒸气);(4) 取少量滤液,滴入几滴 KSCN 溶液,观察溶液是否变红色;(5) ① 将 $Fe^{2+}$ 氧化成 $Fe^{3+}$;② 加热浓缩、冷却结晶、过滤。

# 谁建立了庞大的有机家族?

有机物家族可谓是物质世界中最庞大的家族,成员众多,在目前已有的 2000 多万种的基础上,新的有机物仍在以每年近百万种的速度增加,为什么有机家族会有如此众多的成员呢? 这要归功于其中的碳元素。

碳元素在自然界中的含量并不高,但由于碳原子最外层有 4 个电子,是形成共价键数目最多的原子,并且碳原子之间既可以以单键相连接,又可以以双键(C=C)、三键（C≡C）相连接,既可以形成链状,又可以形成环状,这就带来了碳原子结构上的多样性,同时也带来了有机家族成员的多样性。

**【母题】**某期刊封面上有如图 1 所示的一个分子的球棍模型图。图中"棍"代表单键或双键或三键。不同颜色的球代表不同元素的原子,其中绿球代表(　　)元素。

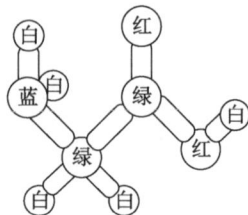

图 1

A. 氮　　　　　B. 氢　　　　　C. 氧　　　　　D. 碳

**【解析】**图中出现的氮、氢、氧、碳四种原子,其最外层分别可形成 3、1、2、4 个共价键,根据其成键数目就可以推断出各种颜色的球所代表的元素。白球只能形成 1 个价键,应是氢元素;蓝球可形成 3 个价键,应是氮元素;红球可形成 2 个价键,应是氧元素;绿球能形成 4 个价键,应是碳元素。该物质的结构为:

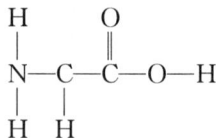

$$\begin{array}{ccc} H & & O \\ | & & \| \\ N & - C & - C - O - H \\ | & | \\ H & H \end{array}$$

答案选 D。

**【衍生题 1】**氟利昂-12 是冰箱常用的一种制冷剂,其结构式为 $Cl-\overset{\overset{\displaystyle F}{|}}{\underset{\underset{\displaystyle F}{|}}{C}}-Cl$ ,下列关于氟利昂的叙述正确的是(　　)。

A. 有两种同分异构体　　　　　B. 所有原子处于同一平面

C. 只有一种结构　　　　　　　D. 有两种结构

**【解析】**氟利昂-12 其实就是将甲烷分子中的四个氢原子分别用 F 和 Cl 替代得到的。甲烷分子空间构型如图 2 所示。从图 1 中可以看出,当碳原子形成四个 C—C 单键时,四个键并不在同一个平面上,而是形成正四面体结构,相互之间的夹角为 $109°28'$ 。因此,氟利昂-12 只能有一种结构,而不可能出现两个 Cl 原子(或 F 原子)相邻或相对的情况。答案选 C。

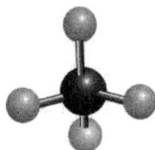

图 2

**【衍生题 2】**某烃分子中碳原子连接成以下形式,其分子中共有(　　)个氢原子。

$$
\begin{array}{c}
\text{C} \\
| \\
\text{C}\!-\!\text{C}\!-\!\text{C}\!=\!\text{C} \\
| \\
\text{C}
\end{array}
$$

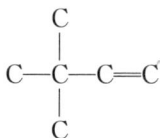

【解析】每个碳原子可以形成四个价键,按照这一规律,将氢原子与碳架结构相连接,可得该烃的结构式为:$CH_3$—$\overset{\overset{\displaystyle CH_3}{|}}{\underset{\underset{\displaystyle CH_3}{|}}{C}}$—CH=CH$_2$ 分子内共有 12 个氢原子。

【衍生题 3】在 $C_3H_9N$ 中,N 原子以三个单键与其他原子相连接,写出其可能的连接方式。

【解析】碳、氮、氢分别形成 4、3、1 个共价键,因氮原子以 3 个单键与其他原子相连接,以氮原子为研究对象,氮原子的 3 个价键可分别连接 3 个碳原子,形成结构①;氮原子的 2 个价键分别连接氢原子,剩余 1 个价键连接碳原子,可形成②③两种结构;氮原子的 1 个价键与氢连接,剩余 2 个价键与碳原子相连接,可形成结构④,符合条件的共有 4 种。

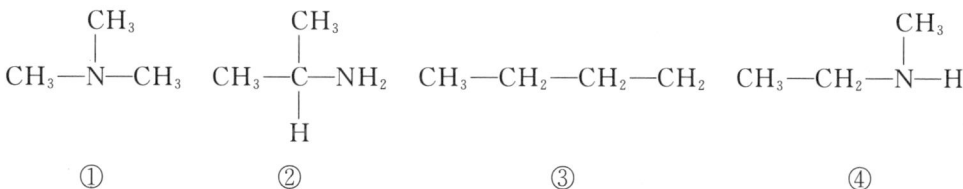

$$CH_3\!-\!\underset{}{N}\!-\!CH_3 \qquad CH_3\!-\!\overset{\overset{\displaystyle CH_3}{|}}{\underset{\underset{\displaystyle H}{|}}{C}}\!-\!NH_2 \qquad CH_3\!-\!CH_2\!-\!CH_2\!-\!CH_2 \qquad CH_3\!-\!CH_2\!-\!\overset{\overset{\displaystyle CH_3}{|}}{N}\!-\!H$$

①　　　　　　②　　　　　　③　　　　　　④

通过上述分析可以看出,碳原子之间不同的成键方式对于我们进一步探究有机物的同分异构现象有重要的指导作用。不管碳原子之间是单键,还是双键或三键,碳原子形成的总键数始终为 4,牢记这一点,就可以给碳链加氢(加成反应),或从碳链上减氢(消去反应),这些知识我们将在后面陆续学到。

# 硅酸盐的另一种表示方法

提起"盐"这类物质,我们马上就想到其组成是酸根阴离子与金属阳离子。但是对于硅酸盐,由于其结构复杂,组成各异,通常我们用二氧化硅和金属氧化物的组合形式来表示其组成。

【母题】(人教版第四章第一节第 11 题)某玻璃厂生产普通玻璃,其组成为(质量分数):$Na_2O$ 13％,$CaO$ 11.7％,$SiO_2$ 75.3％。请以氧化物组成的形式表示该玻璃的化学式。

【解析】设玻璃的质量为 100 g,三种氧化物的物质的量分别为:0.2 mol、0.2 mol、1.2 mol,三种氧化物的物质的量之比为 1∶1∶6。该玻璃的化学式为:

$Na_2O \cdot CaO \cdot 6SiO_2$。

【衍生题】正长石的化学式是 $KAlSi_3O_x$,$x$ 是_____,以氧化物形式表示正长石为_____。

【解析】根据化合价原则,在一种化合物中正、负化合价代数和应为 0,则有:$1+3+4\times3=2x$,$x=8$,则其化学式为 $KAlSi_3O_8$。用氧化物形式表示为:$K_2O \cdot Al_2O_3 \cdot 6SiO_2$,而不是 $KO_{\frac{1}{2}}AlO_{\frac{3}{2}} \cdot 3SiO_2$。当元素化合价为奇数时,又只含有奇数个该原子,若要用氧化物形式表示其组成,通常采用放大一倍的方法就能正确书写。对于 $K^+$、$Al^{3+}$ 的氧化物形式分别为 $K_2O$,$Al_2O_3$,所以用氧化物形式表示含 $K^+$、$Al^{3+}$ 的硅酸盐时,硅酸盐中都至少应含有 2 个 $K^+$ 和 $Al^{3+}$。如果所含 $K^+$ 和 $Al^{3+}$ 不够 2 个,都必须先扩大 2 倍或相应倍数,使 $K^+$ 或 $Al^{3+}$ 个数达到 2 个的整数倍。如:$KAlSi_3O_8 \longrightarrow K_2Al_2Si_6O_{16} \longrightarrow K_2O \cdot Al_2O_3 \cdot 6SiO_2$。另外,确定 x 值时也可用元素守恒法:将 $KAlSi_3Ox$ 写成氧化物形式 $\frac{1}{2}K_2O \cdot \frac{1}{2}Al_2O_3 \cdot 3SiO_2$,依据氧元素守恒得:

$$x = \frac{1}{2} + \frac{1}{2} \times 3 + 6 = 8。$$

【技巧】以氧化物的形式表示硅酸盐的组成,改写时应满足元素守恒:元素种类及原子个数守恒。书写时一般先写金属氧化物,再写二氧化硅,最后写水,中间用一小圆点加以隔开,若有几种金属氧化物,习惯上按金属活动性顺序排列,将较活泼的金属的氧化物写在前面。

# 建立元素周期表中的 GPS 定位系统

GPS 卫星定位系统可以帮助人们很快找到物体的位置。在元素周期表中,我们也可以根据元素周期表的结构,建立周期表中的定位系统,快速找到元素在周期表中的位置,进而推断出其性质。

【母题】(人教必修 2 第一章第一节第 7 题)在元素周期表中找出金、银、铜、铁、锌、钛的位置,并指出这些元素的核电荷数。

【分析】在数轴上,我们只有确定了一个点的横坐标和纵坐标才能确定该点的准确位置。同理,在元素周期表中,只有确定了元素的周期和族才能确定该元素在周期表中的准确位置。

查阅元素周期表找出一种元素的位置及核电荷数并不难,若反过来,已知元素的核电荷数,能否知道元素在周期表中的位置?

【衍生题 1】2003 年,IUPAC(国际纯粹与应用化学联合会)推荐原子序数为 110 的元素的符号为 Ds,以纪念该元素的发现地(Darmstadt,德国)。下列关于 Ds 的说法不正确的是(　　)。

A. Ds 原子的电子层数为 7　　　　B. Ds 是超铀元素

C. Ds 原子的质量数为 110　　　　D. Ds 为金属元素

【衍生题 2】一些科学家预言,存在稳定的超重元素,如:质子数为 114,中子数为 184 的原子。关于该原子的下列说法正确的是(　　　)。

A. 该原子的相对原子质量为 298

B. 该原子的质量数为 184

C. 该元素位于元素周期表的第 7 周期,第ⅥA 族

D. 该原子核外有 114 个电子

【分析】以上两题均是已知原子序数或质子数,判断元素在周期表中的位置关系。方法一:根据各周期所容纳的元素数目,用已知的原子序数依次减去元素周期表中第一、二、三、四……周期所容纳的元素数目,得到一个 10 以内的数值,可以是正数,也可以是负数,利用该数值判断元素在周期表中的位置。若得到一个正数,则该元素在所减去的最后一个周期的下一个周期,如:24 号元素,24−2−8−8=6,其中 2、8、8 分别是第一、二、三周期所容纳的元素数目,24 号元素在第四周期第六列(ⅥB 族);若得到一个负数,则该元素位于所减去的最后一个周期中,如例 1 中:110−2−8−8−18−18−32−32=−8,例 2 中:114−2−8−8−18−18−32−32=−4,一共减去了七个周期所容纳的元素,110 号元素应在第七周期倒数第 8 列(第Ⅷ族),114 号元素在第七周期倒数第 4 列(第ⅣA 族)。答案分别为 C、D。方法二:借助稀有气体(0 族)的原子序数进行推断。0 族元素的原子序数如下:$_2$He、$_{10}$Ne、$_{18}$Ar、$_{36}$Kr、$_{54}$Xe、$_{86}$Rn。若第七周期被填满的话,下一个元素的原子序数为 118。判断时用已知的原子序数减去与之数值最接近的稀有气体元素的原子序数,若差为正(如 2),说明该元素在此稀有气体元素的下一周期的第 2 列(即第ⅡA 族),若差为负(如−3),说明该元素与此稀有气体在同一周期,且在 0 族元素左侧第 3 列(即第ⅤA 族)。题例中 110−118=−8,Ds 元素在第七周期 0 族左侧第 8 列;若判断 35 号元素所在位置,可用 37 依次减去各周期所容纳的元素数目:37−2−8−8−18=+1,说明 37 号元素在第五周期正数第 1 列,即第ⅠA 族。

以上两种方法其实都是利用了元素周期表自身的规律建立的定位方法。元素周期表的结构看似无规律,其实有很多规律可循。如每一周期容纳的元素数目分别是:

| 周期 | 1 | 2 | 3 | 4 | 5 | 6 | 7 |
|---|---|---|---|---|---|---|---|
| 数目 | 2 | 8 | 8 | 18 | 18 | 32 | 26 (若充满则为 32) |

6 ⌣ 10 ⌣ 14

4　　　　4　　　　4

根据各周期所容纳的元素数目变化规律,发现里面存在着一个公差为 4 的等差数列,由此可以推出第 8、9 周期应容纳 50 种元素,以上两种方法就是根据这个规律建立的。

# 两个并不矛盾的过程

【母题】(人教必修 2 第二章第一节第 9 题)某反应是放热反应,所放出的热能从何而来?某反应是吸热反应,且所吸收的热能由外加热源(如酒精灯)提供,提供的热能主要起什么作用?

【衍生题】下列说法正确的是(　　)。

A. 需要加热才能发生的反应一定是吸热反应

B. 放热反应在常温下一定很容易发生

C. 放热反应还是吸热反应主要由反应物、生成物所具有的总能量的相对大小决定

D. 吸热反应发生过程中要不断从外界获得能量,放热反应不需要外界能量

【答案】C

【解析】初中时我们就学过,化学反应是原子之间的重新组合,这只是化学反应的表面特征。化学反应之所以出现原子的重新组合,归根结底是原子之间出现了旧化学键的断裂与新化学键的形成,在这个过程中,同时还伴随着能量的变化。任何一种物质自身都含有一定的能量,当反应物的总能量大于生成物的总能量时,反应就对外放热,反之就吸热。碳燃烧是一个放热反应,为什么还需要加热呢?这是因为放热反应与对反应物加热二者并不矛盾,加热只是为了达到反应的条件,只有反应开始后才能判断该反应是放热反应还是吸热反应。因此判断放热反应还是吸热反应不能单纯看反应条件。

# 燃料＝电池?

一提起燃料,我们立刻想到热量,这是因为燃料燃烧可以放出热能。那么燃料又为何能设计成电池?燃料电池是一种什么电池呢?

【母题】(人教版必修第二章第二节第 5 题)氢氧燃料电池已用于航天飞机。以 30%KOH 溶液为电解质溶液的这种电池在使用时的电极反应如下:$2H_2 + 4OH^- - 4e^- = 4H_2O$;$O_2 + 2H_2O + 4e^- = 4OH^-$。

据此做出判断,下列说法中错误的是(　　)。

A. $H_2$ 在负极发生氧化反应

B. 供电时的总反应为:$2H_2 + O_2 = 2H_2O$

C. 产物为无污染的水,属于环境友好电池

D. 燃料电池的能量转化率可达 100%

**【答案】**D。

燃料电池在使用时有一部分能量要损耗,如线路上的损耗等,因此不可能达到100%,理论上也只有85%~90%,实际只有40%~60%。

为什么可以将氢气与氧气的反应设计成燃料电池呢? 首先,氢气与氧气反应是一个氧化还原反应。我们知道,在氧化还原反应中存在着电子的转移,只要能将电子的转移变成电子的定向移动,就可以产生电流,而原电池装置就可以实现这种转化。其次,化学反应的过程也是一个能量转化的过程。氢气如果在氧气中燃烧,化学能就会以热能的形式表现出来,但在电池中,化学能转化成了电能。不仅是氢气,其他可燃物与氧气的反应也同样可以设计成燃料电池,如甲烷燃料电池、乙烷燃料电池、甲醇燃料电池等。

**【衍生题 1】**科学家近年来研制出一种新型细菌燃料电池,利用细菌将有机物转化为氢气,氢气进入以磷酸为电解质的燃料电池进行发电。电池负极反应为(　　)。

A. $H_2 + 2OH^- = 2H_2O + 2e^-$　　　　B. $O_2 + 4H^+ + 4e^- = 2H_2O$

C. $H_2 = 2H^+ + 2e^-$　　　　D. $O_2 + 2H_2O + 4e^- = 4OH^-$

**【解析】**该燃料电池的总反应方程式为:$2H_2 + O_2 = 2H_2O$。根据化合价变化可知,氢气为负极燃气,发生氧化反应:$2H_2 + 4e^- = 2H_2O$。氧气为正极燃气,发生还原反应,由于电解质为磷酸,生成的 $OH^-$ 与 $H^+$ 结合成水,因此正极反应式为:$O_2 + 4H^+ + 4e^- = 2H_2O$。答案选 C。

**【衍生题 2】**一种燃料电池中发生的化学反应为:在酸性溶液中甲醇与氧作用生成水和二氧化碳。该电池负极发生的反应是(　　)。

A. $CH_3OH(g) + O_2(g) = H_2O(l) + CO_2(g) + 2H^+(aq) + 2e^-$

B. $O_2(g) + 4H^+(aq) + 4e^- = 2H_2O(l)$

C. $CH_3OH(g) + H_2O(l) = CO_2(g) + 6H^+(aq) + 6e^-$

D. $O_2(g) + 2H_2O(l) + 4e^- = 4OH^-$

**【解析】**甲醇燃料电池是将甲醇与氧气反应的化学能转化成电能。在该反应中,甲醇是还原剂,应为负极燃气,发生氧化反应,氧气是氧化剂,发生还原反应,排除 B、D,A 是反应的总方程式,只有 C 正确。答案选 C。

**【衍生题 3】**一种新型燃料电池,一极通入空气,另一极通入丁烷气体;电解质是掺杂氧化钇($Y_2O_3$)的氧化锆($ZrO_2$)晶体,在熔融状态下能传导 $O^{2-}$。下列对该燃料电池说法正确的是(　　)。

A. 在熔融电解质中,$O^{2-}$ 由负极移向正极

B. 电池的总反应是:$2C_4H_{10} + 13O_2 \longrightarrow 8CO_2 + 10H_2O$

C. 通入空气的一极是正极,电极反应为:$O_2 + 4e^- = 2O^{2-}$

D. 通入丁烷的一极是正极,电极反应为:$2C_4H_{10} + 26e^- + 13O^{2-} = 4CO_2 +$

$5H_2O$

【解析】这是丁烷燃料电池，其原理是将丁烷与氧气反应产生的化学能转化成电能。与上面两题不同的是，它不是利用溶液作电解质，而是利用熔融物电离出的自由移动离子导电。丁烷在负极失去电子发生氧化反应，电子沿导线流向正极，熔融电解质中的阴离子向负极移动，在负极获得电子被还原，即 $O_2 + 4e^- = 2O^{2-}$。答案选BC。

【点拨】燃料电池仍然是基于原电池原理设计的，但分析燃料电池时要注意以下几点：

（1）燃料电池的总反应方程式与其燃烧的化学方程式相同，只不过不需注明"燃烧"。

（2）对燃料电池的分析过程就是对一个氧化还原反应的分析过程，从化合价入手判断正、负极燃气及所发生的反应。

（3）判断正、负极电极反应式时要注意其产生的离子是否与电解质中的某些成分发生反应。

# 面粉也会爆炸吗？

"严禁烟火"四个字，在我们的意识里，也许只有加油站、烟花厂、炸药厂等才会悬挂。当你步入面粉厂，如果映入眼帘的是"严禁烟火"四个字时，不要感到奇怪，因为面粉也会爆炸。不信，你可以图1所示装置试验一下。

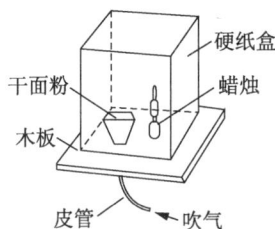
图1

血的教训：1785 年 12 月 14 日，意大利图灵（Turin）的一家面粉厂发生了一起面粉爆炸事故。这是世界上第一起有记录的粉尘爆炸。

2007 年 4 月 6 日，陕西华县莲花寺镇的一家面粉厂内发生剧烈爆炸，致一人失踪，11 人受伤住院。

……

面粉为什么会爆炸？这需要从什么是爆炸说起。爆炸是指可燃物在一定的空间内燃烧时放出的热量在短时间内难以放出，而产生的现象。爆炸需要三个条件：

（1）密闭的有限空间。

（2）有可燃性气体或粉尘。

（3）混入空气或氧气。

具备了这三个条件，就可能发生爆炸。面粉之所以会发生爆炸，是因为粉末状的面粉在空气中与氧气的接触面积较大，而增大反应物之间的接触面积，可以加快化学反应速率,因此面粉遇明火时,就会剧烈燃烧。如果可燃物的燃烧是在一个有限的空间内进行的,那么其放出的大量的热就会使气体体积迅速膨胀,引起爆炸。图1中,纸盒与木板就构成了一个有限的空间,向里面吹气,使面粉在纸盒内飞扬,增大与空气的接触面积,爆炸就随之发生了。

除面粉外,其他一些易燃烧的粉尘,如木屑、煤粉等,只要这些粉尘在空气中达到一定浓度,遇到明火,就会引起剧烈的爆炸。因此,我们去面粉厂一定要严禁烟火。

# 如何应用盖斯定律

俗话说"条条大路通罗马",同理,登山时也是条条小路通山顶,山的高度是不会随路径的改变而改变的。在化学反应中,有许多反应不能一步完成,需经过几步才能实现。那么每一步所产生的能量与该反应一步反应时产生的热量有什么关系呢?

【母题】(人教版选修4第一章复习题第5题)1 mol C、1 mol CO 分别按下式反应(燃烧):

$C(s) + \dfrac{1}{2}O_2(g) = CO(g)$,放热 110.5 kJ;

$CO(g) + \dfrac{1}{2}O_2(g) = 2CO(g)$,放热 283.0 kJ;

$C(s) + O_2(g) = CO_2(g)$,放热 393.5 kJ。

分析上述化学方程式及有关数据,回答下列问题:

(1) 请用数据说明:煤充分燃烧时为了节约能源并减少对环境的污染。

(2) 单质碳通过先与氧气反应生成 $CO(g)$,再与氧气反应生成 $CO_2(g)$,所放出的热量之和与相同质量的碳与氧气完全反应生成 $CO_2(g)$ 所放出的热量有何关系?你据此有何猜想,请通过查找资料予以检验。

【解析】从题中给出的数据我们可以发现,393.5=110.5+283.0,碳直接燃烧放出的热量与碳先燃烧生成 CO,然后 CO 再燃烧生成 $CO_2$ 放出的热量相等。难道这是一个巧合吗?

将上述两个过程用图1表示:

这个图示类似于数学上学过的向量计算(见图2):$\overrightarrow{AC} = \overrightarrow{AB} + \overrightarrow{BC}$。

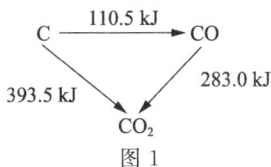
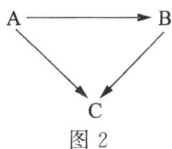

图1                    图2

因此 393.5=110.5+283.0 是一个必然而不是一个巧合。这与登山的道理是相似的,登山的路径有很多,每条路径所走过的距离也不相同,但山的高度始终是不变的。在化学反应中也同样如此,化学反应放出的热量只与始态和终态有关,而与化学反应经过的路径无关。即"一个化学反应不管是一步完成,还是多步完成,其放出或吸收的热量总是相同的"。这个规律早在 1840 年就被瑞士化学家盖斯(Hess)提出来了,因此又称盖斯定律。应用该定律可以利用已经精确测定的反应放出(或吸收)的热量来计算难于测量或不能测量的反应放出(或吸收)的热量。比如题例中,很难直接测量碳直接燃烧生成 CO 放出的热量,但我们可以很容易测出 CO 及碳完全燃烧生成 $CO_2$ 时放出的热量,利用盖斯定律就可以求出碳燃烧生成 CO 时放出的热量了。

【衍生题】$2H_2(g)+O_2(g)=2H_2O(l)$,放热 569.6 kJ;$2H_2(g)+O_2(g)=2H_2O(g)$,放热 482.1 kJ。

则 1 g 液态水蒸发时吸收的热量是(　　　)。

A. 2.43 kJ　　　　B. 4.86 kJ　　　　C. 43.8 kJ　　　　D. 87.5 kJ

【解析】将上述过程图示如图 3:

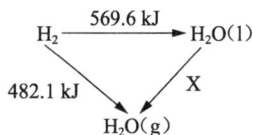

图 3

$482.1=569.6+x$,$x=482.1-569.6=-87.5$,即 2 mol 液态水蒸发时需要吸收 87.5 kJ 热量,则 1 g 液态水蒸发时吸收的热量为 $\dfrac{87.5}{36}=2.43$ kJ. 答案选 A。

# 直击两类有机反应

进入有机化学知识的学习后,我们发现出现了许多新名词,并且一些化学反应从名称上看,与我们原来学过的化学反应也有了很大不同,如在无机化学中我们常见的化合反应、置换反应、复分解反应等,在有机化学中则不再出现了,代之而来的是取代反应、加成反应、聚合反应等新名称。让我们来看两组反应:

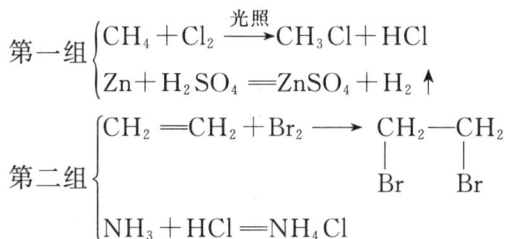

第一组 $\begin{cases} CH_4+Cl_2 \xrightarrow{光照} CH_3Cl+HCl \\ Zn+H_2SO_4=ZnSO_4+H_2\uparrow \end{cases}$

第二组 $\begin{cases} CH_2=CH_2+Br_2 \longrightarrow \underset{\underset{Br}{|}}{CH_2}-\underset{\underset{Br}{|}}{CH_2} \\ NH_3+HCl=NH_4Cl \end{cases}$

首先我们来看第一组,第1个反应是甲烷与氯气在光照条件下发生取代反应,第2个是锌与硫酸发生置换反应,二者的区别在什么地方呢?仔细观察就会发现,区别主要表现在以下三个方面:① 从产物上看:取代反应的生成物都是化合物,而置换反应中一定有单质;② 从反应条件上看,取代反应受温度、压强及催化剂等外界条件的影响,而置换反应大多数在水溶液中进行,遵循金属(或非金属)活动性顺序;③ 从反应历程上看,取代反应通常逐步进行,多数是可逆的,而置换反应多数为一步单向进行。因此取代反应不是置换反应在有机化学中的代名词。只要是有机物分子中某些原子或原子团被其他原子或原子团代替的反应均可称作取代反应,如:

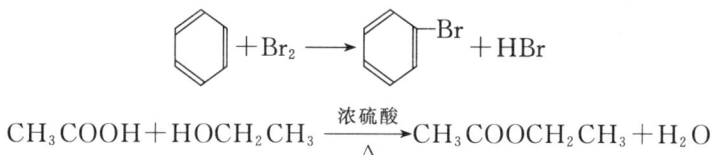

$$\bigcirc + Br_2 \longrightarrow \bigcirc^{Br} + HBr$$

$$CH_3COOH + HOCH_2CH_3 \xrightarrow[\Delta]{\text{浓硫酸}} CH_3COOCH_2CH_3 + H_2O$$

以上两个反应均符合取代反应的定义,除此以外,我们今后还会陆续学到更多的取代反应。

再来看第二组,第1个反应是乙烯与溴单质发生加成反应,第2个是氨气与氯化氢气体发生化合反应。二者从形式看好像是一致的,都是 A+B→C,但二者并不相同,主要表现在以下两个方面:① 从反应本质上看,加成反应是一种有机化学反应,它发生在有双键或三键的物质中,加成反应进行后,双或三键打开,键两端的原子各连接上一个新的基团,发生加成反应的有机物结构中一定含不饱和重键。化合反应指的是由两种或两种以上的物质生成一种新物质的反应,反应过程中不存在双键或三键的断裂,通常发生在无机物之间,是一种无机化学反应。② 从反应物上看,化合反应的反应物类型较多,可以是单质之间的化合,也可以是化合物之间的化合,而加成反应通常发生在化合物与化合物之间,如乙烯与 HCl 加成,或化合物与单质之间,如乙烯与氢气、卤素单质加成,但不会存在单质与单质之间的加成反应。

# 由一个课本实验延伸出的知识

**【课本实验】**向一支试管中加入 3～5 mL 乙醇,取一根 10～15 cm 长的铜丝,下端绕成螺旋状,在酒精灯上灼烧至红热,插入乙醇中反复几次。注意观察现象,小心闻试管中液体产生的气体。

**【解析】**本实验是乙醇的催化氧化反应。在反应过程中,我们可观察到以下现象:① 铜丝灼烧变黑;② 变黑的铜丝放入乙醇中,铜丝变成红色;③ 可闻到试管中液体有刺激性气味。铜丝由红变黑、然后又由黑变红是因为铜(红色)首先被氧化生成氧化铜(黑色),乙醇与氧化铜反应:$CH_3CH_2OH + CuO \xrightarrow{\Delta} CH_3CHO + Cu + H_2O$,氧化铜又被重新还原成铜。因此,铜在反应前后质量并未改变,铜是该反应的催化剂,反应方程式也可以写成:$2CH_3CH_2OH+O_2 \xrightarrow{\text{催化剂}} 2CH_3CHO+2H_2O$。

【衍生题 1】某同学认为利用酒精灯及铜丝就可进行乙醇的氧化实验,将螺旋状铜丝先放到图 1 中的 a 处加热,然后再移到 b 点,发现铜丝在火焰的 a、b 两点时现象明显不同。

请你写出 a、b 两点的实验现象,并解释产生该现象的原因。

a 处:_____,解释:_____;

b 处:_____,解释:_____。

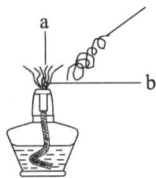

图 1

【解析】酒精灯芯处产生酒精蒸汽,因此将铜丝放置 a 处时,铜丝在外焰完全燃烧,被氧化生成氧化铜,移至内焰 b 处后,由于焰芯温度低,聚集了大量酒精蒸汽,因此氧化铜在此处又被还原。

【答案】a:铜丝由红变黑,外焰处乙醇充分燃烧,铜丝被氧化;b:铜丝又由黑变红,焰芯处乙醇未充分燃烧,CuO 被还原。

【衍生题 2】产物乙醛有刺激性气味,但乙醇的存在会干扰乙醛的气味,能否找到化学方法替代“闻生成物的气味”?(资料:乙醛可与新制的 $Cu(OH)_2$ 悬浊液共热,产生砖红色沉淀)

【解析】根据题目提供的信息,可向反应后的液体中加入新制氢氧化铜悬浊液,加热,若产生砖红色沉淀,则证明反应生成了乙醛。

【衍生题 3】某同学在探究“闻生成物的气味”的替代方法时,偶然发现向溴水中加入乙醛溶液,溴水褪色。该同学为解释上述现象,提出两种猜想:① 溴水将乙醛氧化为乙酸;② 溴水与乙醛发生加成反应。请你设计一个简单的实验,探究哪一种猜想正确?

【解析】利用反应后溶液的酸碱性进行检验,用 pH 试纸检测溴水的 pH。若酸性明显增强,则猜想①正确;反之,猜想②正确。

【衍生题 4】把质量为 $m$ g 的铜丝灼烧变黑后,立即放入下列物质中,使铜丝变红,而且质量仍为 $m$ g 的是(    )。

A. 稀硫酸    B. 乙醇    C. 稀硝酸    D. CO

【解析】氧化铜与稀硫酸、稀硝酸反应,生成硫酸铜及硝酸铜,铜丝的质量减小,A、C 错误;铜丝是乙醇催化氧化反应的催化剂,反应前后质量不变,B 正确;$2Cu+O_2 \xrightarrow{\Delta} 2CuO$,$CuO+CO \xrightarrow{\Delta} Cu+CO_2$,反应前后铜丝质量不变,D 正确。答案选 BD。

# 如何除去乙酸乙酯中残留的杂质?

乙酸乙酯在制备过程中,由于乙酸、乙醇均为易挥发液体,因此加热时生成的乙酸乙酯中会混入乙酸和乙醇,如何利用有机物的性质除去乙酸乙酯中的杂质呢?

**【母题】**(人教版必修 2 第三节第 6 题)除去乙酸乙酯中残留的乙酸,有效的处理方法是(　　)。

A. 蒸馏

B. 水洗后分液

C. 用过量饱和碳酸钠溶液洗涤后分液

D. 用过量氯化钠溶液洗涤后分液

**【解析】**乙酸的沸点是 $117.9\ ℃$,乙酸乙酯的沸点是 $77.06\ ℃$,二者沸点相差不是很大,蒸馏的温度不好控制,因此 A 不是有效的处理方法;虽然乙酸乙酯难溶于水,乙酸可以任意比溶于水,但乙酸及乙酸乙酯均为有机物,因此二者之间也可以互溶,所以无法采用水洗后分液的方法进行分离,B 错误;向混合物中加入过量氯化钠溶液,由于乙酸与氯化钠不反应,因此加入氯化钠与加入水是相同的,D 错误;向混合物中加入过量饱和碳酸钠溶液,可降低乙酸乙酯的溶解度,且乙酸与碳酸钠溶液反应生成的乙酸钠属于离子化合物,易溶于水,与乙酸乙酯互不相溶,液体分层,可采用分液的方法进行分离,答案选 C。

**【衍生题】**乙酸乙酯中混有乙酸和乙醇,图 1 是对该混合物进行分离操作的流程图。(括号内为所用试剂,方括号内为分离操作方法)

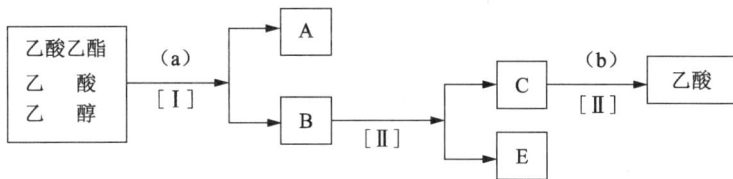

图 1

请回答:

(1) 写出所分离的有关物质的名称:

A _____ ,B _____ ,C _____ ,E _____

(2) a 试剂最好选用_____ ,其作用是:① _____ ;

② _____ ;③ _____ 。

(3) b 试剂最好选用下列_____ 。

① 盐酸　② 氢氧化钠溶液　③ 硫酸

(4) 分离操作方法 Ⅱ 的名称是_____ ,该操作方法通常用于 _____ 的分离。

(5) 某同学设计如下实验:在未用指示剂的情况下,向原混合物中加入足量氢氧化钠溶液,然后进行蒸馏,结果蒸馏出来的物质几乎没有乙酸乙酯。请说明原因,并写出有关的化学方程式。

【解析】本题是在母题的基础上进一步延伸的,题目通过操作流程的形式对乙酸乙酯中的两种杂质进行分离,而不是单纯的除杂,可以更好地考查有机物的除杂和分离操作。三种有机混合物是互溶的,加入试剂a后可以将其分成两组,因此试剂a应是饱和碳酸钠溶液,分离产生的A、B分别是乙酸乙酯、乙酸钠和乙醇;由于乙醇可任意比溶于水中,因此分离乙酸钠和乙醇时应利用乙酸钠是离子化合物,其沸点与乙醇相差较大,可利用蒸馏的方式得到乙醇,因此操作Ⅱ是蒸馏,分离后得到的E是乙醇,C是乙酸钠,将乙酸钠转化成乙酸,可利用强酸制取弱酸的方式向乙酸钠溶液中加入稀硫酸然后蒸馏,之所以不选用盐酸,是因为盐酸易挥发,蒸馏时会有氯化氢气体随之逸出。若将饱和碳酸钠溶液换成氢氧化钠溶液,会造成乙酸乙酯在强碱性溶液中完全水解,因此最终不会得到乙酸乙酯。

【答案】(1) 乙酸乙酯　乙醇和乙酸钠　乙酸钠　乙醇　(2) 饱和碳酸钠溶液
① 降低乙酸乙酯在水中的溶解度　② 除去酯中混有的乙酸　③ 除去酯中混有的乙醇　(3) ③　(4) 蒸馏　分离互溶沸点相差较大的液体　(5) 所加氢氧化钠溶液过量,酯发生水解:$CH_3COOCH_2CH_3 + NaOH \longrightarrow CH_3COONa + CH_3CH_2OH$

【点拨】分液与蒸馏是有机物分离、除杂常用的两种方法,分液适用于互不相容的液体之间的分离,蒸馏适用于相互溶解但沸点相差较大的液体之间的分离。这些方法与无机物中常用的过滤、蒸发等方法有很大区别,这是由有机物的性质决定的。

# 漫话"三馏"

在以石油和煤为主的化工生产中,我们会接触到三个相似的名称:蒸馏、分馏、干馏,俗称"三馏"。

"三馏"的原理是什么? 它们在化工生产中有哪些应用? 在解决这些问题之前,我们先来看图1所示的两幅实验装置图。

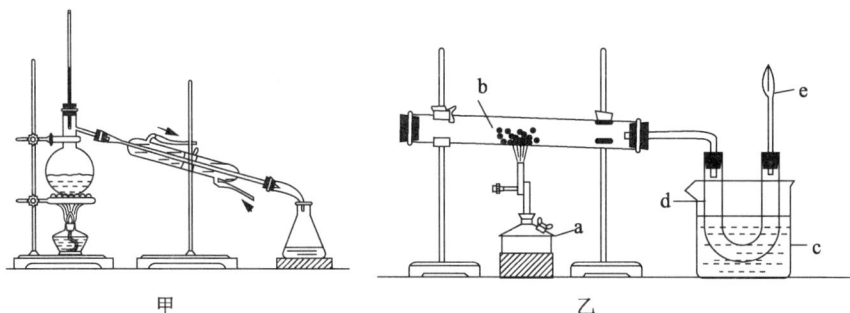

甲　　　　　　　　　　乙

图1

首先分析甲装置,这是实验室中模拟石油分馏的装置。该装置主要由蒸馏烧瓶、温度计、冷凝管、接收器、锥形瓶组成,也可称作蒸馏装置。其原理是利用液态混合物中各成分的沸点不同,通过控制加热温度,使低沸点的物质先汽化,然后冷凝、液化再收集,然后升温,再汽化、冷凝,使不同沸点的物质彼此分离开来。在这个过程中,液体混合物中各组分之间并没有发生化学反应,因此蒸馏是一个物理过程。蒸馏和分馏的细微差别主要在于,蒸馏只进行一次汽化和冷凝,分离出的物质一般较纯,如在工业酒精中加生石灰后蒸馏得到无水乙醇,而分馏要连续进行多次汽化和冷凝,分离出的物质依然是混合物,只不过沸点范围不同,例如对石油进行分馏后可以得到不同沸点范围的多个馏分。蒸馏与分馏在原理上没有本质差别,分馏可以看作是蒸馏原理的运用,因此高中阶段通常将二者视为相同。

图乙是实验室模拟煤干馏的装置。干馏是在隔绝空气的条件下,对木材、煤等加强热使之分解的一种加工处理方法。干馏后原料的成分和聚集状态都将发生变化,产物中固态、气态和液态物质都有。因此,干馏是一个化学过程,从煤干馏产物中可获得一些重要的化工原料,如焦炭、出炉煤气,其中出炉煤气中含有焦炉气(由 $H_2$、$CH_4$、$C_2H_4$、$CO$ 组成)、粗氨水(含氨、铵盐)、粗苯(由苯、甲苯、二甲苯构成)和煤焦油,这些成分在燃料、化肥、医药、合成材料等方面都有重要应用。

【案例】某化学兴趣小组的同学利用图 1 中的甲、乙两装置分别进行石油的蒸馏和煤的干馏,请据此回答下列问题:

(1)在甲装置中:

① 温度计的水银球之所以放在蒸馏烧瓶的支管口附近是因为_____。

② 冷凝管的水是下口进,上口出,这样做的好处是_____。

③ 当温度控制在 120 ℃时,甲组某同学认为此时在锥形瓶中收集到了沸点为 120 ℃的某纯净物,对此你的看法是_____。

(2)在乙装置中:

④ 装置 c 的作用是_____。d 中的液体有_____和煤焦油,前者可用_____检验出来;

⑤ e 处点燃的气体是_____,火焰的颜色是_____色。

【解析】(1)由于蒸馏利用的是各馏分的沸点不同进行分离,因此需要用温度计测量各馏分的沸点,在支管口附近,相同沸点范围的组分以气体形式进入冷凝管,所以只有在此处测得的才是沸点的数据,故温度计的水银球要放在蒸馏烧瓶的支管口;冷凝管的水的流向与气体的流向正好相反,这样形成逆流形式,可以延长气体被冷凝的时间,使气体得到更好的冷凝;在石油的原油中,相同碳原子数目的有机物其沸点非常接近,因此当温度为 120 ℃时,收集到的是该沸点范围内的不同馏分,不会得到一种纯净物。

(2)c 装置中盛有水,在此处起到冷凝作用,可将干馏生成的气体进行降温和冷凝,在 d 中就可以收集到粗氨水和煤焦油,粗氨水可利用酚酞进行检验;e 处产生的是焦炉气,由几种可燃物组成,点燃时发出蓝色火焰。

**【答案】**(1) ① 测量馏分的沸点　② 与气体形成逆流,更好地冷却气体　③ 该观点不正确,锥形瓶中收集到的是同在该沸点范围的混合物

(2) ④ 将干馏生成的气体进行降温和冷凝　粗氨水　酚酞　⑤ 焦炉气　蓝

# 爆炸极限——用浓度敲响的警钟

2003 年 12 月 23 日,重庆开县罗家二井十六号井发生特大井喷事故,共造成 234 人死亡。

2004 年 5 月 29 日晚 7 点 45 分,泸州市纳溪区炳灵路一栋 9 层居民楼前的人行道上突然发生爆炸,造成 5 人死亡,35 人受伤,10 多户居民的家园被彻底摧毁,80 多户居民受灾,数万人的正常生活受到影响。经过事故调查组的调查和试验,认定该事故是由天然气管道爆炸造成的。

2006 年 3 月 13 日凌晨发生在内蒙古鄂尔多斯市鄂托克旗的荣盛煤矿瓦斯爆炸事故共造成 17 人遇难,5 人下落不明。

我们知道,纯净的可燃气体在空气中是可以安静燃烧的,但当它们与空气形成混合物并达到一定浓度时,遇明火或静电火花就会发生剧烈的爆炸! 这个遇火源能发生爆炸的可燃气体浓度范围,称为可燃气体的爆炸极限(包括爆炸下限和爆炸上限)。

可燃气体的爆炸极限一般用其在空气中的体积百分数表示(%),也可以用可燃气体的质量分数表示($g/m^3$ 或 $mg/L$)。

不同可燃气体的爆炸极限是不同的,如氢气的爆炸极限是 4.0%～75.6%(体积浓度),意思是如果氢气在空气中的体积浓度在 4.0%～75.6%之间时,遇火源就会爆炸,而当氢气浓度小于 4.0%或大于 75.6%时,即使遇到火源,也不会爆炸(空气不足或空气过剩)。甲烷(天然气的主要成分)的爆炸极限是 5.0%～15.0%,意味着甲烷在空气中体积浓度在 5.0%～15.0%之间时,遇火源会爆炸。可燃粉尘爆炸极限的概念与可燃气体爆炸极限是一致的。可燃性混合物的爆炸极限范围越宽、爆炸下限越低和爆炸上限越高时,其爆炸危险性越大。这是因为爆炸极限越宽则出现爆炸条件的机会就越多;爆炸下限越低则可燃物稍有泄漏就会形成爆炸条件(如上述开县特大井喷和煤气管道爆炸);爆炸上限越高则有少量空气渗入容器,就能与容器内的可燃物混合形成爆炸条件。

可燃液体爆炸极限常用爆炸温度极限表示。也有上、下限之分,以"℃"表示。这是因为可燃蒸气的浓度是可燃液体在一定的温度下形成的。因此,爆炸温度极限就体现着一定的爆炸浓度极限,两者之间有相应的关系。例如酒精的爆炸温度极限为

$11 \sim 40$ ℃,与此相对应的爆炸浓度极限为 $3.3\% \sim 18\%$。液体的温度可随时方便地测出,比起通过取样和化验分析来测定蒸气浓度的方法,要简便得多。

在初中时我们已经知道,酒精灯中的酒精量和熄灭酒精灯的方法是有特殊规定的(介于灯容积的 $1/2 \sim 3/4$;只能盖灭不能吹熄),因为使用时间稍长就达到了酒精的爆炸温度! 此时,不让这种危险的蒸汽遇到火源就是唯一的选择!

中学化学实验中,我们制取或用到的可燃性气体比较多,为了安全,每次使用这些气体特别是将其进行点燃或加热时,都必须检验气体的纯度,只有它们纯净时,才是安全的。同时必须打开门窗,让空气流通,防止实验室内可燃性气体达到爆炸极限。

爆炸极限——用浓度为我们敲响了警钟!

# 必修课本中的绿色化学

"绿色化学"这个名称最早出现在美国环保局的官方文件中,以突出化学对环境的友好。"绿色化学"又称环境无害化学、环境友好化学、清洁化学,是实现化学污染防治的基本方法和科学手段,是一门从源头上阻止污染的化学。

绿色化学的理想在于不再使用有毒、有害的物质,不再产生废物,不再处理废物。它主要是从源头上阻止污染的发生。这种预防化学污染的新理念和新实践正日益被人们认识、接受和重视。绿色化学的最大特点在于它是在始端就采用实现污染预防的科学手段,因而过程和终端均为零排放或零污染。它研究污染的根源——污染的本质在哪里,它不是去对终端或过程污染进行控制或进行处理。绿色化学关注在现今科技手段和条件下能降低对人类健康和环境有负面影响的各个方面和各种类型的化学过程。绿色化学主张在通过化学变化获取新物质的过程中充分利用每个原子,具有"原子经济性",因此它既能够充分利用资源,又能够实现防止污染。很明显,"绿色化学"要求副作用尽可能小,它是一种理念,是人们应该倾力追求的目标。在我们的中学化学课本上,到处能找到绿色化学的影子。

(1)碘的升华实验:过去是在烧杯中直接加热,烧杯上罩一表面皿,碘受热后升华,碘蒸汽在表面皿遇冷重新凝结,但这样做的坏处是有部分碘蒸汽会从烧杯中逸出。现在改用碘锤来完成(见图1,碘锤的两头向内凹陷,内封有碘晶体),可将碘锤一头在酒精灯上加热,碘升华后凝聚在碘锤上方内壁。

图1

(2)温度对化学平衡的影响:课本上采用密封有二氧化氮的连接管来进行(见图2)。浸泡在热水中的气体颜色变深,浸泡在冷水中的气体颜色变浅,说明温度对化学平衡有影响,会造成平衡状态的改变。

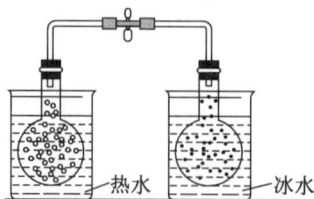

图 2

（3）铜与浓硝酸的反应：铜与浓硝酸反应生成污染性气体 $NO_2$，为了防止该气体逸出造成环境污染，课本上设计了如图 3 所示的装置，将铜片改用可移动的铜丝代替，需要停止反应时，只要将铜丝向上抽出，离开溶液即可。

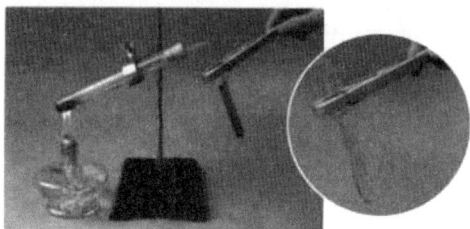

图 3

（4）制备气体时设计尾气处理装置：气体的制备装置中除了发生装置、除杂装置、收集装置、性质验证装置外，还有尾气处理装置。对于酸性气体，多采用碱液吸收；对于一氧化碳、氢气等气体，可将其点燃，使其转化成无污染的产物。如实验室制取氯气，采用氢氧化钠溶液吸收；实验室制取氨气，在收集氨气的试管口塞一团浸有盐酸或水的棉花。

（5）有机合成中采用"原子经济性"原则，尽量使参加反应过程的原子都进入最终产物，尽量减少副产品。二氯乙烷的合成方法有两种：一种是乙烷与氯气发生取代反应。另一种是乙烯与氯气发生加成反应。前者副产物多，并且氯原子还有一部分存在于氯化氢中；而后者所有原子均进入产物，并且产物单一，从原子经济性的角度，后者属于绿色合成。

（6）使用可降解原料：白色污染现在已经危害到了海洋、土壤、水源等领域，治理白色污染的方法除了将塑料进行再加工以外，在源头上治理应是最好的方法。比如，用淀粉研制包装材料和餐具，淀粉无毒且来源丰富，价格低廉，并且淀粉是一种很容易降解的化合物，最终的产物是无毒、无害、安全性极高的葡萄糖。

（7）开发新能源：我们现在使用的能源主要以化石能源为主，煤、石油、天然气均是不可再生能源，不符合绿色化学可持续发展的思想。因此各国大力开发各种新型能源，如氢能源、核能、太阳能等新能源。

我们在平时的生活中也应贯穿绿色化学的思想，养成环境保护意识，如：不能随意倾倒废弃物;使用环保节能电池;使用太阳能热水器;使用节能灯;不食用受保护的野生动植物;不使用难降解的一次性饭盒;少使用塑料袋;不乱扔废旧电池等。

# 高考常客——电解饱和食盐水

电解饱和食盐水是电解原理在实际工业生产中的重要应用,高考题曾对电解饱和食盐水从多角度进行考查。

**角度一、考查电解基本原理**

【例1】关于电解氯化钠溶液,下列叙述正确的是(　　)。

A. 电解时在阳极得到氯气,在阴极得到金属钠

B. 若在阳极附近的溶液中滴入碘化钾,溶液呈棕色

C. 若在阴极附近的溶液中滴入酚酞试液,溶液呈无色

D. 电解一段时间后,将全部电解液转移到烧杯中,充分搅拌后溶液呈中性

【解析】电解是将电能转变为化学能的一种方法,利用电解装置,可使许多通常不能发生的反应变为现实。电解时,首先考虑阳极材料。若阳极为惰性电极,则溶液中的阴、阳离子按照放电顺序分别在阳极、阴极放电。在 $NaCl$ 水溶液中,存在着 $Na^+$、$H^+$、$Cl^-$、$OH^-$ 离子。其中通电后,移向阳极的有 $Cl^-$、$OH^-$ 离子,$Cl^-$ 优先放电:$2Cl^- - 2e^- = Cl_2\uparrow$;移向阴极的有 $Na^+$、$H^+$ 离子,$H^+$ 优先放电:$2H^+ + 2e^- = H_2\uparrow$。阴极区由于 $H^+$ 放电导致水的电离平衡遭到破坏,使得 $c(OH^-) > c(H^+)$,电解后溶液呈碱性。答案选B。

**角度二、考查学以致用**

【例2】某学生想制作一种家用环保型消毒液发生器,用石墨作电极电解饱和 $NaCl$ 溶液。通电时,为使 $Cl_2$ 被完全吸收,制得有较强杀菌能力的消毒液,设计了如图1所示的装置,则下列对电源电极名称和消毒液的主要成分,判断正确的是(　　)。

A. a为正极,b为负极;$NaClO$ 和 $NaCl$

B. a为负极,b为正极;$NaClO$ 和 $NaCl$

C. a为阳极,b为阴极;$HClO$ 和 $NaCl$

D. a为阴极,b为阳极;$HClO$ 和 $NaCl$

图1

【解析】84消毒液是人们常用的一种消毒剂,本题就是利用电解饱和食盐水的原理,对装置加以改进,利用 $Cl_2 + 2NaOH = NaClO + NaCl + H_2O$ 制取 $NaClO$ 溶液。因此 $Cl_2$ 应在下面的电极产生,在上升的过程中与 $NaOH$ 溶液充分接触。所以b为正极,与之相连的电极为阳极,$Cl^-$ 放电生成氯气。答案选B。

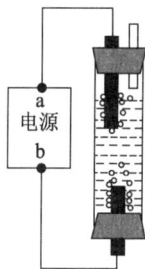

### 角度三、考查电解产物的验证

【例3】图2中能验证氯化钠溶液(含酚酞)电解产物的装置是(　　)。

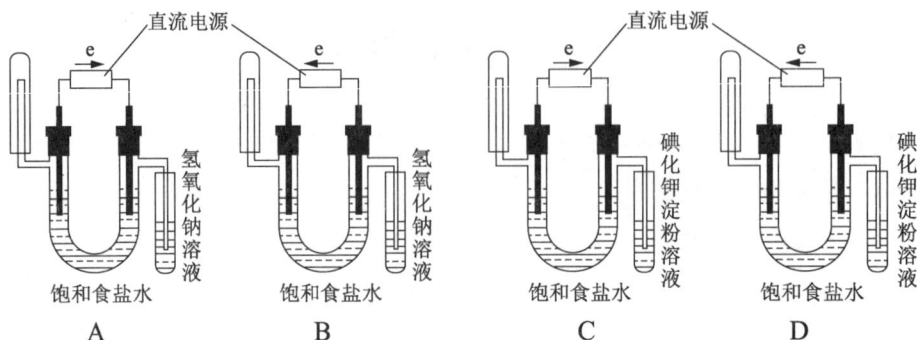

图 2

【解析】本题以电解装置的形式出现在试卷上,给人一种耳目一新的感觉。首先要明确两极产物及其检验方法:氯气用淀粉碘化钾溶液检验,氢气用向下排空气发收集然后进行检验。这样可首先排除 A、B 两选项(氯气与氢氧化钠溶液反应无明显现象),对于 C、D 两选项要注意电子的流向,电子是从电源的负极沿导线流向阴极,阴离子在阳极失电子,电子沿导线又流回电源正极。答案选 D。

### 角度四、考查氯碱工业

【例4】氯碱厂电解饱和食盐水制取 NaOH 的工艺流程示意图如下:

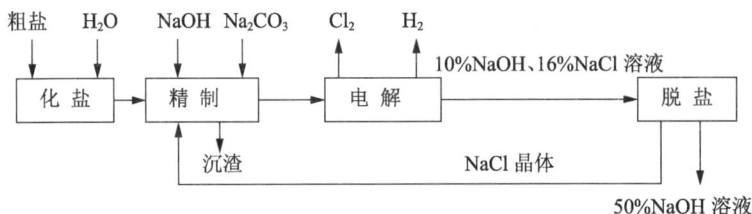

图 3

依据上图,完成下列填空:

(1) 在电解过程中,与电源正极相连的电极上所发生反应的化学方程式为 _____

_____,与电源负极相连的电极附近,溶液 pH 值 _____(选填:不变、升高或下降)。

(2) 工业食盐含 $Ca^{2+}$、$Mg^{2+}$ 等杂质。精制过程发生反应的离子方程式为 _____

_____,_____。

(3) 如果粗盐中 $SO_4^{2-}$ 含量较高,必须添加钡试剂除去 $SO_4^{2-}$,该钡试剂可以是 _____(选填:a、b、c,多选扣分)。

a. $Ba(OH)_2$　　　b. $Ba(NO_3)_2$　　　c. $BaCl_2$

（4）为有效除去 $Ca^{2+}$、$Mg^{2+}$、$SO_4^{2-}$，加入试剂的合理顺序为_____（选填 a、b、c 多选扣分）。

　　a. 先加 NaOH，后加 $Na_2CO_3$，再加钡试剂；

　　b. 先加 NaOH，后加钡试剂，再加 $Na_2CO_3$；

　　c. 先加钡试剂，后加 NaOH，再加 $Na_2CO_3$；

（5）脱盐工序中利用 NaOH 和 NaCl 在溶解度上的差异，通过_____、冷却、_____（填写操作名称）除去 NaCl。

（6）在隔膜法电解食盐水时，电解槽分隔为阳极区和阴极区，防止 $Cl_2$ 与 NaOH 反应；采用无隔膜电解冷的食盐水时，$Cl_2$ 与 NaOH 充分接触，产物仅是 NaClO 和 $H_2$，相应的化学方程式为_____。

【解析】氯碱工业是电解原理在实际生产中的重要应用，本题通过设置除杂、阳离子交换膜、电解原理等几方面的问题，综合考查了实验室操作与实际工业生产之间的区别，可以较好地反映出理论在实践中的应用。

【答案】（1）$2Cl^- -2e \longrightarrow Cl_2$　升高　（2）$Ca^{2+}+CO_3^{2-}=\!=CaCO_3\downarrow$　　$Mg^{2+}+2OH^-=\!=Mg(OH)_2\downarrow$　（3）a　c

（4）b　c　（5）蒸发　过滤　（6）$2NaCl+2H_2O\xlongequal{通电}H_2\uparrow+Cl_2\uparrow+2NaOH$

**角度五、综合应用**

【例5】X、Y、Z、W 为按原子序数由小到大排列的四种短周期元素。已知：

① X 可分别与 Y、W 形成 $X_2Y$、$X_2Y_2$、XW 等共价化合物；

② Z 可分别与 Y、W 形成 $Z_2Y$、$Z_2Y_2$、ZW 等离子化合物。

请回答：

（1）$Z_2Y$ 的化学式是_____。

（2）$Z_2Y_2$ 与 $X_2Y$ 反应的化学方程式是_____。

（3）如图 4 所示装置，两玻璃管中盛满滴有酚酞的 ZW 饱和溶液，C（Ⅰ）、C（Ⅱ）为多孔石墨电极。

接通 $S_1$ 后，C（Ⅰ）附近溶液变红，两玻璃管中有气体生成。一段时间后（两玻璃管中液面未脱离电极），断开 $S_1$，接通 $S_2$，电流表的指针发生偏转。此时：

　　C（Ⅰ）的电极名称是_____；

　　C（Ⅱ）的电极反应式是_____。

（4）铜屑放入稀硫酸中不发生反应，若在稀硫酸中加入 $X_2Y_2$，铜屑可逐渐溶解，该反应的离子方程式是：_____。

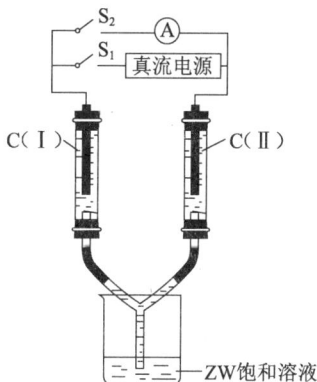

图 4

【解析】题目设计新颖巧妙，在理综试卷无法过多涉及主干知识点的情况下，本题依托电解饱和食盐水将物质推断、电解、燃料电池有机结合在一起，尤其是第（3）问，若不仔细审题，很容易漏掉题干中重要的信息：断开 $S_1$，接通 $S_2$，电流表的指针发生偏转，这样就会错将该装置误认为是一个简单的电解饱和食盐水的装置，将 C(Ⅱ)极当作阳极。其实断开 $S_1$，接通 $S_2$ 后，该装置已经变成了一个原电池，利用 $H_2 + Cl_2$ $= 2HCl$，将该反应的化学能转变为电能。

【答案】(1) $Na_2O$ (2) $2Na_2O_2 + 2H_2O = 4NaOH + O_2\uparrow$

(3) 负极 $Cl_2 + 2e^- = 2Cl^-$

(4) $Cu + H_2O_2 + 2H^+ = Cu^{2+} + 2H_2O$

# 立足课本研究高考题

纵观近几年高考试题，就会发现一个有趣的现象：重要知识点仍是考查的主干内容，但在形式上却有了新的变化，可谓旧瓶装新酒。

### 角度一、换种方式考物质的量浓度溶液

【例1】某研究性学习小组欲用化学方法测量一个不规则容器的体积。把 35.1 g NaCl 放入 500 mL 烧杯中，加入 150 mL 蒸馏水。待 NaCl 完全溶解后，将溶液全部转移到容器中，用蒸馏水稀释至完全充满容器。从中取出溶液 100 mL，该溶液恰好与 20 mL 0.100 mol/L $AgNO_3$ 溶液完全反应。试计算该容器的体积。

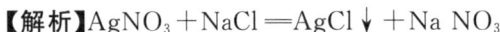

【解析】$AgNO_3 + NaCl = AgCl\downarrow + Na NO_3$

$n(AgNO_3) = 0.100 \text{ mol/L} \times 0.02 \text{ L} = 0.002 \text{ mol}$

$m(NaCl) = 0.002 \text{ mol} \times 58.5 \text{ g/mol} = 0.117 \text{ g}$

$V_{容器} = 100 \text{ mL} \times \dfrac{35.1 \text{ g}}{0.117 \text{ g}} = 30000 \text{ mL} = 30 \text{ L}$

【反思】本题考查的仍然是物质的量浓度的配制和计算，但考查形式新颖，初读试题还会给人无从下手的感觉，其实求解本题的关键是"用蒸馏水稀释至完全充满容器"，即容器的体积就是配制后溶液的体积。

### 角度二、离子共存问题中引入数据计算

【例2】今有一混合物的水溶液，只可能含有以下离子中的若干种：$K^+$、$NH_4^+$、$Cl^-$、$Mg^{2+}$、$Ba^{2+}$、$CO_3^{2-}$、$SO_4^{2-}$，现取三份 100 mL 溶液进行如下实验：

(1) 第一份加入 $AgNO_3$ 溶液有沉淀产生；

(2) 第二份加足量 NaOH 溶液加热后，收集到气体 0.04 mol；

(3) 第三份加足量 $BaCl_2$ 溶液后，得干燥沉淀 6.27 g，经足量盐酸洗涤、干燥后，沉淀质量为 2.33 g。根据上述实验，以下推测正确的是(　　)。

A. $K^+$ 一定存在　　　　　　　　B. 100 mL 溶液中含 0.01 mol $CO_3^{2-}$

C. $Cl^-$ 可能存在　　　　　　　　D. $Ba^{2+}$ 一定不存在，$Mg^{2+}$ 可能存在

【解析】据(2)知 $NH_4^+$ 有 0.04 mol。据(3)知：① $BaSO_4$ 有 2.33 g（即 0.01 mol），即有 0.01 mol $SO_4^{2-}$；② 有 $BaCO_3$ 为 3.94 g（即 0.02 mol），即 $CO_3^{2-}$ 有 0.02 mol；③ $Ba^{2+}$，$Mg^{2+}$ 不会存在，$Cl^-$ 可能存在。由于 $n(NH_4^+)<2n(CO_3^{2-})+2n(SO_4^{2-})$，由电荷守恒可知，必有 $K^+$。答案为 AC。

【反思】本题是一道数据计算型离子共存问题，是一类由填空型的离子推断题发展起来的新题型，但信息量、思考量均较常规离子共存问题大。

### 角度三、花样翻新的氧化还原反应

【例3】某一反应体系有反应物和生成物共五种物质：$O_2$、$H_2CrO_4$、$Cr(OH)_3$、$H_2O$、$H_2O_2$。已知该反应中 $H_2O_2$ 只发生如下过程：$H_2O_2 \rightarrow O_2$，则：

(1) 该反应中的还原剂是＿＿＿＿＿＿＿＿＿。

(2) 该反应中，发生还原反应的过程是＿＿＿＿＿ → ＿＿＿＿＿。

【解析】题目中没有直接给出反应物和生成物，需要根据化合价的变化加以判断。由于 $H_2O_2 \rightarrow O_2$，氧元素化合价升高，必然有另一种元素化合价降低，在所给物质中，只有铬元素化合价由 +6 价降为 +3 价，因此 $H_2CrO_4$ 是反应的氧化剂，发生还原反应的过程是：$H_2CrO_4 \rightarrow Cr(OH)_3$，$H_2O_2$ 是反应的还原剂。

【例4】(1) 请将 5 种物质：$N_2O$、$FeSO_4$、$Fe(NO_3)_3$、$HNO_3$ 和 $Fe_2(SO_4)_3$ 分别填入下面对应的横线上，组成一个未配平的化学方程式。

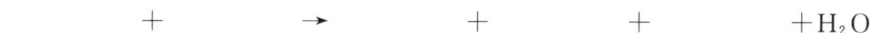

＿＿＿＿＿＿ + ＿＿＿＿＿＿ → ＿＿＿＿＿ + ＿＿＿＿＿ + ＿＿＿＿＿ + $H_2O$

(2) 反应物中发生氧化反应的物质＿＿＿＿＿＿，被还原的元素是＿＿＿＿＿＿。

(3) 反应中 1 mol 氧化剂＿＿＿＿（填"得到"或"失去"）＿＿＿＿＿＿ mol 电子

【解析】分析给出物质的化合价，就会发现硝酸中氮元素化合价降低，生成 $N_2O$，硝酸是反应的氧化剂；$FeSO_4$ 化合价升高，生成 $Fe(NO_3)_3$ 和 $Fe_2(SO_4)_3$，$FeSO_4$ 是反应的还原剂，反应方程式为：$FeSO_4 + HNO_3 \rightarrow Fe(NO_3)_3 + Fe_2(SO_4)_3 + N_2O + H_2O$。根据电子守恒，1 mol 氧化剂会得到 4 mol 电子。

【反思】例3、例4均是考查氧化还原反应中的基本知识点：氧化剂、还原剂的判断，氧化还原反应方程式的书写等，但题目设计新颖，层层递进。例3给出了方程式的部分信息，例4则要求自己分析并写出方程式。虽然考查的知识点比较简单，但综合程度高，思维容量大。上述四个例题均是课本知识点在高考试题中呈现的新面孔，通过对试题的分析，我们可以发现，题目只是形式上发生了新的变化，但考查的知识点并没有改变，因此夯实基础仍是学习的关键。

# 一物双用看明矾

明矾是十二水合硫酸铝钾 $[KAl(SO_4)_2 \cdot 12H_2O]$ 的俗名。硫酸铝钾是由两种不同的金属离子和一种酸根离子组成的化合物，又称为复盐。它在水中能完全电离产生 $K^+$、$Al^{3+}$ 和 $SO_4^{2-}$，因此硫酸铝钾既具有可溶性铝盐的性质，又具备硫酸盐的性质，可谓一物双性质。

【母题】把 $Ba(OH)_2$ 溶液滴入明矾溶液中，使 $SO_4^{2-}$ 全部转化成 $BaSO_4$ 沉淀，此时铝元素的主要存在形式是(　　)。

A. $Al^{3+}$　　　　　B. $Al(OH)_3$　　　　　C. $AlO_2^-$　　　　　D. $Al^{3+}$ 和 $Al(OH)_3$

【解析】$Ba(OH)_2$ 完全电离：$Ba(OH)_2 = Ba^{2+} + 2OH^-$，硫酸铝钾完全电离：$KAl(SO_4)_2 = K^+ + Al^{3+} + 2SO_4^{2-}$，若使 $SO_4^{2-}$ 全部转化成 $BaSO_4$ 沉淀，则需 $Ba^{2+}$ 与 $SO_4^{2-}$ 之比为 1：1，此时 $OH^-$ 与 $Al^{3+}$ 之比恰好为 4：1，铝元素的主要存在形式是 $AlO_2^-$，反应的离子方程式为：$2Ba^{2+} + 4OH^- + Al^{3+} + 2SO_4^{2-} = 2BaSO_4 \downarrow + AlO_2^- + 2H_2O$。

【衍生题1】把 $Ba(OH)_2$ 溶液滴入明矾溶液中，使 $Al^{3+}$ 全部转化成 $Al(OH)_3$ 沉淀，此时反应的离子方程式为_____。

【解析】$Al^{3+}$ 全部转化成 $Al(OH)_3$ 沉淀，需满足 $Al^{3+}$ 与 $OH^-$ 之比为 1：3(或 2：6)，此时 $SO_4^{2-}$ 与 $Ba^{2+}$ 之比为 4：3，可生成 3 mol $BaSO_4$ 沉淀和 1 mol $K_2SO_4$。反应的离子方程式为：$3Ba^{2+} + 6OH^- + 2Al^{3+} + 3SO_4^{2-} = 3BaSO_4 \downarrow + Al(OH)_3$。

【衍生题2】已知 $Ba(AlO_2)_2$ 可溶于水。图1表示的是向 $Al_2(SO_4)_3$ 溶液中逐滴加入 $Ba(OH)_2$ 溶液时，生成沉淀的物质的量 $y$ 与加入 $Ba(OH)_2$ 的物质的量 $x$ 的关系。下列有关叙述正确的是(　　)。

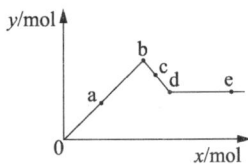
图 1

A. a—b 时沉淀的物质的量：$Al(OH)_3$ 比 $BaSO_4$ 多

B. c—d 时溶液中离子的物质的量：$AlO_2^-$ 比 $Ba^{2+}$ 多

C. a—d 时沉淀的物质的量：$BaSO_4$ 可能小于 $Al(OH)_3$

D. d—e 时溶液中离子的物质的量：$Ba^{2+}$ 可能等于 $OH^-$

【解析】本题虽然没有直接考查明矾，但发生反应的离子有相似之处。首先分析图像，可将图像分成三部分：① 0—b 段，$Al_2(SO_4)_3$ 与 $Ba(OH)_2$ 溶液反应，生成和 $Al(OH)_3$ 和 $BaSO_4$ 沉淀，反应的离子方程式为 $3Ba^{2+} + 6OH^- + 2Al^{3+} + 3SO_4^{2-} = 3BaSO_4 \downarrow + Al(OH)_3$，到 b 点时沉淀量最大，$BaSO_4$ 比 $Al(OH)_3$ 多；② b—d 段，$Al(OH)_3$ 与 $Ba(OH)_2$ 溶液继续反应，沉淀溶解，生成可溶的 $Ba(AlO_2)_2$，导致沉淀减少，反应的离子方程式为：$Al(OH)_3 + OH^- = AlO_2^- + 2H_2O$，c—d 段有 2 mol $AlO_2^-$ 和 1 mol $Ba^{2+}$；③ d—e 段，最后剩余沉淀 $BaSO_4$，反应的总方程式为：$4Ba(OH)_2 + Al_2(SO_4)_3 = 3BaSO_4 + Ba(AlO_2)_2 + 4H_2O$，d—e 时溶液中离子的物质的量 $Ba^{2+}$ 及 $OH^-$ 完全来自过量的 $Ba(OH)_2$ 溶液，$Ba^{2+}$ 一定少于 $OH^-$。答案选 B。

铝盐与碱的反应,一直是命题的重点内容,明矾或硫酸铝与氢氧化钡的反应是其中的难点,它涉及了两种沉淀的生成,学习时不妨从离子方程式的角度进行分析。

# 从硫、氮氧化物排放看环保

二氧化硫、氮氧化物排放是造成环境污染的主要因素,二氧化硫的排放是酸雨形成的主要原因,氮氧化物的排放则形成了光化学烟雾。

**【母题1】**空气是人类生存所必需的重要资源。为改善空气质量而启动的"蓝天工程"得到了全民的支持。下列措施不利于"蓝天工程"建设的是(　　)。

A. 推广使用燃煤脱硫技术,防治 $SO_2$ 污染

B. 实施绿化工程,防治扬尘污染

C. 研制开发燃料电池汽车,消除机动车尾气污染

D. 加大石油、煤炭的开采速度,增加化石燃料的供应量

**【解析】**燃煤脱硫技术主要是通过向煤中加入 $CaO$,在煤的燃烧过程中,硫与氧气反应生成 $SO_2$,$SO_2$ 是酸性气体,可与 $CaO$ 化合生成 $CaSO_3$:$SO_2 + CaO = CaSO_3$,$CaSO_3$ 进一步被氧化生成 $CaSO_4$(炉渣),避免了向空气中直接排放 $SO_2$ 气体。加大石油、煤炭的开采速度,增加化石燃料的供应量,会加剧空气污染,不利于蓝天工程。答案选 D。

**【母题2】**下列物质中,属于"城市空气质量日报"报道的污染物是(　　)。

A. $N_2$　　　　B. $SO_2$　　　　C. $CO_2$　　　　D. CO

**【解析】**"城市空气质量日报"报道的污染物主要包括:二氧化硫、氮氧化物和总悬浮粒物。答案选 B。

**【衍生题1】**汽车尾气(含有烃类、CO、$SO_2$ 与 NO 等物质)是城市空气的污染源。治理的方法之一是在汽车的排气管上装一个"催化转换器"(用铂、钯合金作催化剂)。它的特点是使 CO 与 NO 反应,生成可参与大气生态环境循环的无毒气体,并促使烃类充分燃烧及 $SO_2$ 的转化。

(1) 写出 CO 与 NO 反应的化学方程式＿＿＿＿＿＿＿＿＿。

(2) "催化转换器"的缺点是在一定程度上提高空气的酸度,其原因是＿＿＿＿。

(3) 控制城市空气污染源的方法可以有＿＿＿＿＿＿＿(多选扣分)。

a. 开发氢能源　b. 使用电动车　c. 植树造林　d. 戴上呼吸面具

**【解析】**CO 有还原性,NO 有氧化性,二者可发生氧化还原反应,生成 $CO_2$ 和 $N_2$,反应方程式为:$2CO + 2NO \xrightarrow{\text{催化剂}} 2CO_2 + N_2$。由于该转换器会促使 $SO_2$ 的转化,这样在使用过程中,$SO_2$ 被空气中的微尘催化氧化生成 $SO_3$,与水蒸气结合形成

硫酸酸雾,提高了空气的酸度。控制污染应从根本上进行治理,从源头上杜绝污染,所以开发无污染的氢能源、使用电动车均可以起到有效作用,植树造林只能治标而不治本。

【答案】(1) $2CO + 2NO \xrightarrow{催化剂} 2CO_2 + N_2$　(2) $SO_2$ 转化为 $SO_3$,产生硫酸酸雾　(3) a b

【衍生题2】我国农业因遭受酸雨而造成的损失每年高达15亿元。为了有效控制酸雨,目前国务院已批准了《酸雨控制区和二氧化硫污染控制区划分方案》等法规。

(1) 现有雨水样品1份,每隔一段时间测定该雨水样品的pH,所得数据如表1:

表1

| 测试时间/h | 0 | 1 | 2 | 3 | 4 |
|---|---|---|---|---|---|
| 雨水的pH | 4.73 | 4.62 | 4.56 | 4.55 | 4.55 |

分析数据,回答下列问题:(已知 $Cl_2 + SO_2 + 2H_2O = H_2SO_4 + 2HCl$)

① 雨水样品的pH变化的原因是(用化学反应方程式表示)＿＿＿＿＿＿＿＿。

② 如果将刚取样的上述雨水和自来水相混合,pH将变＿＿＿＿＿(填"大"或"小")。

(2) 你认为减少酸雨产生的途径可采用的措施是＿＿＿＿＿＿。

① 少用煤作燃料　② 把工厂烟囱造高　③ 燃料脱硫　④ 在已酸化的土壤中加石灰　⑤ 开发新能源

A．①②③　　　B．②③④⑤　　　C．①③⑤　　　D．①③④⑤

(3) 在英国进行的一个研究结果表明:高烟囱可以有效地降低地表面 $SO_2$ 浓度。在20世纪的60~70年代的10年间,由发电厂排放出的 $SO_2$ 增加了35%,但由于建筑高烟囱的结果,地面 $SO_2$ 浓度降低了30%之多。请你从全球环境保护的角度,分析这种方法是否可取? 简述其理由。

【解析】酸雨放置时pH变化,其原因是雨水中的 $H_2SO_3$ 被空气中的氧气氧化所致。当雨水和自来水混合时,因自来水多用氯气进行消毒,在水中含有一定量的氯气或次氯酸,$H_2SO_3$ 被氯气氧化生成完全电离的硫酸,导致水中 $H^+$ 浓度增大,酸性增强。将烟囱造高,$SO_2$ 的排放总量没有减少,只是低空二氧化硫含量降低,但高空反而增加了,并且高空中二氧化硫漂移速度快,污染面积增大,反而会加剧全球环境污染。

【答案】(1) ①$2H_2SO_3 + O_2 = 2H_2SO_4$　②小　(2) C　(3) 不可取。因 $SO_2$ 的排放总量没有减少,所以进一步形成的酸雨仍会造成对全球的危害。

# 有多少种方法可以得到氨气？

氨气有多种方法可以制取,正因为制取方法的多样性,使得氨气的制取及性质实验成为一个新的考查热点。氨气的制取分工业制取和实验室制取两种。

（1）工业制取氨气：以空气为原料,氮气与氢气在高温、高压、催化剂作用下反应得到：$N_2 + 3H_2 \underset{\text{高温、高压}}{\overset{\text{催化剂}}{\rightleftharpoons}} 2NH_3$。

【例1】为了模拟工业制取氨气的原理,某化学实验小组在实验室利用工业原料制备少量氨气,设计了如图1所示装置（图中夹持装置均已略去）。

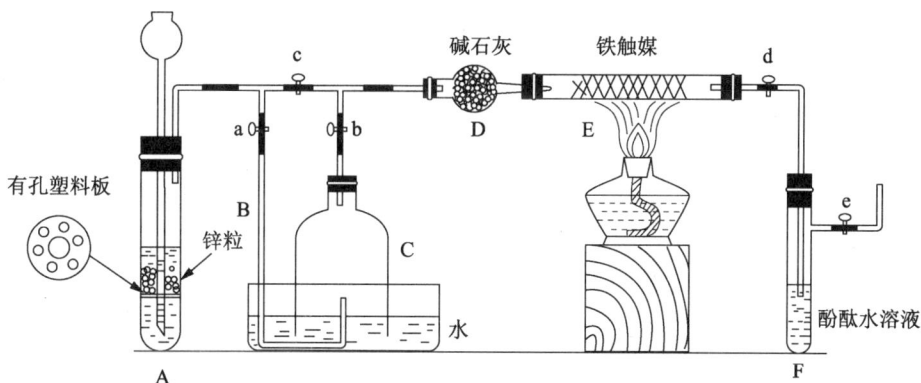

图1

① 检查实验装置的气密性后,关闭弹簧夹 a、b、c、d、e。在 A 中加入锌粒,向长颈漏斗注入一定量稀硫酸。打开弹簧夹 c、d、e,则 A 中有氢气产生。在 F 出口处收集氢气并检验其纯度。

② 关闭弹簧夹 c,取下截去底部的细口瓶 C,打开弹簧夹 a,将氢气经导管 B 验纯后点燃,然后立即罩上无底细口瓶 C,塞紧瓶塞,如图所示。氢气继续在瓶内燃烧,几分钟后火焰熄灭。

③ 用酒精灯加热反应管 E,继续通氢气,待无底细口瓶 C 内水位下降到液面保持不变时,打开弹簧夹 b,无底细口瓶 C 内气体经 D 进入反应管 E,片刻后 F 中的溶液变红。

思考：C 瓶内水位下降到液面保持不变时,A 装置内发生的现象是_____,防止了实验装置中压强过大。此时再打开弹簧夹 b 的原因是_____,C 瓶内气体的成分是_____。

【解析】本题虽然是利用实验室所提供的条件模拟氨气的工业合成,但题目陌生度高,涉及装置较多,尤其是 B、C 装置的设置,阅读完整个题干后,我们需解决以下两个问题:如何获得合成所需要的原料气——氮气和氢气? C装置的作用是什么?

从图中可以看出,A装置用来制取氢气,氮气应来自空气,但空气中除氮气外,还含有大量的氧气,只有除掉氧气,才能获得氮气。此时就会发现C装置是一个提供空气的装置,氢气经验纯在C中燃烧,当氧气耗尽时火焰熄灭,剩余气体为氮气。当C瓶内水位下降到液面保持不变时,A装置内锌粒与酸脱离。此时打开弹簧夹b,A中固液重新混合反应,产生大量的氢气将无底细口瓶C内的氮气经D进入反应管E,在铁触媒的催化下生成氨气,氨气溶于水使F中酚酞变红。

(2) 实验室制取氨气有多种方法:

① 铵盐与碱共热:$2NH_4Cl+Ca(OH)_2 \xrightarrow{\Delta} CaCl_2+2NH_3+2H_2O$;

② 快速制取:由于氨水是一种易挥发液体,可直接加热浓氨水得到氨气,也可以将浓氨水滴入盛有固体烧碱的烧瓶中,待冒气泡较多时,即可用向下排气法收集氨气。

**【例2】**图2是实验室制取氨气的装置和选用的试剂,其中错误的是( )。

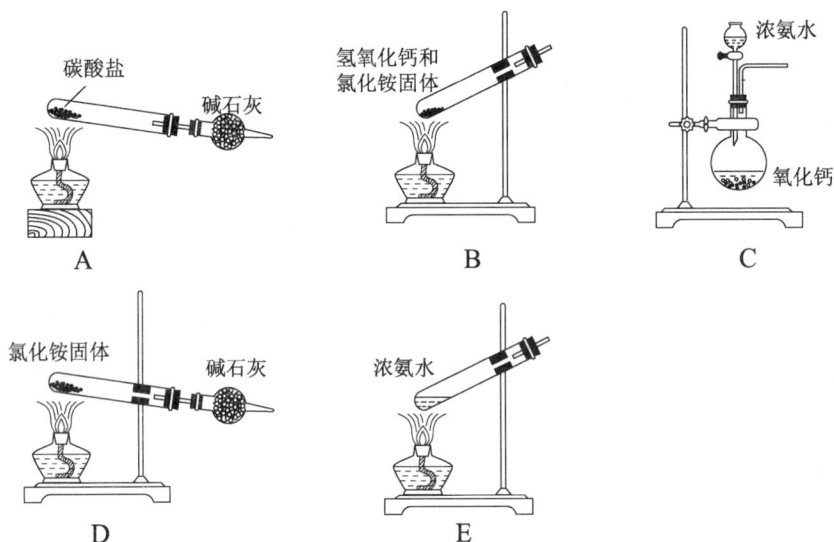

图2

**【解析】**本题五个装置图包括了氨气的三种制取方法:(1) A、D采用铵盐受热分解的方式制取氨气,但氯化铵受热分解生成的氨气与氯化氢会在管口附近重新化合,因此D装置无法得到氨气,A中无论是碳酸铵还是碳酸氢铵,分解后生成氨气、二氧化碳和水,无法再化合生成铵盐,因此可以利用A装置制取氨气;(2) C、E利用浓氨水的挥发性加热或变相加热(浓氨水滴入氧化钙中)得到氨气;(3) 氯化铵与氢氧化钙加热得到氨气,但B中管口应向下倾斜。因此正确答案为A、C、E。

# 三看氨气的还原性

对于氨气的性质,我们通常比较注意其溶解性、碱性两个方面,氨气还有一个重要的性质,就是还原性。由于氨气中氮元素的化合价为$-3$价,处于最低价态,因此氨气是一种很强的还原剂。主要表现在以下三个方面:

【案例1】氨气的催化氧化反应。

工业制取硝酸的第一步就是氨气的氧化反应,反应方程式为 $4NH_3 + 5O_2 \xrightarrow[\Delta]{\text{催化剂}} 4NO + 6H_2O$。实验室可将氨气通入盛有水的锥形瓶中(见图1),待吸收一段时间后,再通入空气,同时将经加热的铂丝插入锥形瓶内,此时可观察到铂丝保持红热(该反应是一个放热反应)、锥形瓶中有红棕色气体产生(反应生成的 NO 继续被氧化生成了 $NO_2$)。

图 1

【案例2】氨气在纯氧气中燃烧。

氨气还可在纯氧中安静燃烧,实验室可用图2所示装置模拟该反应:将过量的氧气与氨气分别从 a、b 两管进气口通入到装置中,并在 b 管上端点燃氨气。氨气在纯氧气中燃烧是在一个开放的环境中进行的,这就使人联想到反应生成物应对环境没有污染,氨气被氧化生成了氮气,反应方程式为:$4NH_3 + 3O_2 \xrightarrow{\text{点燃}} 2N_2 + 6H_2O$。反应时要先通入 $O_2$,后通入 $NH_3$。若先通氨气,氨在空气中不能点燃,逸出造成污染。

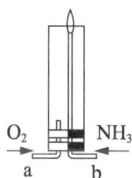

图 2

【案例3】氨气与氧化铜反应。

氨气还原性很强,可与氧化铜等弱氧化剂反应。反应的化学方程式为:$2NH_3 + 3CuO \xrightarrow{\Delta} N_2 + 3H_2O + 3Cu$,利用图 3 所示装置可以实现该反应。

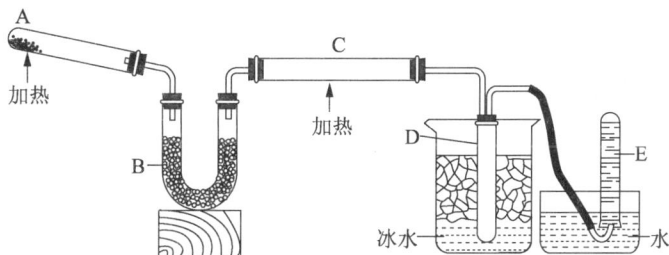

图 3

A 装置是氨气的发生装置,可利用氯化铵与氢氧化钙加热得到氨气,生成的氨气经 B 装置中的碱石灰干燥后进入盛有氧化铜的 C 装置。反应后可观察到 C 中黑色粉末部分逐渐变为红色（$CuO \rightarrow Cu$）、D中出现无色液体（氨水），可用红色石蕊试纸和无水硫酸铜分别进行检验，E中收集到无色难溶于水的气体（$N_2$）。氨气与氧化铜的反应还可以通过定量实验的方式测定出铜的相对原子质量。

除以上三个方面体现氨气的还原性外，氨气还可以与氯气反应生成氮气和氯化铵，工业上常利用该反应检验输送氯气的管道是否出现泄漏。

# 抓重点　辨四同

迄今为止，我们接触了四个比较相近的概念：同位素、同素异形体、同系物、同分异构体，如何才能正确辨析这四个概念呢？下面我们看一下学习中经常出现的误区。

【误区1】$H_2$、$D_2$、$T^+$ 互为同位素。

【解析】错误。质子数相同、中子数不同的核素互称为同位素，也就是说同一元素的不同原子互称为同位素，它的研究对象是原子，而 $H_2$、$D_2$、$T^+$ 均不属于原子，因此三者不能互称为同位素。

【误区2】$H_2$、$D_2$ 均为氢的同素异形体。

【解析】错误。同素异形体是指由同一元素形成的性质不同的单质，在此概念中，正确理解"异形"是关键，"异形"指的是原子的连接方式不同，导致单质的空间结构不同，所形成的单质的物理性质不同，但化学性质基本相同。比如碳的两种同素异形体：金刚石是碳原子通过正四面体结构形成空间立体网状结构，石墨则是通过平面正六边形形成平面网状结构，二者的物理性质有很大差异，但化学性质几乎相同。

【误区3】$C_2H_4$ 与 $C_4H_8$ 一定互为同系物。

【解析】错误。同系物是指结构相似，在组成上相差一个或若干个 $-CH_2$ 原子团的有机物，即互为同系物的物质一定属于同一类物质。$C_2H_4$ 的结构简式为 $CH_2 \!=\! CH_2$，只表示乙烯，而 $C_4H_8$ 既可以表示丁烯，也可以表示环丁烷或甲基环丙烷，因此不能说 $C_2H_4$ 与 $C_4H_8$ 一定互为同系物，但可以说乙烯与丁烯一定互为同系物。由此可以看出，判断同系物时，不仅需要注意物质在组成上的差别，更重要的是要注意"结构相似"的含义。所谓结构相似，一是指有机物中碳原子的连接方式相似，如均为链状或均为环状，二是指含有的官能团相同，如烯烃的同系物一定是烯烃，而不能是环烷烃，与乙醇互为同系物的物质一定属于一元醇，而不能是醚。

【误区4】乙醇（$C_2H_6O$）与甲酸（$CH_2O_2$）分子量均为46，属于同分异构体，二者性质相似。

【解析】错误。同分异构体中的"同分"是指分子式相同，不是分子量相同，"异构"的含义非常广泛，可以是由于碳链的长短发生变化引起的异构，也可以是由于碳链连接的形状不同（链状或环状）引起的异构，还可以是由于所连接的起决定作用的某个基团(官能团)种类或位置不同引起的异构。

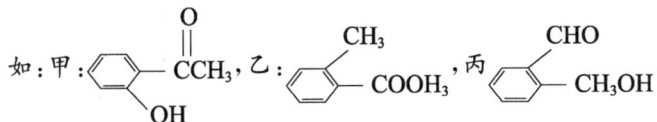

如：甲：，乙：，丙

三者互为同分异构体。

　　同分异构体的物理性质不同,化学性质可能相似也可能不同,如烷烃的同分异构体仍然属于烷烃,其化学性质相似,但上面所给的甲、乙、丙三者的化学性质就截然不同,因此分析不同有机物同分异构体的性质时,不能笼统地下结论,要具体物质具体分析。

# 第五部分　探究之旅

# 检验离子要防干扰

周五上完化学课,老师拿了一包白色固体给"我爱学化学"兴趣小组的同学们,告诉他们这包固体可能是硫酸钠、碳酸钠及氯化钠组成的混合物,让他们利用周末时间设计一个方案,探索一下这包白色固体的成分,并且到实验室检验一下。

【探究主题】白色固体中是否含有硫酸钠、碳酸钠、氯化钠等成分。

【实验原理】通过检验白色固体中是否含有硫酸根、碳酸根及氯离子来确定固体的成分。将氯离子转化成氯化银、硫酸根离子转化成硫酸钡、碳酸根离子转化成二氧化碳或硫酸钙进行检验。

【探究过程】

(1) 取白色固体少许,溶于水配成溶液。

(2) 取少量溶液于试管中,首先向试管中滴加足量稀盐酸,发现有气体生成,证明含有碳酸根。

(3) 继续向试管中滴加硝酸银和稀硝酸,有白色沉淀生成,证明含有 $Cl^-$。

(4) 另取少量溶液于第二支试管中,滴加足量氯化钡溶液,发现有白色沉淀生成,证明有硫酸根。

【实验结论】白色固体由硫酸钠、碳酸钠、氯化钠三者共同构成。

【实验反思】

(1) 实验(3)能证明固体中含有氯化钠吗?

答:不能。实验(2)中加入稀盐酸时,引入了氯离子,实验(3)虽然生成了氯化银沉淀,但并不能证明溶液中一定含有氯离子。

(2) 实验(4)中的白色沉淀一定是硫酸钡吗?

答:不一定。由于实验(2)已证明溶液中含有碳酸根,那么加入氯化钡后,碳酸根也可以与钡离子结合生成白色沉淀,因此无法证明沉淀一定是硫酸钡,可继续向溶液中加入稀盐酸,若沉淀全部溶解,则证明是碳酸钡,若部分溶解,则证明同时含有硫酸钡。或者向溶液中先加入足量稀盐酸,再加入氯化钡溶液,若有气体产生,试管底部有难溶物剩余,说明原混合物中一定含有硫酸盐。

【归纳总结】检验溶液中的离子时,主要是依据物质的物理性质(如颜色、气味等)或化学性质(如生成沉淀、气体等)进行检验,实验过程中要选择反应灵敏、现象明显的试剂,同时要注意某些共有现象的干扰。

# 谁影响了化学反应速率？

**【探究目的】**探究外界因素对硝酸与碳酸钙化学反应速率的影响。

**【知识回顾】**影响化学反应的因素有温度、浓度、压强、催化剂、反应物的接触面积等。

**【指导思想】**利用控制变量的思想，探究一种因素对反应速率的影响。

**【仪器及药品】**浓度为 1.00 mol/L、2.00 mol/L 的硝酸、细颗粒与粗颗粒两种规格的大理石、试管、温度计、量筒、托盘天平。

**【实验方案】**见表 1。

表 1

| 实验编号 | $T(K)$ | 大理石规格 | $HNO_3$ 浓度（mol/L） | 实验目的 | 大理石消失的时间(s) |
|---|---|---|---|---|---|
| ① | 298 | 粗颗粒 | 2.00 | (1) 实验①和②探究 $HNO_3$ 浓度对该反应速率的影响； | 15 |
| ② | 298 | 粗颗粒 | 1.00 | (2) 实验①和③探究温度对该反应速率的影响； | 22 |
| ③ | 308 | 粗颗粒 | 2.00 | (3) 实验①和④探究大理石规格（粗、细）对该反应的影响。 | 9 |
| ④ | 298 | 细颗粒 | 2.00 | | 28 |

**【温馨提示】**每次实验 $HNO_3$ 的用量为 25.0 mL、大理石用量为 10.00 g。

**【实验结论】**升高温度、增大硝酸的浓度、增大固体表面积均可加快硝酸与大理石的反应速率。

**【数据处理】**实验①中 $CO_2$ 质量随时间变化的关系见图 1，请在图中画出实验②、③和④中 $CO_2$ 质量随时间变化关系的预期结果示意图。

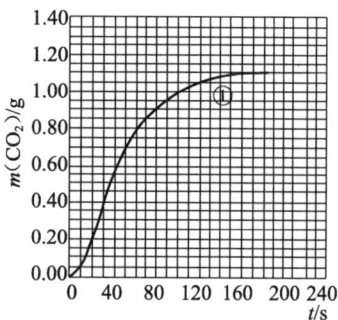

图 1

【答案】

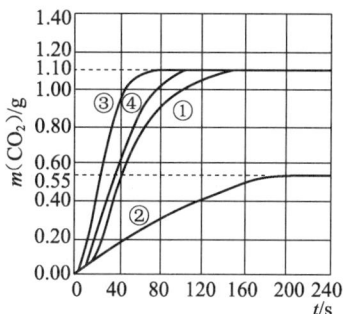

图 2

作图要点：因为实验①中，$HNO_3$ 与大理石恰好完全反应；实验②中，$HNO_3$ 不足量，纵坐标对应的每一个值均为原来的 1/2；实验③④的图像类似，恰好完全反应，但反应条件改变，升高温度与大理石细颗粒增大表面积均可加快反应速率，图像曲线斜率均变大（③更大一些），但气体的体积对应的纵坐标与实验①相同。

【拓展延伸】依据反应方程式 $\frac{1}{2}CaCO_3 + HNO_3 = \frac{1}{2}Ca(NO_3)_2 + \frac{1}{2}CO_2 \uparrow + \frac{1}{2}H_2O$，计算实验①在 $70 \sim 90$ s 范围内 $HNO_3$ 的平均反应速率（忽略溶液体积变化，写出计算过程）。

【解析】70 至 90 s 内，$CO_2$ 生成的质量为：$m(CO_2) = 0.95$ g$- 0.84$ g$= 0.11$ g，其物质的量为 $n(CO_2) = 0.11$ g$\div 44$ g/mol$= 0.0025$ mol，根据方程式比例，可知消耗 $HNO_3$ 的物质的量为：$n(HNO_3) = 0.0025$ mol$\times 2 = 0.005$ mol，溶液体积为 25 mL$= 0.025$ L，所以 $HNO_3$ 减少的浓度 $\triangle c(HNO_3) = \dfrac{0.005 \text{ mol}}{0.025 \text{ L}} = 0.2$ mol/L，所以 $HNO_3$ 在 $70 \sim 90$ S 范围内的平均反应速率为 $v(HNO_3) = \dfrac{\triangle c(HNO_3)}{t} = \dfrac{0.2 \text{ mol/L}}{90 \text{ s} - 70 \text{ s}} = 0.01$ mol/(L$\cdot$s)。

# 由减肥引起的营养访谈

郁蒙蒙是个爱美的女孩，一段时间来总是感到昏昏沉沉，今天课间操跑了不到一圈就晕倒在地，同学赶紧将其送入医院，医生诊断的结果是过度节食。受一些媒体宣传的影响，很多高中生盲目追星，期望自己成为身材纤细的俊男靓女，于是节食之风盛行。针对这种情况，高一八班的同学们决定在全校做一次关于食物摄取量和食物类型对健康影响的问卷调查，并请营养专家给予指导。

（1）食物中的营养物质指的是哪些？

统计结果：80％的学生对食物中的营养物质有所了解，但只有20％的学生能准确说出，有30％的学生不知道水、无机盐也属于营养物质。

专家支招：食物中的营养物质包括糖类、油脂、蛋白质、无机盐和水，其中糖类、油脂、蛋白质为动物性和植物性食物中的基本营养物质。

（2）"节食最好不吃米、面等淀粉类食物，只吃菜不吃饭能够起到减肥""不吃早饭可以减肥"，对这些观点你认可吗？

统计结果：绝大多数同学认为造成身体肥胖的原因是淀粉类食物摄取过多，因此每天的膳食中只摄入很少量的馒头或米饭，或者只吃菜不吃饭，部分同学认为不吃早饭可以减肥，虽然肚子饿得咕咕叫。

专家支招：淀粉在人体内水解生成葡萄糖，人体所需能量的60％－70％来自葡萄糖的氧化。如果淀粉摄入不足，就会动用体内储备的脂肪、蛋白质，以满足机体对热能的需要，人就会出现头晕、乏力的感觉。相反，如果淀粉摄入过多，多余的淀粉就会在酶的催化下转化为脂肪储存于皮下，所以摄入过多的淀粉容易发胖，每人每天摄入300～500 g淀粉，就能满足人体需要。研究发现，不吃早餐不利于减肥，同时易患高脂血症及胆石症，晚餐少吃或选择低热量食品可以起到控制体重的作用，但青少年正值身体发育时期，仍然不提倡节食。

（3）吃油脂容易发胖，不吃油脂行不行？

统计结果：大多数同学对油脂的作用并不十分清楚，76％的同学认为可以适量摄入植物性油脂，如用花生油炒菜，有减肥倾向的同学则认为尽可能不摄入油脂。

专家支招：油脂除为人体提供所需的能量外，还具有保持体温、保护内脏器官、溶解维生素的作用，同时油脂还是细胞膜、神经和脑组织的组成成分。适量摄入油脂能维持机体的正常生理功能，成人每日需进食50～60 g脂肪，但摄入过量脂肪，则会导致人体发胖，引起高血压、高血脂、心脑血管疾病等。另外，我们提倡适当多吃植物油，少吃动物油。

（4）日本战后提出"每天一斤奶，强壮一个民族"，对此你怎样理解？喝牛奶多多益善吗？

统计结果：几乎所有同学都认可蛋白质对人体健康的作用，但对于从哪些食物中获取蛋白质，大家的观点并不相同，80％以上的同学认为喝牛奶是蛋白质摄取的最佳途径，且有10％的人认为牛奶喝的越多，摄入的蛋白质越多；多数同学认为不能单独依靠牛奶提供蛋白质，也可以从肉、蛋、鱼中摄取。

专家支招："没有蛋白质就没有生命"，由此可看出蛋白质对于人体健康的重要性，牛奶是提供蛋白质的一个途径，但并不是唯一途径，肉、蛋、鱼、豆类也可以给我们提供优质蛋白质，每天大约摄取60～80 g蛋白质即可满足生理需要，保证身体健康。

牛奶并非越多越好,因为我们每天的饮食中还有其他的食物同时提供蛋白质,根据平衡膳食宝塔,成人每天摄入奶及奶制品类食物 100 g 即可。

通过以上调查,我们发现,虽然大家每天都在吃饭,但很少有人知道什么是科学饮食,让暴饮暴食、过度节食、挑食偏食远离我们,让我们跟肥胖说再见,让我们跟健康、阳光拥抱在一起。

# 同周期元素性质递变规律探究

学习了原子结构及核外电子排布、原子半径、元素主要化合价的变化规律后,同学们虽然对这些知识有了一些了解,但仍然感到非常抽象,如何通过明显的可观测的实验现象来感受同一周期中元素性质的递变规律呢?高一一班化学兴趣小组的同学通过讨论、查阅资料设计了以下实验方案:

【探究目的】第三周期元素性质的递变规律。

【探究方案】

方案一:利用与水或酸反应置换出氢气的难易判断金属元素的失电子能力强弱,见表1。

表 1

| 实验方案 | 实验现象 |
| --- | --- |
| 1. 钠放入滴有酚酞的冷水中<br>2. 用砂纸擦后的镁带与沸水反应,再向反应液中滴加酚酞<br>3. 镁带与 2 mol/L 的盐酸反应<br>4. 铝条与 2 mol/L 的盐酸反应 | 1. 浮于水面,熔成小球,四处游动,逐渐缩小,溶液变红色<br>2. 产生大量气体,气体可燃,溶液变浅红色<br>3. 剧烈反应,产生的气体可燃<br>4. 反应不十分强烈,产生的气体可燃 |

【结论】失电子能力:钠>镁>铝。

方案二:利用碱性强弱判断,见表2。

表 2

| 实验方案 | 实验现象 |
| --- | --- |
| 分别向 $MgCl_2$、$AlCl_3$ 溶液中滴加 NaOH 溶液至过量 | 生成白色絮状沉淀,继续滴加 NaOH 溶液前者沉淀不溶解,后者沉淀消失。 |

【结论】碱性:$NaOH>Mg(OH)_2>Al(OH)_3$,$Al(OH)_3$ 呈现一定酸性。

方案三:利用非金属间置换反应判断,见表3。

表3

| 实验方案 | 实验现象 |
|---|---|
| 向新制的 $H_2S$ 饱和溶液中滴加新制的氯水 | 生成淡黄色沉淀 |

【结论】氧化性:$Cl_2>S$,得电子能力:$Cl>S$。

【实验结论】第三周期元素(Ar 除外)随着原子序数递增,金属元素失电子能力减弱,非金属元素得电子能力增强。

【问题与讨论】

① 请从原子结构的角度简单说明具有上述结论的原因_____。

② 请你补充一组实验方案(简单易行),证明此周期中另两种主族元素(磷、硅)的性质递变规律_____。

【答案】① 同周期元素,随原子序数增加,原子半径减小,原子核对于核外电子的束缚能力渐强,原子的失 $e^-$ 能力减弱,而得 $e^-$ 能力逐渐增强。

② 方案四:利用最高价含氧酸的酸性强弱判断,见表4。

表4

| 实验方案 | 实验现象 |
|---|---|
| 向硅酸钠溶液中逐滴滴加磷酸 | 生成白色沉淀 |

【结论】酸性:$H_3PO_4>H_2SiO_3$,得电子能力:$P>Si$。


# 蔗糖能发生银镜反应吗?


【探究目的】蔗糖能否发生银镜反应。

【知识回顾】葡萄糖中含有—CHO 结构,可与银氨溶液发生银镜反应,也可以与新制 $Cu(OH)_2$ 悬浊液反应生成砖红色沉淀。

【仪器及药品】20%的蔗糖溶液、2%的 $AgNO_3$ 溶液、2%的稀氨水、5%的 NaOH 溶液、稀硫酸、烧杯、试管、胶头滴管。

【实验方案】

(1)配制银氨溶液:在一支洁净的试管中加入2%的 $AgNO_3$ 溶液,逐滴加入2%的稀氨水,边滴边振荡,至产生的沉淀刚好溶解为止,所得澄清溶液即为银氨溶液。

(2)将20%的蔗糖溶液与新制的银氨溶液混合,充分振荡,将混合液放入盛有热水的烧杯中进行水浴加热,观察现象(见图1)。

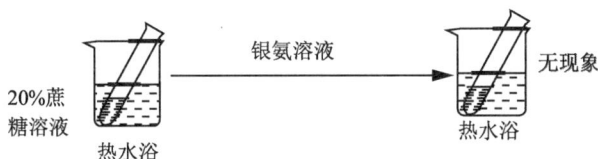

图1

**【现象及结论】**无银镜出现,蔗糖不能发生银镜反应。

(3) 向蔗糖溶液中加入少量稀硫酸并水浴加热,再向加热后的混合液中滴加5%的 NaOH 溶液至溶液呈碱性,加入银氨溶液充分振荡,将混合液水浴加热,观察现象(见图2)。

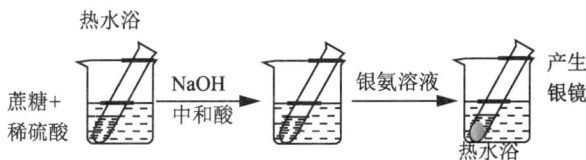

图2

**【现象及结论】**试管内壁出现银镜,蔗糖水解后的产物可发生银镜反应。

**【实验反思】**蔗糖水解后的溶液中如果不加入 NaOH 溶液,能否观察到银镜出现?为什么?

**【答案】**否　因为水解后的葡萄糖需在碱性条件下才能与银氨溶液反应生成银,加入 NaOH 溶液可将作为催化剂的稀硫酸中和并使溶液呈碱性。

**【小试牛刀】**某同学欲在实验室证明蔗糖水解后的产物可与新制 $Cu(OH)_2$ 反应:

(1) 在蔗糖溶液中加入稀硫酸并加热,反应的化学方程式为 ＿＿＿＿＿＿＿＿＿,稀硫酸的作用是 ＿＿＿＿＿＿＿＿＿＿＿＿。

(2) 向(1)溶液中加入新制的 $Cu(OH)_2$,加热未见砖红色沉淀,其原因是 ＿＿＿＿＿＿＿＿＿＿＿＿＿＿＿＿＿＿＿＿＿。

(3) 在(1)的产物中加入 NaOH 溶液后,取适量液体加入新制的 $Cu(OH)_2$ 悬浊液并加热,出现 ＿＿＿＿色沉淀,其中 NaOH 溶液的作用是(用化学方程式表示)＿＿＿＿＿＿＿＿＿＿＿＿＿＿＿＿＿＿。

(4) 若向蔗糖中加入浓硫酸,将会观察到什么现象?这说明浓硫酸具有 ＿＿＿＿＿＿＿＿性质。

**答案:**(1) $C_{12}H_{22}O_{11}(蔗糖) + H_2O \xrightarrow{\Delta} C_6H_{12}O_6(葡萄糖) + C_6H_{12}O_6(果糖)$;催化剂

(2) 水解后溶液中 $H_2SO_4$ 未被中和,$H_2SO_4$ 与 $Cu(OH)_2$ 反应了

（3）砖红（或红）　$H_2SO_4 + 2NaOH = Na_2SO_4 + 2H_2O$

（4）蔗糖变成黑色　脱水

# 如何提纯粗盐？

明明周末去看望住在农村老家的爷爷奶奶，发现村子的小卖部里出售的食盐颗粒大，并且黑乎乎的，不像在超市买到的食盐那样洁白。爷爷说那是粗盐，过去一直吃这种盐。明明带了一些粗盐回学校，跟化学小组的同学们一起对粗盐进行提纯。

【问题提出】粗盐中含有哪些成分？选用什么试剂、采用哪些操作可提纯粗盐？

【资料在线】查阅资料可知，粗盐为海水或盐井、盐池、盐泉中的盐水经煎晒而成的结晶，即天然盐，是未经加工的大粒盐，主要成分为氯化钠，同时还含有氯化镁、氯化钙、硫酸盐及其他不溶性杂质。

【提出方案】

（1）对于不溶性杂质，可采用过滤法将其与其他物质进行分离；

（2）氯化镁、氯化钙、硫酸盐可分别加入氢氧化钠、碳酸钠及氯化钡将其转化为沉淀除去。

【探究过程】

步骤一：除去粗盐中的不溶性杂质。

（1）取粗盐少许放于烧杯中，加适量水溶解，并不断搅拌。

（2）将搅拌后的液体沿玻璃棒慢慢转移至过滤装置中（见图1），对盐水进行过滤。

步骤二：除去溶液中的 $Mg^{2+}$、$Ca^{2+}$、$SO_4^{2-}$。

向滤液中依次加入足量的氢氧化钠、氯化钡、碳酸钠溶液，保证 $Mg^{2+}$、$SO_4^{2-}$、$Ca^{2+}$ 完全转化为沉淀，最后加入盐酸调节溶液的 pH 等于7，便获得了不含杂质的氯化钠溶液。

图1

步骤三：蒸发结晶得到食盐晶体。

将步骤二中所得溶液转移至蒸发皿，将蒸发皿置于铁架台的铁圈上（或泥三角上），用酒精灯加热，当有大量固体析出时，停止加热，利用余热蒸干剩余水分，得到了洁白的食盐晶体。

【问题反思】

（1）在步骤二中，能否先加入碳酸钠溶液除去 $Ca^{2+}$？

答：否，因为后面加入的过量的 $Ba^{2+}$ 无法除去，因此碳酸钠必须放在硫酸钠之后加入。

（2）你认为选择试剂法除去溶液中的杂质离子时，应注意哪些问题？

答:利用试剂除去溶液中的杂质离子时,需注意以下两个问题:① 每次所加入的试剂需足量,保证杂质离子全部除去;② 不能引入新的杂质,即不能前去"狼",后进"虎"。如除去氯化钠中的 $Mg^{2+}$、$SO_4^{2-}$、$Ca^{2+}$ 时,不能选用氢氧化钾、硫酸钡、硫酸钾,防止引入 $K^+$、$NO_3^-$ 等新杂质。

(3) 为什么不采用降温结晶的方式得到氯化钠晶体?

答:氯化钠的溶解度受温度影响较小,因此需要采用蒸发结晶的方式得到晶体,而降温结晶适用于溶解度受温度影响较大的物质,如硝酸钾。

# 放开你的思维,正视一个简单实验

纵观近年的高考化学实验题,命题突出能力创意,具有开放性,注重实验方案的设计,注重创新思维的培养。我们不难发现今后的化学实验命题,将会继续传承实验考查的一贯思想:源于课本,高于课本,考查学生基础知识的运用和思维习惯。下面给出一个实验题以飨读者。

某同学发现,纯度、质量、表面积都相同的两铝片与 $H^+$ 浓度相同的盐酸和硫酸在同温同压下反应时产生氢气的速率差别很大,铝与盐酸反应速率更快。他决定对其原因进行探究。请填写下列空白:

(一)该同学认为:由于预先控制了反应的其他条件,那么两次实验时反映的速率不一样的原因,只有以下五种可能:

原因Ⅰ:$Cl^-$ 对反应有促进作用,而 $SO_4^{2-}$ 对反应没有影响;

原因Ⅱ:_____;

原因Ⅲ:$Cl^-$ 对反应有促进作用,而 $SO_4^{2-}$ 对反应具有阻碍作用;

原因Ⅳ:$Cl^-$、$SO_4^{2-}$ 均对反应有促进作用,但 $Cl^-$ 影响大一些;

原因Ⅴ:_____。

(二)该同学设计并进行了两组实验,即得出了正确的结论。他取了两片等质量、外形和组成相同、表面经过砂纸充分打磨的铝片,分别放入到盛有同体积、$c(H^+)$相同的稀硫酸和盐酸的试管(两试管的规格相同)中:

(1) 在盛有硫酸的试管中加入少量的 NaCl 或者 KCl 固体,观察反应速率是否变化;

(2) 在盛有盐酸的试管中加入少量的 $Na_2SO_4$ 或者 $K_2SO_4$ 固体,观察反应速率是否变化。

若观察到实验1_____,实验2_____,则说明原因Ⅲ是正确的。以此类推,该同学经过分析实验现象,得出了结论:$Cl^-$ 对反应具有加速作用。

(三)为了使实验"定量化"、使结果更精确,可以对实验进行以下改进:

(1)配制 $c(H^+)$ 相同的稀盐酸和稀硫酸:现有浓度为 1 mol/L 的盐酸和密度为 1.225 g/cm、质量分数为 20% 的硫酸,若要准确量取该硫酸 20.00 mL,需要用 _____(填仪器名称);将量取的硫酸配制成 $c(H^+)=1$ mol/L 的溶液,可得溶液的体积为 _____。配制溶液时还须用到的玻璃仪器有 _____、烧杯、胶头滴管和量筒等。

(2)比较反应速率:反应时间可以用秒表测定。如果要对上述实验中的反应速率进行比较,可以通过测量哪些物理量来确定?(要求回答一种即可) _____

_____

【解析】本题是一道非常简单的化学实验题,题目从最简单的实验:铝与酸反应产生氢气入题,对 $Cl^-$ 和 $SO_4^{2-}$ 的性质进行探究,题目的跃迁度很大,从实验操作到实验设计、从研究物质性质到一定物质的量浓度溶液的配制,处处体现对学生思维能力、操作能力、基础知识的运用能力的考查,大部分题干看似与基础知识无关,实则均考查基础知识和学生的思维能力。题目设置新颖,对学生的思维灵活性要求较高。

在(一)的解析中,大多数学生认为无从下手,实际上认真审题,领会命题者意图,很容易从题目已给出的可能原因得出另外的原因。由:"原因 I:$Cl^-$ 对反应有促进作用,而 $SO_4^{2-}$ 对反应没有影响"加以题意"相同条件下相同的两铝片与 $H^+$ 浓度相同的盐酸和硫酸反应时,铝与盐酸反应速率快"不难想到"原因 I 是 $SO_4^{2-}$ 对反应没有影响,若是 $Cl^-$ 对反应没有影响的话会出现什么可能呢?"从而得出原因 II,同理,可由原因 IV:$Cl^-$、$SO_4^{2-}$ 均对反应有促进作用,想到对立面的"原因 V:$Cl^-$、$SO_4^{2-}$ 均对反应有阻碍作用"的情况。

(二)的设置与(一)息息相关,从题目设置可以看出,题目考查"$Cl^-$ 和 $SO_4^{2-}$ 对反应的影响作用",故从这一点入手,假如原来是盐酸,加入 $SO_4^{2-}$ 肯定是要看其反应速率是否变慢,假如原来是硫酸,加入 $Cl^-$ 肯定是要看其反应速率是否变快。只要认识到这一命题意图,答案将跃然纸上。

(三)中(1)使题目的设置出现了大的跨度,由性质考查过渡到了物质的量浓度的计算、一定物质的量浓度溶液的配制,20.00 mL 使题目解析对仪器的精确度提出了要求,造成了很多同学错答。(2)属于简单的实验设计题型,要求在对基础知识灵活掌握的基础上,设计一种比较化学反应速率快慢的方法。

本题常出现的错误如下:因找不到入手点,导致(一)出现空答;(三)(1)的回答往往忽视精确度为 0.01mL 而错答为"量筒",也有一些同学注意到了精确度,但只是简单的回答为"滴定管"而出错。紧跟下来容易只答出玻璃棒,漏掉 100 mL 容量瓶;(三)(2)的回答往往会因文字表达能力差,出现表述不准的现象。

【答案】(一)原因 II:$Cl^-$ 对反应没有影响,而 $SO_4^{2-}$ 对反应有阻碍作用
原因 V:$Cl^-$、$SO_4^{2-}$ 均对反应有阻碍作用,但 $SO_4^{2-}$ 影响大一些
(二)反应速率加快　反应速率变慢

（三）（1）酸式滴定管 100 mL 100 mL 容量瓶、玻璃棒

（2）消耗完相同质量的铝片需要的时间、相同时间里收集到的氢气的体积等各种合理答案均正确。

# 净水 DIY

在学习了胶体的性质之后，了解到胶体具有聚沉作用，可用来净水，于是"我爱学化学"小组的同学们决定亲自动手，做一下氢氧化铁胶体净水的实验，实验过程如下：

**【实验目的】**探究氢氧化铁胶体的净水作用。

**【实验过程】**

（1）胶体制备：

原料：饱和氯化铁溶液；

步骤：往 100 mL 烧杯中加入 50 mL 水并加热至沸腾，向沸水滴加几滴饱和氯化铁溶液，继续煮沸至液体呈红褐色，即停止加热。

（2）悬浊液配制：

取 100mL 小烧杯，加入两药匙泥土，再加 50 mL 蒸馏水。搅拌，静置 3～5 min，烧杯中得到略带褐色的悬浊液，但由于大部分泥土小颗粒已经沉降，所得悬浊液上层略有浑浊。

（3）浊液净化：

取两支试管甲和乙，分别加入等体积的上层清液，向试管乙中滴加预先制备好的氢氧化铁胶体 3～4 滴。

**【实验现象】**

约一个小时后，可以看到乙试管中的液体较甲试管更加澄清一些。

**【理论解释】**氢氧化铁胶体之所以具有净水作用，是因为胶体通常具有较大的比表面积，可吸附水中悬浮的杂质，并且氢氧化铁胶体因吸附溶液中的阳离子而使胶粒带正电荷，泥水中的杂质大多为带负电荷的胶粒。因此，带正电荷的氢氧化铁胶粒能吸附水中带负电荷的胶粒，并使这些杂质与胶体一起凝聚而沉降。

**【实验升华】**

目前国内外广泛使用的含氯饮用水消毒剂（如漂白粉、氯气和二氧化氯等），它们具有很好的杀菌效果，但不能将水中的悬浮杂质除去，为了除去水中的细微悬浮物，还需另外添加絮凝剂。高铁酸盐如 $K_2FeO_4$ 兼有消毒剂与絮凝剂的双重功效，是一种"绿色环保高效"的净水剂。为什么说高铁酸盐具有双重功效？

**【答案】**高铁酸盐中铁呈＋6 价，具有较强的氧化性，可用于杀菌消毒；在杀菌消毒的过程中＋6 价铁被还原为＋3 价的铁，形成氢氧化铁胶体，可吸附水中的细微悬浮物，共同聚沉，对环境和生命体都不会构成危害。

# 第六部分　学以致用

# 不是烟囱高的问题

　　17世纪炼铁工业蓬勃发展,炼铁过程中产生了大量的高炉废气,其主要成分是CO,工程师们认为是CO与铁矿石接触不充分造成的,于是设法增加高炉的高度。然而令人吃惊的是,高炉增高后,高炉尾气中CO的比例竟然没有改变。为什么会出现这种情况呢? 这就需要从化学反应的速率与限度说起了。

　　化学反应速率研究反应的快慢,影响化学反应速率的因素主要有反应物的浓度、温度、催化剂及固体表面积,应用化学反应速率的知识,可解释生产、生活中的实际问题。比如家里常用冰箱冷藏食物,就是利用低温下减慢食物的变质速率;燃煤时用鼓风机向炉内鼓入空气煤燃烧得就剧烈,这是因为增大氧气的浓度,燃烧速率加快,单位时间内放出的热量多;实验室用锌粒代替锌片与盐酸反应,用浓度大的盐酸代替浓度小的盐酸,通过增大反应物的表面积、增大反应物浓度来加快反应速率。

　　化学反应限度研究化学反应正向进行的程度,它决定了反应物在该条件下的最大转化率。影响化学反应限度的因素有温度、浓度、压强,只有改变反应条件,才能改变化学平衡状态,因此在炼铁工业中单纯加高烟囱是没有用的。化学反应的快慢与化学反应的限度有时是相辅相成的,增大反应速率的同时也可以提高化学反应正向进行的程度,但有时却是相互矛盾的,如:工业合成氨反应:$N_2 + 3H_2 \xrightleftharpoons[\text{高温、高压}]{\text{催化剂}} 2NH_3$,工业合成三氧化硫:$2SO_2 + O_2 \xrightleftharpoons[\text{加热}]{\text{催化剂}} 2SO_3$。这两个反应都是可逆反应,研究发现,升高温度有利于加快化学反应速率,降低温度则有利于平衡向生成氨气或三氧化硫的方向移动,获得更多的产物,温度对速率、平衡的影响不一致,二者不可同时满足,取鱼还是取熊掌?

　　以工业合成氨为例,在实际生产中,既不能为了增加产量而延长反应时间,增加反应成本,又不能一味追求反应速率,降低产量。工业生产要求较高产量,较快速率,并且要求转化率尽可能大,所以应尽量使平衡正向移动。催化剂可同等程度加快正逆反应速率,缩短达到平衡所需要的时间,但对反应物的转化率没有影响,所以在工业生产中一般都使用催化剂,但实际生产中需要考虑催化剂的活性。所以工业上需选择一个适合三者的较为适宜的温度条件:500 ℃左右。虽然增大压强对速率和平衡的影响一致,但压强太大对设备的要求较为苛刻,故选择适当压强即可:20~50 MPa。

　　工业合成三氧化硫没有采用增大压强的方式促使平衡向生成产物的方向移动,是因为在常压下该反应的转化率就已经很高了,增大压强并不能使转化率发生大的改变,而且还会因加大设备的抗压能力而增加生成成本,所以工业合成三氧化硫通常控制反应温度为420~600 ℃,压强为常压,此时转化率可达99.9%。

# 影响化学反应速率的因素探究

明光中学高一一班的同学在学习了影响化学反应速率的因素后，决定以双氧水分解为例，探究哪些因素会影响双氧水的分解速率，表1是他们的探究实验报告。

表 1

| 实验目的：探究外界条件对双氧水分解反应速率的影响 | |
|---|---|
| 实验步骤 | 实验现象 |
| 1. 在两支相同的试管中分别加入 2～3 mL 约 5% 的 $H_2O_2$，在其中一支试管中加入少量 $MnO_2$，另一支作为对比，观察现象<br><br>2. 在三支相同的试管中分别加入 2～3 mL 约 5% 的 $H_2O_2$，然后在每一支试管中加入少量 $MnO_2$，将第一支试管放入热水、第二支试管对位对比、第三支试管放入冷水中，观察现象<br><br>3. 在两支相同的试管中分别加入 2～3 mL 约 5%、10% 的 $H_2O_2$，然后在每一支试管中加入少量 $MnO_2$，观察现象 | 1. 加入 $MnO_2$ 的试管中产生气体的速度要快于另一支试管<br><br>2. 第一支试管中产生气体的速度最快，其次是第二支，第三支试管中产生气体的速度最慢<br><br>3. 第二支试管中产生气体的速度要快于第一支试管 |
| 实验结论：增大反应物浓度、升高温度以及使用催化剂能加快化学反应速率。 | |

探究结束后，他们结合生活、生产中的一些实例，设计了以下问题，你能回答出来吗？

（1）夏天为什么食物放在冰箱里会保存更长时间？

（2）加酶洗衣粉为什么洗涤效果好？

（3）冬天烧煤取暖时为什么要把大块的煤进行粉碎？

（4）工业合成氨时为什么要通入过量的空气？

【答案】（1）降低温度可以减慢食物变质的速率　（2）酶是一种催化剂，可以加快衣物中污物的分解速率　（3）增大煤的表面积可以加快燃烧速率　（4）增大氮气的浓度，可以加快合成氨的反应速率

# $^{14}C$——考古学家的时钟

考古学家为了考证远古的地球及宇宙的变迁，人类及生物的进化，社会和经济的发展等事件的准确年代，除了有一些文字史料可查询外，便要用到放射性同位素 $C^{14}$ 这一特殊的计时工具。

这种特殊时钟的计时单位不是"秒"而是"千年"，其中心元件是碳元素的一种同

位素$^{14}$C,它是如何计算文物的年龄的呢？原来,宇宙射线在大气中能够产生具有放射性的$^{14}$C,它能与氧结合成二氧化碳后进入所有活组织,先为植物吸收,后为动物纳入。只要植物或动物生存着,它们就会持续不断地吸收$^{14}$C,在机体内保持一定的水平,而当有机体死亡后,即会停止呼吸,其组织内的$^{14}$C便以5730年的半衰期开始衰变并逐渐消失。对于任何含碳物质,只要测定剩下的放射性$^{14}$C的含量,就可推断其年代。

　　放射性同位素除了应用于考古以外,在工农业生产、医疗方面也有重要作用。比如棉花在结桃、开花的时候需要较多的磷肥,把磷肥喷在棉花叶子上也能吸收。但是,什么时候的吸收率最高、磷能在作物体内存留多长时间、磷在作物体内的分布情况如何等,用通常的方法很难研究。如果用磷的放射性同位素制成肥料喷在棉花叶面,然后每隔一定时间用探测器测量棉株各部位的放射性强度,上面的问题就很容易解决了。再比如人体的甲状腺工作时需要碘。碘被吸收后会聚集在甲状腺内,给人注射碘的放射性同位素$^{131}$I,然后定时用探测器测量甲状腺及邻近组织的放射强度,有助于诊断甲状腺的器质性和功能性疾病。

　　【案例】$^{14}$C是宇宙射线与大气中的氮通过核反应产生的,它和$^{12}$C以一定比例混合存在于空气中的二氧化碳里。$^{14}$C随生物体的吸收代谢,经过食物链进入活的生物体中。当生物死亡之后新陈代谢停止,$^{12}$C通常不再发生变化,其数量固定下来;而$^{14}$C具有放射性,随着时间的推移仍不断衰变减少。下列说法正确的是(　　　)。

　　A. $^{14}$C和$^{14}$N互为同位素

　　B. 地球上活着的生物体内,由于新陈代谢作用也存在$^{14}$C

　　C. $^{14}$CO$_2$的摩尔质量为46

　　D. $^{14}$C和C$_{60}$是同素异形体

　　【答案】B

# 生活中金属知多少

　　金属在日常生活、工农业生产、高科技领域中用途广泛,下面来看一下金属在我们的生活中是怎样无处不在的。

　　(1) 怎样得到印刷电路板:

　　打开收音机外壳,就会发现里面主要是一个深绿色的塑料板,上面布满了细细的铜丝,我们称之为印刷电路。是用铜箔部分蚀刻形成的网状细小线路。刻蚀铜箔用的是含Fe$^{3+}$的溶液。由于Fe$^{3+}$具有较强的氧化性,可与铁、铜等金属或S$^{2-}$、I$^-$等还原性离子发生反应:Fe+2Fe$^{3+}$===3Fe$^{2+}$、Cu+2Fe$^{3+}$===Cu$^{2+}$+2Fe$^{2+}$,前者可用于除去Fe$^{2+}$中的Fe$^{3+}$,后者就可以用于刻蚀覆盖在绝缘板上的铜箔,从而制得印刷电路。

(2) 花儿为什么这么红:

喜欢养花的人都知道,需要经常给花施肥,其中一种肥料就是硫酸亚铁(亦称铁肥),硫酸亚铁可以调节土壤酸碱度,促使叶绿素形成,可防治花木因缺铁而引起的黄化病,是喜酸性花木尤其铁树不可缺少的元素。含 $Fe^{2+}$ 的溶液为淡绿色,$Fe^{2+}$ 中铁的化合价处于中间价态,既可以被氧化,又可以被还原,向 $FeSO_4$ 溶液中加入比铁活泼的锌,可以将铁置换出来:$Zn+Fe^{2+}=Fe+Zn^{2+}$,向 $FeSO_4$ 溶液中滴加氯水,可将 $Fe^{2+}$ 氧化成 $Fe^{3+}$,利用这一反应,可除去 $Fe^{3+}$ 中的 $Fe^{2+}$。

(3) 铁是怎样炼成的:

铁及其合金是我们目前使用最广泛的金属材料,铁是怎样炼出来的呢?炼铁需要的原料是铁矿石,其主要成分是氧化铁($Fe_2O_3$)。$Fe_2O_3$ 是一种红棕色粉末,多存在于赤铁矿中,俗称铁红,可作油漆的颜料,是一种金属氧化物,可和酸发生反应:$Fe_2O_3+6HCl=2FeCl_3+3H_2O$。炼铁时采用还原剂 CO 还原 $Fe_2O_3$ 得到铁:$Fe_2O_3+3CO \xrightarrow{\text{高温}} 2Fe+3CO_2$。

(4) $Fe(OH)_2$ 的真面目:

检验 $Fe^{3+}$ 可用以下三种方法:① 观察溶液颜色是否为黄色;② 向溶液中加入 KSCN 溶液,溶液变成血红色;③ 向溶液中加入 NaOH 溶液,生成红褐色沉淀。检验 $Fe^{2+}$ 可用以下三种方法:① 观察溶液颜色是否为浅绿色;② 向溶液中加入 KSCN 溶液,无明显现象,再滴加氯水,溶液变成血红色;③ 向溶液中加入 NaOH 溶液,先生成白色沉淀,迅速变成灰绿色,最后变成红褐色。由于 $Fe(OH)_2$ 极易被氧化,因此要想看到其真面目,需防止氧气的干扰。如配制 $Fe(OH)_2$ 溶液时先将蒸馏水加热煮沸,赶出其中的氧气,然后将盛有 NaOH 溶液的长胶头滴管深入 $FeCl_2$ 液面以下滴加。

(5) 金属材料知多少:

在目前广泛使用的各种材料中,金属材料占有很大份额,金属材料可分为纯金属材料(如金、银,通常用于高尖端科技)、合金材料。目前使用最广泛的合金材料是钢(铁合金),其次铜合金、铝合金等。合金是将两种或两种以上的金属(有时也有非金属)熔合在一起形成的一种材料,与其成分金属相比,合金可谓取其之长,补己之短。与成分金属相比较,合金的熔点降低、硬度、强度增大,更适宜于冶炼和应用。如镁铝合金,因其密度小、强度大而广泛应用于建筑行业及航空航天行业。

# 工业污水的净化

随着工业的发展,金属冶炼厂、化工厂蓬勃发展,流入水中的金属离子也日渐增

第六部分 学以致用

多。近年来,我们多个水域就曾发生过严重的重金属污染,导致饮用水安全受到威胁,鱼类大幅减少,数以千亩计的农田不能耕种,有相当多地域的鱼类、粮食、蔬菜不能食用。流入水中的重金属离子主要有哪些?如何除去这些离子?能否对这些金属进行回收利用?

重金属离子常见的有 $Cu^{2+}$、$Fe^{3+}$、$Hg^{2+}$、$Cd^{2+}$,这些离子会伴随食物链进入人体内导致中毒,日本的水俣病、痛痛病事件就是由于汞、镉中毒引起的。由于大多数金属阳离子可以与碱反应生成难溶的金属氢氧化物,因此通常将金属离子转化成沉淀除去。

【案例】某校化学研究性学习小组决定利用所学知识,对该地某化工厂排出的工业废水的治理及回收进行专题探究。通过对排出的工业废水进行取样、检测,发现水中含有 $Cu^{2+}$、$Fe^{3+}$、$SO_4^{2-}$、$Cl^-$、$H^+$ 五种离子。

(1) 研究小组根据检测结果,认为向污水中加入一种物质,就可以同时除去其中的阳离子。该物质是什么?

(2) 如何证明滤液中存在硫酸根离子和氯离子?

(3) 请帮助该化工厂设计一个实验方案将废水中的铜进行回收。

【解析】(1) $Cu^{2+}$、$Fe^3$ 两种金属阳离子均可与碱反应转化成沉淀,$H^+$ 也可以与碱发生中和反应,因此可向污水中加入熟石灰 $[Ca(OH)_2]$ 将三者同时除去。离子反应方程式分别为:

$$Cu^{2+}+2OH^-=Cu(OH)_2\downarrow,\ Fe^{3+}+3OH^-=Fe(OH)_3\downarrow,\ H^++OH^-=H_2O.$$

(2) 检验溶液中是否有硫酸根离子和氯离子,可分别取滤液于两支试管中,向第 1 支试管中加入硝酸酸化的硝酸银溶液,若产生白色沉淀,证明滤液中含有 $Cl^-$,离子方程式为:$Cl^-+Ag^+=AgCl\downarrow$;向第 2 支试管中先加入稀盐酸,若无明显现象,再加入氯化钡溶液,产生白色沉淀,则证明滤液中含有 $SO_4^{2-}$,离子方程式为:$SO_4^{2-}+Ba^{2+}=BaSO_4\downarrow$。

(3) 回收利用 $Cu^{2+}$ 主要是将其转化为单质,但 $Cu^{2+}$、$Fe^{3+}$ 均易与碱反应转化成沉淀,因此不能向污水中直接加入碱。可设计如下方案:

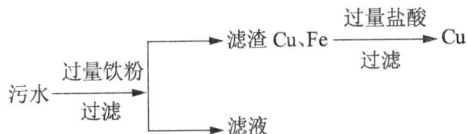

发生的主要反应有 $Cu^{2+}+Fe=Cu+Fe^{2+}$,$2Fe^{3+}+Fe=3Fe^{2+}$,$2H^++Fe=Fe^{2+}+H_2\uparrow$

由以上案例可发现,污水治理的关键在于检测污水中含有的离子,选用适当的试剂将其除去或回收利用,这本身就是离子反应在实际生活、生产中的重要应用,树立环保意识、可持续发展意识,方能使一江碧水向东流。

149

# 不要轻视必修教材

2007 年是山东进行新课程改革后的第一年高考,从考试题上看,必修教材不仅在Ⅰ卷选择题中占有重要位置,在Ⅱ卷中占的份额也很重。从分值上看,Ⅱ卷中的第 28 题(11 分)涉及选修 4 的知识,第 29(15 分)、30 题(16 分)则均为必修教材中的知识,由此可以看出必修内容在高考中的地位,复习时不能因其简单而轻视。

【母题】(2007 年山东省高考理综第 30 题)图 1 所示为常见气体制备、分离、干燥和性质验证的部分仪器装置(加热设备及夹持固定装置均略去),请根据要求完成下列各题(仪器装置可任意选用,必要时可重复选择,a、b 为活塞)。

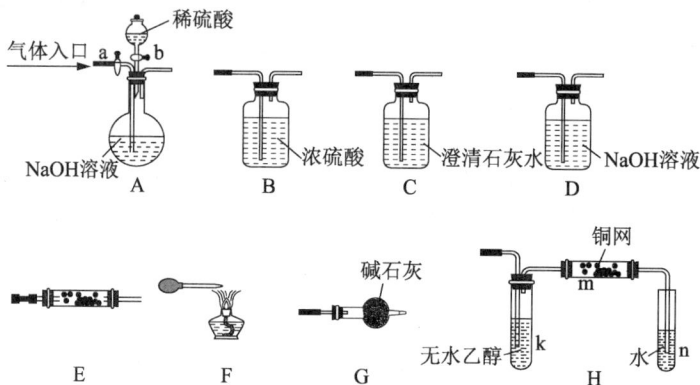

图 1

(1) 若气体入口通入 CO 和 $CO_2$ 的混合气体,E 内放置 CuO,选择装置获得纯净干燥的 CO,并验证其还原性及氧化产物,所选装置的连接顺序为_____(填代号)。能验证 CO 氧化产物的现象是_____。

(2) 停止 CO 和 $CO_2$ 混合气体的通入,E 内放置 $Na_2O_2$,按 A→E→D→B→H 装置顺序制取纯净干燥的 $O_2$,并用 $O_2$ 氧化乙醇。此时,活塞 a 应_____,活塞 b 应_____,需要加热的仪器装置有_____(填代号),m 中反应的化学方程式为:_____。

(3) 若气体入口改通空气,分液漏斗内改加浓氨水,圆底烧瓶内改加 NaOH 固体,E 内放置铂铑合金网,按 A→G→E→D 装置顺序制取干燥的氨气,并验证氨的某些性质。

① 装置 A 中能产生氨气的原因有_____。

② 实验中观察到 E 内有红棕色气体出现,证明氨气具有_____性。

【解析】首先,本题涉及的知识点有四个:① CO 的性质:还原性;② $CO_2$ 的性质:与过氧化钠反应生成氧气;③ 乙醇的催化氧化;④ 氨气的快速制取及氨的催化氧化。这四个知识点均为必修教材中最基础的知识,题目通过一个综合实验,将 CO、$CO_2$、乙醇、氨气四种基本物质的性质组合在一起,不仅考查了对这几种物质性质的掌握程度,而且考查了仪器连接、气体除杂、性质验证等基本操作,可以很好地考查考生对知识的综合应用能力。

其次,通过本题及其他课改省份的高考试题也提醒我们,在复习元素化合物知识时,既要掌握代表物的性质,又要以点带面,形成知识网络,掌握知识之间的内在联系。如《碳的多样性》及《氮的循环》两节中,需从以下两个方面复习:

(1)利用氧化还原构建知识网络

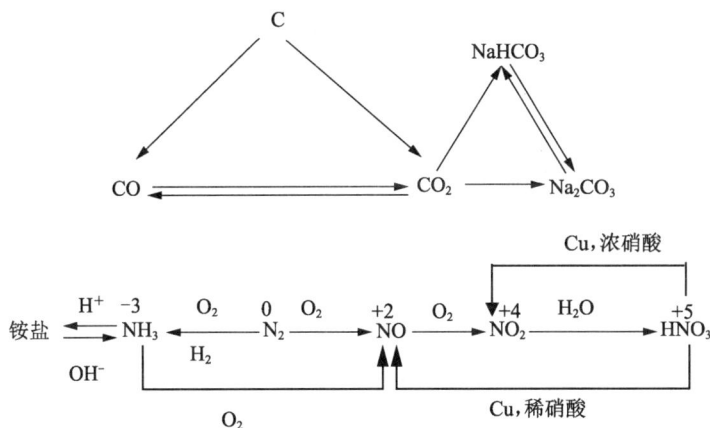

图 2

碳、氮元素均为变价元素,有多种价态,以化合价为主线建立知识网络,便于从氧化性、还原性的角度分析各代表物的性质。

(2)借助实验掌握代表物的性质

实验一直是化学的灵魂,离开实验学习元素化合物知识是枯燥、乏味的,因此可从实验的角度复习各物质的性质。

(1)CO 的性质:CO 主要体现还原性,可还原氧化铜中的铜、氧化铁中的铁,依据此性质所设计的实验题在各类参考书中并不少见。

(2)$CO_2$ 的性质:$CO_2$ 与镁反应生成氧化镁和碳、$CO_2$ 与过氧化钠反应生成氧气、$CO_2$ 与碱反应生成碳酸盐等性质一直是高考命题的重点。

(3)碳酸钠与碳酸氢钠:对于碳酸钠与碳酸氢钠的性质,主要从对比的角度进行复习,如与酸反应的快慢及产生气体的多少(2005 年春季高考)、热稳定性(套管实验)、检验鉴别等,这些性质主要出现在实验题中。

(4)氮的氧化物:氮的氧化物主要包括 NO 和 $NO_2$,因二者都是造成空气污染的气体,因此在近几年的高考试题中,多出现在与环境保护有关的考题中,并且以信息题的形式呈现。如:2006 江苏卷第 21 题,由于课本上对二者化学性质的介绍并不多，因此对二者性质的学习，主要还是从氧化还原的角度来对题目进行分析。

（5）氨气及铵盐：涉及这两部分的实验主要有：喷泉实验（氨气的溶解度）、实验室模拟氨的合成、氨气的制取（实验室制法及快速制取法）、氨的还原性（氨与氧气反应）、铵盐的检验。

（6）硝酸的性质：虽然硝酸的性质在今年的山东理综中没有出现大题目，但在其他省份的试题中仍然是命题的重点。对于硝酸的性质，重点掌握其强氧化性，尤其是硝酸与金属的反应，多次以实验、推断、选择、计算的形式出现在高考试卷中，可见其重要性。

【答案】（1）ACBECF　AB 之间的 C 装置中溶液保持澄清，EF 之间的 C 装置中溶液变混浊

（2）关闭　打开　k、m　$2CH_3CH_2OH + O_2 \xrightarrow[\triangle]{Cu} 2CH_3CHO + 2H_2O$

（3）① 氢氧化钠溶于水放出大量热，温度升高，使氨的溶解度减小而放出；氢氧化钠吸水，促使氨放出；氢氧化钠电离出的 $OH^-$ 增大了氨水中 $OH^-$ 浓度，促使氨水电离平衡左移，导致氨气放出　② 还原

# 例谈氧化还原反应的考查

氧化还原反应是一个重要的考点，在高考题中重现率为 $100\%$，我们在复习时一般遵循一个固定的思路：概念、判断、计算。但认真分析近三年的高考试题，就会发现这样一个信号：氧化还原不再单纯是对知识的考查，更加侧重于对能力的考查，即由知识立意转向能力立意。

【例 1】某化学反应的反应物和产物如下：

$KMnO_4 + KI + H_2SO_4 \longrightarrow MnSO_4 + I_2 + KIO_3 + K_2SO_4 + H_2O$

（1）该反应的氧化剂是＿＿＿＿＿＿＿＿

（2）如果该反应方程式中 $I_2$ 和 $KIO_3$ 的系数都是 5，

① $KMnO_4$ 的系数是＿＿＿＿＿；

② 在下面的化学式上标出电子转移的方向和数目；

$KMnO_4$　＋　$KI$ ＋　$H_2SO_4 \rightarrow$

（3）如果没有对该方程式中的某些系数作限定，可能的配平系数有许多组。原因是＿＿＿＿＿＿＿＿＿＿＿＿＿＿＿＿＿＿＿＿＿。

【解析】本题给出了一个完整的氧化还原反应方程式，考查概念判断及方程式配平，题目的新颖之处在于第（3）问：以往我们配平方程式时一般只有一组答案，本题却认为可以有多组答案，要求找出答案不确定的原因，考查了对知识探究的能力，这就

需要对氧化还原反应的基本知识有深刻的理解才能灵活运用,复习时若单纯的死记硬背是不可能对本题做出正确分析的。

**【答案】**(1) $KMnO_4$　(2) ① 8　②

(3) 该反应式含两种氧化产物,两者的比例和氧化剂的用量都可以发生变化

**【例2】**某一反应体系有反应物和生成物共五种物质:$O_2$、$H_2CrO_4$、$Cr(OH)_3$、$H_2O$、$H_2O_2$,已知该反应中 $H_2O_2$ 只发生如下过程:$H_2O_2 \longrightarrow O_2$。

(1) 该反应中的还原剂是＿＿＿＿＿＿＿＿。

(2) 该反应中,发生还原反应的过程是＿＿＿＿＿＿ $\longrightarrow$ ＿＿＿＿＿＿。

(3) 写出该反应的化学方程式,并标出电子转移的方向和数目＿＿＿＿＿＿＿＿＿

＿＿＿＿＿＿＿＿＿＿。

(4) 如反应转移了 0.3 mol 电子,则产生的气体在标准状况下体积为＿＿＿＿＿。

**【解析】**如果说例1还能给出一个完整的氧化还原反应方程式,例2则只给出了反应体系中的反应物和生成物以及一个"半反应":$H_2O_2 \longrightarrow O_2$,让我们去书写另一个"半反应"。这种考查方式又与平时的复习模式有所不同,在能力考查的基础上又上了一个新台阶。但仔细分析就会发现:题虽新,考点未变。仍然是在考查氧化还原反应中化合价的变化规律:由 $H_2O_2 \longrightarrow O_2$,氧元素的化合价升高,另一个半反应中元素的化合价只能降低,分析给出的物质可知只能是 $H_2CrO_4 \longrightarrow Cr(OH)_3$。

**【答案】**(1) $H_2O_2$

(2) $H_2CrO_4$ $Cr(OH)_3$

(3)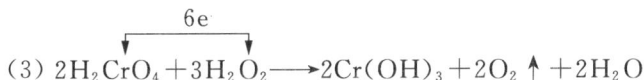
$2H_2CrO_4 + 3H_2O_2 \longrightarrow 2Cr(OH)_3 + 2O_2\uparrow + 2H_2O$

(4) 3.36 L

**【例3】**(1) 请将5种物质:$N_2O$、$FeSO_4$、$Fe(NO_3)_3$、$HNO_3$ 和 $Fe_2(SO_4)_3$ 分别填入下面对应的横线上,组成一个未配平的化学方程式。

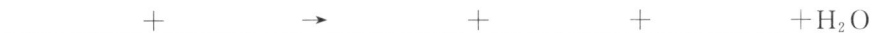
＿＿＿＿＿＿＋＿＿＿＿＿＿ $\longrightarrow$ ＿＿＿＿＿＿＋＿＿＿＿＿＿＋＿＿＿＿＿＿＋$H_2O$

(2) 反应物中发生氧化反应的物质＿＿＿＿＿＿＿,被还原的元素是＿＿＿＿＿＿＿。

(3) 反应中 1 mol 氧化剂＿＿＿＿＿＿(填"得到"或"失去")＿＿＿＿＿＿ mol 电子。

(4) 请将反应物的化学式及配平后的系数填入下列相应的位置中:

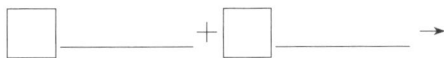
☐＿＿＿＿＿＿＋☐＿＿＿＿＿＿ $\longrightarrow$

**【解析】**看到此题我们不仅感到真是一年一个新气象,给的条件越来越少,考的形式越来越新,在同一个知识点上,三个考题经历了这样一番变化:完整的方程式 $\longrightarrow$ 半反应 $\longrightarrow$ 组合方程式。本题需要我们自己找出反应物、生成物,然后组成一个完整

的化学方程式并配平。寻找的途径仍然是氧化还原反应的特征：化合价的变化。铁出现的价态有＋2、＋3价，氮元素的价态有＋1、＋5价（最高价），所以硝酸在其中作氧化剂，硫酸亚铁作还原剂，方程式就可以顺利写出。

**【答案】**

(1) $FeSO_4 + HNO_3 \longrightarrow Fe(NO_3)_3 + Fe_2(SO_4)_3 + N_2O + H_2O$

(2) $FeSO_4$ ＋5N  (3) 得到  4  (4) $3FeSO_4 + 30HNO_3 \longrightarrow$

从以上三题可以看出，虽然高考题的面孔变得越来越新颖，但考点并没有发生变化，夯实基础、抓住本质、灵活运用仍是复习之上策。

# 化学中的正滴与反滴

一提起鉴别物质，我们立刻就会想到加入某种试剂，利用不同的实验现象进行鉴别。其实在化学中还有一类不用任何试剂，只需要改变滴加顺序，也可以进行物质鉴别的方法，那就是正滴法与反滴法。化学中的正滴与反滴，我们已经学过的有三种：

(1) 可溶性碳酸盐与酸反应。

可溶性碳酸盐与酸反应的实质是 $CO_3^{2-}$ 与 $H^+$ 反应，在这个过程中，由于 $CO_3^{2-}$ 与 $H^+$ 反应是分步进行的，先结合成 $HCO_3^-$，然后 $HCO_3^-$ 再与 $H^+$ 反应生成二氧化碳和水，因此滴加顺序不同，结果就不同。以碳酸钠与盐酸反应为例：

向碳酸钠溶液中逐滴滴加盐酸：此时相对于碳酸钠溶液来说，与之反应的盐酸是不足量的，这时，碳酸钠与盐酸反应只能生成碳酸氢钠和氯化钠，反应的离子方程式为：$CO_3^{2-} + H^+ = HCO_3^-$，在这个过程中看不到有气泡产生，可谓僧（碳酸钠）多粥（盐酸）少，当 $CO_3^{2-}$ 完全转化成 $HCO_3^-$ 时，再继续滴加，将会有气泡产生：$HCO_3^- + H^+ = CO_2 + H_2O$。

反过来，若向盐酸中逐滴滴加碳酸钠溶液：相对于碳酸钠溶液来说，与之反应的盐酸是足量的，这时碳酸钠可与盐酸反应直接生成二氧化碳和水，离子方程式为：$CO_3^{2-} + 2H^+ = CO_2 + H_2O$，在滴加的过程中不断产生气泡，可谓僧少粥多。这样利用反应过程中出现的不同现象就可以将二者鉴别出来。这一方法也可以用来鉴别碳酸钠溶液与硫酸氢钠溶液。

(2) 可溶性铝盐与强碱反应。

以氯化铝与氢氧化钠为例，由于氢氧化铝沉淀可与强碱继续反应，因此正滴、反滴会出现不同的现象。

向氯化铝溶液中逐滴滴加 NaOH 溶液：开始时氯化铝过量，反应只生成氢氧化铝沉淀：$Al^{3+} + 3OH^- = Al(OH)_3\downarrow$，随着氯化铝的不断加入，沉淀量不断增加，继续加入，沉淀不断溶解至完全消失：$Al(OH)_3 + OH^- = [Al(OH)_4]^-$，最后得到四羟基合铝酸钠溶液。

　　向氢氧化钠溶液中逐滴滴加氯化铝溶液：开始时 NaOH 过量，不可能产生沉淀，只能生成 $Na[Al(OH)_4]$：$Al^{3+} + 4OH^- = [Al(OH)_3]_4^-$，随着氯化铝的滴入，$Na[Al(OH)_4]$ 与氯化铝反应，又开始生成沉淀，最后沉淀量保持不变（反应方程式不要求掌握）。用图像表示分别是：

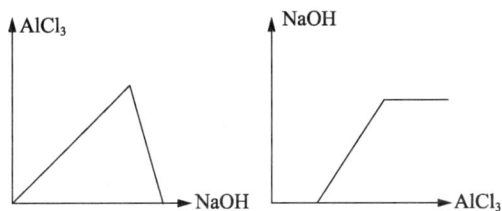

图 1

　　（3）$Na[Al(OH)_4]$ 与酸反应。

　　由于 $Na[Al(OH)_4]$ 与酸反应生成的氢氧化铝沉淀可继续在酸中溶解，因此四羟基合铝酸钠与酸反应时也存在正滴与反滴的问题。

　　向四羟基合铝酸钠溶液中逐滴滴加盐酸：先生成沉淀，然后沉淀溶解，反应的离子方程式为：

　　$[Al(OH)_3]_4^- + 3H^+ = Al(OH)_3 \downarrow + H_2O$、$Al(OH)_3 + 3H^+ = Al^{3+} + 3H_2O$，最后得到氯化铝溶液；

　　向盐酸中逐滴滴加四羟基合铝酸钠溶液：开始时由于盐酸过量，没有沉淀，反应的离子方程式为：$[Al(OH)_3]_4^- + 4H^+ = Al^{3+} + 4H_2O$，随着四羟基合铝酸钠溶液的加入，四羟基合铝酸钠与氯化铝反应，又开始生成沉淀，最后沉淀量保持不变（反应方程式不要求掌握）。用图像表示为：

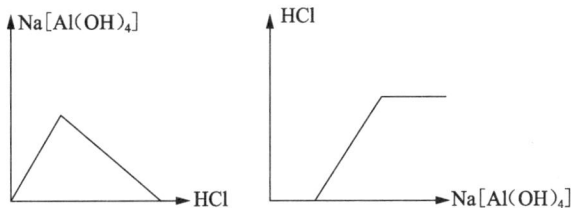

图 2

# 第七部分　诊疗室

# 苯是单双键交替组成的吗?

【母题】人们对苯的结构及性质的认识经历一个不断深化的过程,1866 年凯库勒提出了苯是一种单、双键交替的平面正六边形结构,即 

某化学小组的同学们通过查阅资料、做实验的方式,对苯的结构、性质进行实验探究。

实验一 探究苯的结构。

查阅资料可知,苯能与氢气在催化剂作用下发生加成反应。

结论:苯分子中含有碳碳双键。

实验二 探究苯与液溴的反应。

实验装置如图 1 所示:

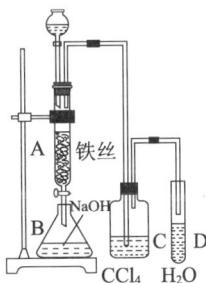

图 1

(1) 组装仪器,检验装置的气密性;

(2) 关闭 A 下端活塞,向分液漏斗中加入苯和液溴,再将混合液慢慢滴入反应器 A 中,观察到反应液微沸,有红棕色气体充满 A 容器。

(3) 实验结束,打开 A 下端的活塞,让反应液流入 B 中,充分振荡。

(4) 向 D 中加入 $AgNO_3$ 溶液,产生淡黄色沉淀。

结论:苯与溴发生了取代反应,证明苯分子中含有碳碳单键。

【错因】本题通过苯分别与氢气、液溴发生的反应,片面地分析了苯的结构。

【解析】首先,苯分子中每一个碳原子都剩余一个电子未形成共价键,因此每一个碳原子处都可以发生加成反应;其次,如果苯分子中确实含有碳碳双键的话,应该能与溴水发生加成反应,但是将苯加入溴水中,却只观察到如下现象:液体分层,上层呈橙红色,下层无色。也就是说,苯只是萃取了溴水中的溴,并未与之发生加成反应。由此可以证明,苯分子中不存在单纯的碳碳双键。第三,通过苯的二氯代物的同分异构体的数目也可以判断苯的分子结构。假如苯是单双键交替结构,其邻二氯代物应

该有两种：

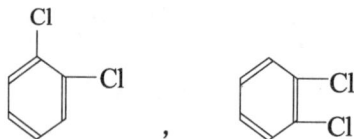

而事实上苯的邻二氯代物只有一种，说明苯分子中不存在碳碳单键，苯分子中的化学键是介于单键和双键之间的一种特殊的化学键。

# 谁使溴水褪了色？

化学吧诊疗室来了两位同学——张明和李虎。他们两个在实验室利用浓硫酸与乙醇混合加热制取乙烯（见图 1），并将生成的乙烯通入溴水中，二人就溴水褪色的原因争论不休。

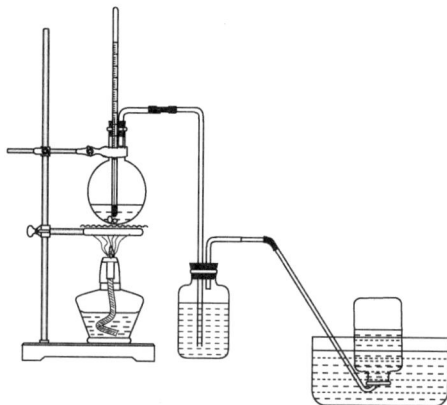

图 1

诊疗吧今日坐诊的陈老师认真听完二者的陈述后，微微一笑，她首先让张明阐述观点。

张明：浓硫酸可与乙醇反应生成乙烯，乙烯能与溴水发生反应：
$CH_2 \!=\! CH_2 + Br_2 \rightarrow CH_2Br \!-\! CH_2Br$，溴水不就褪色了嘛。

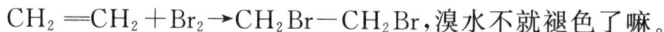

李虎：我认为张明的观点不完全正确。我们知道，浓硫酸有很强的脱水性，而乙醇中含有氢、氧元素，因此浓硫酸可使乙醇脱水生成碳。在实验过程中，我观察到溶液逐渐变黑，猜测这个过程可能有碳生成，而碳又可以与浓硫酸发生反应：$C + 2H_2SO_4(浓) \xrightarrow{\Delta} CO_2 + 2SO_2 + 2H_2O$，二氧化硫具有还原性，可与溴水发生反应：$SO_2 + Br_2 + 2H_2O =\!=\! 2HBr + H_2SO_4$，溴水也可以褪色。

陈老师：李虎同学，你观察得很仔细，那你认为怎样才能证明反应后的气体中确实含有二氧化硫气体呢？

李虎:这个好办,二氧化硫可以使酸性高锰酸钾溶液褪色,只要把生成的气体通入酸性高锰酸钾溶液中,就可以证明了。

张明:这样没法证明,乙烯也可以使酸性高锰酸钾溶液褪色。

陈老师:哦? 那怎么办呢?

张明:我们可以用品红来检验一下,只要把生成的气体通入品红溶液中,二氧化硫可以使品红褪色,这样就可以证明了。

陈老师:那我们能不能设计一个完整的方案,来证明反应后气体的成分呢?

李虎:当然可以。我们可以先让混合气体依次通过品红、氢氧化钠溶液、品红、溴水(见图2)。

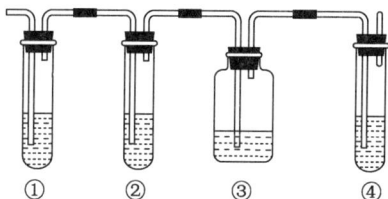

图 2

如果①中的品红溶液褪色,证明反应后确实生成了二氧化硫,③中的品红不褪色、④中的溴水褪色,则可以证明反应后生成了乙烯,因为二氧化硫已经被碱液充分吸收了。

陈老师:这个方案很不错。我想再问你们一个问题,如何证明乙烯与溴水发生的是加成反应而不是取代反应呢?

张明:可以用硝酸银、稀硝酸来检验。如果乙烯与溴水发生取代反应,必然有溴化氢生成,向反应后的溶液中滴加硝酸银和稀硝酸后,就会有淡黄色沉淀生成,如果发生的是加成反应,则无淡黄色沉淀。

陈老师:二位同学对乙烯性质的分析给其他同学的学习提供了一个很好的案例,其钻研精神值得其他同学学习。

# 乙醇易错题解析

【易错题1】下列有关乙醇物理性质的应用中不正确是(    )。

A. 由于乙醇的密度比水小,所以乙醇中的水可以通过分液的方法除去

B. 由于乙醇能够溶解很多有机物和无机物,所以可用乙醇提取中草药的有效成分

C. 由于乙醇能够以任意比溶解于水,所以酒厂可以勾兑各种浓度的酒

D. 由于乙醇容易挥发,所以才有俗语"酒好不怕巷子深"的说法

【错解】B

【解析】乙醇是一种有机物,由于有机物之间可以互溶,因此乙醇也是一种有机溶剂,可以用来提取中草药中的有效成分,B 正确;分液法适合于两种互不相溶的液体进行分离,而乙醇与水互溶,无法通过分液法分离乙醇和水。答案选 A。

【易错题 2】乙醇密度小于水,因此可用分液漏斗将乙醇与水分开。

【错因】忽略了乙醇与水互溶的事实。

【解析】分液法适用于两种互不相溶的液体之间的分离,而乙醇与水以任意比互溶,因此不能用分液漏斗进行分离。可向乙醇与水的混合液中先加入生石灰,然后采用蒸馏的方式进行分离。

【易错题 3】将等质量的铜片在酒精灯上加热后,分别插入下列溶液中,放置片刻后,铜片最终质量增加的是(　　)。

　　A. 硝酸　　　　　B. 无水乙醇　　　　C. 石灰水　　　　D. 盐酸

【错解】BC

【解析】铜片加热时与氧气生成 CuO,硝酸能溶解 CuO 和未被氧化的铜,铜片最终质量减小;无水乙醇可还原热的 CuO,重新生成铜单质,故其质量不变;盐酸能溶解 CuO,故其质量减小,也不满足题意。答案选 C。

【易错题 4】在常压和 100 ℃条件下,将乙醇气化为蒸气,然后和乙烯以任意比例混合,其混合气体为 V L,若完全燃烧。需要相同条件下氧气的体积为(　　)。

　　A. 2V L　　　　B. 2.5V L　　　　C. 3V L　　　　D. 无法计算

【错解】D

【解析】有机物燃烧之所以消耗氧气,是因为其中的碳要转化成 $CO_2$,氢要转化成水。对于乙醇来说,本身含有氧元素,因此可以有部分碳或氢来消耗自身的氧,把乙醇的分子式改写成 $C_2H_4(H_2O)$,实际需要消耗氧气的是 $C_2H_4$,恰好与乙烯分子式相同。因此无论二者以何种比例混合,耗氧始终为 2.5V L。答案选 B。

【易错题 5】按图 1 装置,持续通入 X 气体,可以看到 a 处有红色物质生成,b 处变蓝,c 处得到液体,则 X 气体是(　　)。

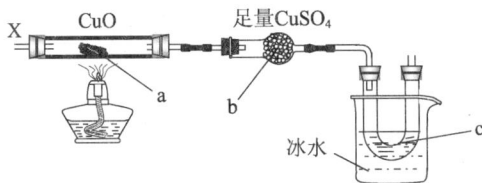

图 1

　　A. $H_2$　　　　B. CO 和 $H_2$　　　　C. $NH_3$　　　　D. $CH_3CH_2OH$(气)

【错解】A

【解析】a 处有红色物质生成,说明 CuO 被还原生成了红色的铜,b 处变蓝,说明有水生成,符合条件的有 A、B、D,由于 b 处使用了足量硫酸铜,因此 A、B 与氧化铜反应生成的水最终在 b 处被完全吸收,无法在 c 处得到液体。c 处能得到液体,说明反应后的气体中有沸点低、易于冷凝成液体的物质,只有乙醇符合题意。答案选 D。

# 走出反应速率影响因素的误区

化学反应速率取决于反应物本身的性质及外界因素,在分析外界因素对化学反应速率的影响时,很容易陷入一些理解上的误区。

【误区一】增大任何反应物的浓度,均可加快化学反应速率。

【解析】固体或纯液体(如水)的浓度视为常数,增加固体或纯液体的量不能改变其浓度,固体反应速率的大小只与其接触面的大小有关,如:碳在氧气中燃烧,增加碳的量并不能改变碳的浓度。

【误区二】对于有气体参与的反应,增大压强可使化学反应速率加快。

【解析】我们通常所说的压强增大,是通过减小气体的体积实现的,即增大压强 ——→气体体积减小——→气体浓度增大——→反应速率加快,也就是说,压强的影响归根结底是浓度的影响。只有压强的改变影响到反应物的浓度时,化学反应速率才会发生改变,若压强的改变没有影响到反应物的浓度,则对反应速率就没有影响。例如:在一个体积固定的密闭容器中,进行合成氨反应,向容器中通入一定量的不参与反应的气体(氩气等),容器内气体的物质的量增多,气体的压强增大,但反应物的物质的量及体积并未改变,各反应物的浓度也不变,因此,该反应的化学反应速率不变。

【误区三】催化剂可以加快化学反应速率,但催化剂不参与化学反应。

【解析】催化剂在化学反应前后其质量与性质并没有发生改变,但并不代表催化剂未参与化学反应,其实催化剂在一个化学反应中的作用非常重要,它不仅参与了反应,而且改变了反应的历程。

【误区四】对于可逆反应,增大反应物的浓度,正反应速率增大,逆反应速率减小。

【解析】可逆反应有两个反应方向:正反应方向和逆反应方向。这两个方向均有各自的速率,我们称之为正反应速率和逆反应速率。当外界条件改变时,正反应速率和逆反应速率同时受到影响,如增大反应物的浓度,正反应速率增大,逆反应速率也增大,只不过增大的程度不同而已,不会出现正反应速率增大而逆反应速率减小的情况。同理,温度升高时,正、逆反应速率均增大,但程度不同。也就是说,外界条件对正、逆反应速率影响的方向是一致的,但影响的程度不一定相同。

【误区五】影响化学反应速率的外界因素只有温度、浓度、催化剂。

【解析】温度、浓度（包括压强）、催化剂只是影响化学反应速率的主要因素，除了这些因素外，光照、微波、固体表面性质等也是影响化学反应速率的因素。

# "元素与材料世界"正误辨析

（1）下列两个反应的反应原理是否存在矛盾？为什么？

① $Na_2SiO_3 + CO_2 + H_2O = H_2SiO_3 \downarrow + Na_2CO_3$

② $SiO_2 + Na_2CO_3 \xrightarrow{\text{高温}} Na_2SiO_3 + CO_2 \uparrow$

【错解】矛盾。由反应 $Na_2SiO_3 + CO_2 + H_2O = Na_2CO_3 + H_2SiO_3 \downarrow$ 可知 $H_2CO_3$ 的酸性比 $H_2SiO_3$ 强；根据 $SiO_2 + Na_2CO_3 \xrightarrow{\text{高温}} Na_2SiO_3 + CO_2 \uparrow$ 可知 $H_2SiO_3$ 的酸性比 $H_2CO_3$ 强，故两者矛盾。

【解析】不矛盾；根据元素周期律可知，碳的非金属性比硅强，从而可知，$H_2CO_3$ 的酸性比 $H_2SiO_3$ 强。而酸性强弱通常又可根据溶液中的反应来比较，一般规律是较强的酸与较弱酸的盐反应生成较弱的酸。反应①是在溶液中进行的反应，反应之所以能够发生，是由于酸性 $H_2CO_3 > H_2SiO_3$，反应符合"强酸制弱酸"的复分解反应原理；而反应②是在高温熔融状态下的反应，由于 $CO_2$ 可从熔融体中逸出，使得反应可以发生，而与酸性 $H_2CO_3 > H_2SiO_3$ 无关，所以不能据此比较其酸性强弱。

（2）如何表示硅与 NaOH 溶液反应的电子转移情况？

【错解】

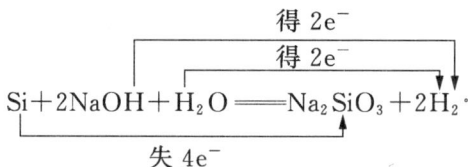

【解析】在硅与 NaOH 反应中 $Si + 2NaOH + H_2O = Na_2SiO_3 + 2H_2 \uparrow$，似乎水和氢氧化钠均为氧化剂，事实上起氧化作用的只是水，氢氧化钠既不是氧化剂，也不是还原剂。因硅与 NaOH 溶液反应的实质分两步进行。第一步，Si 与 $H_2O$ 反应（为氧化还原反应，其中 Si 是还原剂，$H_2O$ 是氧化剂）生成 $H_4SiO_4$（$H_4SiO_4$ 不稳定又失去水生成 $H_2SiO_3$）和 $H_2$，即 $Si + 4H_2O = H_4SiO_4 + 2H_2 \uparrow$，$H_4SiO_4 = H_2SiO_3 + H_2O$；第二步 $H_2SiO_3$ 与 NaOH 反应（为非氧化还原反应）生成 $Na_2SiO_3$ 和 $H_2O$：$H_2SiO_3 + 2NaOH = Na_2SiO_3 + 2H_2O$。其总化学方程式为 $Si + 2NaOH + 4H_2O = Na_2SiO_3 + 2H_2 \uparrow + 3H_2O$（通常写为 $Si + 2NaOH + H_2O = Na_2SiO_3 + 2H_2 \uparrow$）。其电子转移情况用"双线桥"法可表示为：

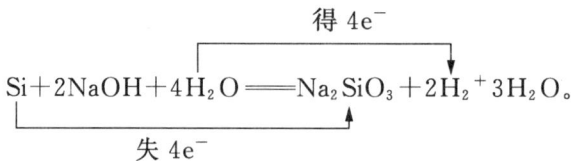

$Si + 2NaOH + 4H_2O = Na_2SiO_3 + 2H_2 + 3H_2O$。

（3）如何表示铝与 NaOH 溶液反应的电子转移情况？

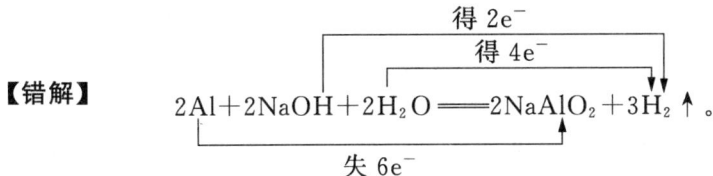

【错解】

$$2Al+2NaOH+2H_2O \stackrel{}{=\!=\!=} 2NaAlO_2+3H_2 \uparrow。$$

（得 $2e^-$，得 $4e^-$，失 $6e^-$）

【解析】铝与强碱溶液反应的实质是：铝与强碱溶液中水反应生成 $Al(OH)_3$，$Al(OH)_3$ 再与 NaOH 反应生成 $NaAlO_2$，即 $2Al+6H_2O = Al(OH)_3+3H_2 \uparrow$（氧化还原反应），$Al(OH)_3+NaOH = NaAlO_2+2H_2O$（非氧化还原反应）。总反应为：$2Al+2NaOH+6H_2O \stackrel{}{=\!=\!=} 2NaAlO_2+3H_2 \uparrow+4H_2O$，所以氧化剂为 $H_2O$，而不是 NaOH，NaOH 只不过起促进反应进行的作用。上式可简写为：$2Al+2NaOH+2H_2O \stackrel{}{=\!=\!=} 2NaAlO_2+3H_2 \uparrow$。

电子转移情况应为：

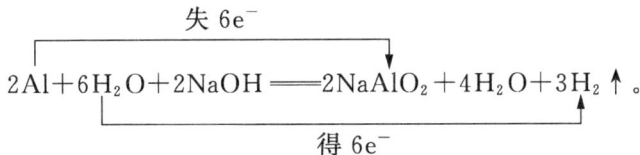

$$2Al+6H_2O+2NaOH \stackrel{}{=\!=\!=} 2NaAlO_2+4H_2O+3H_2 \uparrow$$

（失 $6e^-$，得 $6e^-$）

（4）试分析氢氧化铝具有两性的原因。

【错解】因为 $Al(OH)_3$ 是两性氢氧化物，其水溶液同时显酸性和碱性。

【解析】由于 $Al(OH)_3$ 存在如下电离平衡 $H_2O+AlO_2^-+H^+ \rightleftharpoons Al(OH)_3 \rightleftharpoons Al^{3+}+3OH^-$，其电离程度相当弱，只有加入强酸（或强碱）时，大量的 $H^+$（或 $OH^-$）才能破坏 $Al(OH)_3$ 的电离平衡，使平衡向右（或左）移动。因此当加入强酸时，就会抑制 $Al(OH)_3$ 的酸式电离，促使它的碱式电离，使 $Al(OH)_3$ 不断溶解，最后生成相应的铝盐；当加入强碱溶液时，就会抑制其碱式电离，促使它的酸式电离，最终 $Al(OH)_3$ 溶解生成相应的偏铝酸盐，要注意的是当溶液中 $H^+$ 或 $OH^-$ 浓度太小时，$Al(OH)_3$ 不能溶解，因此 $Al(OH)_3$ 不能溶解在弱酸和弱碱溶液中。

正因为 $Al(OH)_3$ 是两性氢氧化物，因此当用 $Al^{3+}$ 来制备 $Al(OH)_3$ 时，往往采用加入 $NH_3 \cdot H_2O$ 的方法；当用 $AlO_2^-$ 来制备时，往往采用通入 $CO_2$ 气体的方法，其反应离子方程式为：$Al^{3+}+3NH_3 \cdot H_2O = Al(OH)_3 \downarrow+3NH_4^+$，$AlO_2^-+CO_2+2H_2O = Al(OH)_3 \downarrow+HCO_3^-$；或者也可采用 $Al^{3+}$ 与 $AlO_2^-$ 反应来制取 $Al(OH)_3$，离子方程式为：$Al^{3+}+3AlO_2^-+6H_2O = 4Al(OH)_3 \downarrow$。

（5）为什么硅酸盐的组成常用氧化物的形式表示？

【错解】因硅酸盐中存在着氧化物，故其组成常用氧化物的形式表示。如 $Na_2SiO_3$ 可以写成 $Na_2O \cdot SiO_2$。

【解析】硅酸盐不同于其他盐类，结构一般比较复杂。在硅酸盐中，硅原子处于一个正四面体中心，以共价键和处于四面体四个顶点的氧原子相结合形成硅氧四面体。除了可以由单个的硅氧四面体和金属阳离子形成硅酸盐外，还可由许多个硅氧四面体彼此连接成链状、环状、片状或三维空间网状结构，金属阳离子则分布在链、环、片或网的空隙之间。所以，硅酸盐既可以看作是金属的硅氧化合物，也可以看作是由酸性氧化物和碱性氧化物组成的复杂化合物。因此，硅酸盐的化学式一般并不表示硅酸盐中就含有简单的离子或分子，即硅酸盐的化学式一般并不表示硅酸盐的结构，它们仅仅能表示硅酸盐中各元素原子的相对比例而已。为了更直观、更清楚地表示硅酸盐的组成，多数情况下，可以用二氧化硅和金属氧化物的形式表示。其排列顺序为"碱性氧化物·两性氧化物·二氧化硅·水"（若碱性氧化物多于一种时，按钾、钠、钙、镁氧化物的顺序排列），如高岭石 $[Al_2(Si_2O_5)(OH)_4]$ 可以表示为 $Al_2O_3 \cdot SiO_2 \cdot 2H_2O$。

6. 简述玻璃钢的组成和性能特征。

**【错解】**玻璃钢是以玻璃为基体，钢纤维作增强体的复合材料。玻璃钢的强度和机械加工性能比合金钢稍差，但耐腐蚀性和绝缘性比合金钢好。

**【解析】**玻璃钢是一种以玻璃纤维作增强体、合成树脂作基体的复合材料。在制造玻璃钢时，可以将玻璃纤维制成纱或织物加到合成树脂中，也可以把玻璃纤维切成短纤维加到合成树脂中。除了普通玻璃纤维外，还可以根据需要选用耐化学腐蚀、耐高温或强度高的特种玻璃纤维作玻璃钢的增强体。玻璃钢的强度可以达到甚至超过合金钢的强度，而密度只有钢铁的 $1/5$ 左右；同时，这种材料保持着较好的耐化学腐蚀性、电绝缘性和机械加工性能，而且又不像普通玻璃那样硬、脆。玻璃钢目前已大量用于游乐车、水上滑梯、运输罐、电话亭、餐桌椅等产品的生产。这些产品充分发挥了玻璃钢重量轻、强度高、耐水、耐磨、耐撞、产品美观及制造方便等特点。此外，玻璃钢在排水管道工程中也得到了广泛的应用。

因此，回答上述问题必须明确玻璃钢这种复合材料的基体组成结构和性能特征，应对复合材料的基体和增强体的功能有清楚的认识，需通过分析各组分与复合材料在性能上的关系，进行比较判断，方能得出结论。

# 后　记

光阴荏苒，我从1988年9月跨入山东师范大学的大门，成为一名光荣的准人民教师，到1992年走出大学，进入山东省泰安第二中学工作，从此我便在美丽的泰山脚下扎了根，投身到了自己喜爱的高中化学教学中。从初次登上讲台的青涩到如今站在讲台上的收放自如，其间经历了许许多多历练，这些历练磨练了自己，也成就了自己。我先后获得"高中化学优质课一等奖""泰山名师""泰山功勋教师""泰安市优秀教师""泰安市教学能手""泰安市课程与教学先进个人""泰安市模范班主任"等荣誉称号。这一系列成果的取得，除了自己的努力外，离不开同事、朋友的帮助和支持，更离不开学生的支持。

转眼之间，从教已近30年，很希望能够将自己在工作中总结的有关高中化学学习的点滴体会集结起来，也算是对自己教学生涯的一个交代。俗话说"学好数理化，走遍天下都不怕"，化学就是使我们"走遍天下都不怕"的法宝之一，但很多学生怕化学，觉得化学知识点琐碎、难学。因此作为一名化学老师，我们有责任将化学变成一门有趣的学科，让学生爱上化学。要想让化学有趣就需要老师先变得有趣，不能把一门与生活息息相关的学科讲得枯燥无味。所以老师在课堂上要让自己的语言变得生动活泼、幽默风趣，让自己和学生之间没有代沟，用学生的视角讲化学，这样化学才会变得有趣。

我在教学过程中创设了多个动漫人物，如《Q言Q语》中的快乐猫、《畅聊吧》中的加菲猫、欧迪，通过一个个勤学好问的卡通人物将化学知识娓娓道来；还通过仿照中央电视台的《今日说法》栏目而创设了《本期说法》，来对学生进行解题方法的指导；《跟踪追击》则是以课后习题或者典型高考题为母题进行衍生，让学生充分意识到课本的重要性；而《探究之旅》重在实验探究，让学生体会探究乐趣……希望通过这些栏目的设置，能够让学生觉得化学不是一门枯燥乏味的学科，而是一门与生活、生产息息相关的学科，是一门有趣且实用的学科，让学生在轻松愉悦的氛围中学习化学知识。

在此感谢中国海洋大学出版社的编辑老师给予的指导，感谢各位同行的帮助。希望这本书能够让更多的中学生在故事中学化学，在畅聊中学化学。

陈　闻

2020年9月